JACARTA, INDONÉSIA

O levante popular que derrubou
a ditadura e fatos pitorescos da
maior nação islâmica do mundo

JACARTA, INDONÉSIA

O levante popular que derrubou
a ditadura e fatos pitorescos da
maior nação islâmica do mundo

Josué Maranhão

São Paulo, 2005

copyright © 2005 Josué Maranhão

Capa: Clarissa Boraschi Maria

Edição: Haroldo Ceravolo Sereza

Copydesk: Carlos Villarruel

Revisão: Alexandra Colontini

Projeto gráfico e diagramação: Clarissa Boraschi Maria

```
Dados Internacionais de Catalogação na Publicação (CIP)
(Câmara Brasileira do Livro, SP, Brasil)

   Maranhão, Josué
      Jacarta, Indonésia : o levante popular que
   derrubou a ditadura e fatos pitorescos da maior
   nação islâmica do mundo / Josué Maranhão. --
   São Paulo : Alameda, 2005.

      ISBN 85-98325-12-0

      1. Cultura - Indonésia 2. Indonésia - Descrição
   e viagens 3. Indonésia - História 4. Indonésia -
   Política e governo 5. Indonésia - Usos e costumes
   6. Islamismo - Indonésia I. Título.

05-1730                                    CDD-959.8
```

Índices para catálogo sistemático:

1. Indonésia : História   959.8

[2005]

Todos os direitos desta edição reservados à

ALAMEDA CASA EDITORIAL

Rua Ministro Ferreira Alves, 108 -Perdizes

CEP 05009-060 - São Paulo-SP

Tel. (11) 3862-0850

www.alamedaeditorial.com.br

Para os netos Daniel, Camila e Gabriela.

Este livro é a ampliação de "retalhos de vida" que
eu vinha escrevendo há tempos, tentando mostrar a meus netos
alguma coisa do mundo, pelos olhos do avô. Era a forma de tentar
compensar a falta de relacionamento entre nós, em face das longas
distâncias físicas que sempre nos separaram.

ÍNDICE

Apresentação 11

O resgate 15

PARTE I
Primeiras impressões da Indonésia

A saga de correr o mundo 25

Viagem de reconhecimento 31

Belas avenidas e vielas 35

Saudades e medo do desconhecido 43

PARTE II
Cuidando da vida

O currículo escolar e a bitola dos americanos 49

Um simpático casarão 53

O salto da tecnologia 61

E o guarda flagrou o casal na cama 65

A governanta, o furto e o inimigo ao lado 69
Café Batávia 77

PARTE III
Corrupção e política

Antecedentes da história política 83
O paraíso da corrupção e nepotismo 85
O mistério da mina de ouro 99
Campanhas políticas.. 103
O sonho do avião indonésio 109

PARTE IV
A religião, a cultura e os costumes

O Islamismo na maior nação muçulmana........................ 117
Hábitos e costumes dos muçulmanos 129
Templos sagrados.. 153
Na Indonésia ainda existe Sultão 159
A secular tradição das marionetes 163

PARTE V
Vulcões e outros passeios pela Ásia

Os vulcões da Indonésia 169
Timor Leste e seu povo 175
Bali, o paraíso na Terra. Será? 183
Presença de Portugal na Ásia 191
Um giro pela Ásia 211

PARTE VI
A queda da ditadura

Antecedentes econômicos 245

Os prenúncios do furacão 249

A terra começou a se agitar 253

A panela de pressão começou a tremer 257

O ninho de cobras 261

Pimenta no angu 265

E o céu caiu na Indonésia 269

Os reflexos da revolta 277

E o céu caiu em nossas cabeças 281

O drama do exame de Cristina 291

A última vez que vi nossa casa 297

Voando para o desconhecido 301

As marcas no corpo e na alma 307

Agradecimentos 311

APRESENTAÇÃO

As grandes catástrofes, principalmente aquelas causadas por forças da natureza, além da devastação, morte, fome e miséria que provocam, têm sempre efeitos secundários. Desde a oportunidade de tornar conhecidos lugares perdidos e distantes, até permitir tréguas e a reaproximação de povos ou Estados, antes inimigos ou rivais. Influem ainda em profundas análises teológicas e provocam conflitos de fé.

O terremoto seguido das ondas gigantes, os famosos *tsunamis*, que marcou o final de 2004, devastando grande parte do sudeste da Ásia, fez os olhos do mundo voltarem-se para uma região antes quase totalmente desconhecida. Afinal, cálculos mais otimistas indicam que mais de duzentas mil pessoas morreram.

A tragédia não provocou apenas a solidariedade mundial, mas também teve o efeito de impor o cessar-fogo entre grupos rebeldes e governos, como ocorreu no Sri Lanka e na Indonésia. Provocou ainda debates e questionamentos a respeito de temas filosóficos ou teológicos: onde se enquadra Deus em todo o contexto? Em meio à grande influência de credos e religiões que dominam a região, alguns interpretaram a catástrofe como um castigo divino; outros admitiam que era mais uma oportunidade oferecida para que se acreditar na existência de um ser superior e fortalecer a fé.

A região atingida pelo maremoto na ilha de Sumatra destaca-se em meio à mistura de povos que existe no arquipélago da Indonésia. Sumatra é a maior ilha, mas não é a mais importante. Aceh, onde a fúria das ondas foi mais acentuada, dizimando vilas e cidades, é uma das regiões mais pobres e a mais conflituosas de Sumatra e do país. A miséria é agravada por disputas religiosas, desavença mais acentuada que em qualquer outro lugar do país. Além disso, a população está engajada em um movimento separatista. A luta pela independência de Aceh, com a ação de grupos rebeldes, remonta há dezenas de anos.

Na busca por socorro, houve uma união geral. Fez-se a paz, uniram-se muçulmanos e cristãos, rebeldes e forças do governo.

A Indonésia que conheci e o indonésio que minha família e eu encontramos no final da década de 1990 na Ilha de Java, a mais importante do país, onde está Jacarta, é diferente, até etnicamente, do povo de Sumatra. Jacarta e a Ilha de Java escaparam incólumes do tragédia do final de 2004, como também imune ficou a paradisíaca Ilha de Bali, local turistíco da Indonésia, mundialmente conhecido. Na Indonésia em que vivemos, o fenômeno da natureza mais marcante já é, há muito tempo, um fato histórico: a grande explosão do vulcão Krakatao, em 26 de agosto de 1883. A erupção, que mudou até o clima em todo o mundo, alterou o movimento dos oceanos e espalhou uma nuvem de cinzas que escureceu os céus nos mais longínquos pontos da terra, matou mais de 36 mil pessoas e mudou a geografia do arquipelágo. Sumiram algumas ilhas e outras surgiram do mar.

O povo da Indonésia que conhecemos e que descrevo adiante é pacato, fraterno e amigo, mas surpreendeu a todos, e principalmente a nós, seriamente afetados, com a rebelião popular que derrubou uma ditadura que se mantinha no poder havia 32 anos, marcada pela corrupção, pelo nepotismo e, principalmente, por ser sanguinária.

Jacarta, Indonésia

Depois da primeira surpresa, com a erupção da revolta que levou abaixo o jugo militar ditatorial do general Suharto, novamente o povo da Indonésia voltou a surpreender quando eclodiram os primeiros atos terroristas na região, notadamente as explosões na Ilha de Bali, em 2002, que mataram centenas de pessoas em um clube noturno. A "guerra santa", antes restrita às desavenças entre muçulmanos árabes fundamentalistas e os Estados Unidos, alastrou-se e repercutiu na Indonésia, mudando, em certo grau, a figura do muçulmano asiático, não-árabe.

Tanto a tragédia dos tsunamis quanto a radicalização religiosa são detalhes que não conto, são fatos posteriores. Detenho-me, propositalmente, na narrativa do cotidiano de indonésios e expatriados, como nós, nos anos em que vivemos em Jacarta. Abordo ainda as conseqüência para nós da revolta popular, inclusive narrando o nosso resgate em meio à verdadeira guerra civil.

Para "organizar" essa narrativa, em que se misturam impressões pessoais, reportagem, memória e relatos de viagem, decidi dividi-la em partes, além de um capítulo independente, que vem logo depois destas páginas, sobre o nosso resgate.

A primeira delas, reúne os aprendizados iniciais nesse país que era tão novo para mim e para a minha família. De certa forma, ela está intimamente ligada à segunda, em que narro o nosso dia-a-dia após a fase mais difícil de adaptação. Nessas duas partes estão os capítulos mais pessoais e "impressionistas" do livro.

A seguir, trato da política e da corrupção na Indonésia, que, na época em que lá vivemos, era considerada a mais enraizada do mundo, favorecida por uma ditadura que fazia questão de misturar as questões públicas com os interesses privados. Algumas das histórias certamente farão o leitor rir (e, talvez, com alguma melancolia, lembrar-se do Brasil...), mas certamente, para os indonésios, elas não tinham a mesma graça.

Dedico, também, uma parte especial à religião e aos costumes dos indonésios com quem convivemos, descrevendo alguns dos mais simples hábitos e gestos do cotidiano (os indonésios, por exemplo, nunca passam a mão na cabeça das crianças) até algumas das características mais fortes das visões de mundo da maioria islâmica.

Em seguida, extendo um pouco os limites deste livro, falando das viagens que fiz pela Indonésia e pela Ásia no período – passei pelos territórios que foram colônia de Portugal e por diversos países, entre ele China e Índia.

Finalmente, conto, na última parte, a queda da ditadura Suharto, o fato mais importante, em termos políticos, do período em que vivi na Indonésia e que nos obrigou, em meio à onda de violência, a deixar o país.

O RESGATE

Tudo funcionou como planejado.

Ainda madrugada, Mahadip telefonou avisando que já estava começando a cumprir o itinerário traçado: saíra de casa e estava passando nas residências de todos os demais estrangeiros da companhia, que deveriam sair de Jacarta conosco.

Arrumada toda a bagagem, acertadas as contas com o hotel, ficamos aguardando no saguão a chegada dos companheiros de aventura. Éramos quatro e mais um amigo, funcionário aposentado da companhia, australiano e residente em Sidney que, a convite de Iraci, realizava alguns serviços para a empresa, em Jacarta. Ali fora surpreendido pela revolta popular e também participaria da aventura do resgate.

Nunca consegui gravar o seu nome. Mas sempre o chamei, na intimidade, de Kojak, considerando a semelhança fisionômica entre ele e o artista totalmente careca que fazia o personagem principal, um detetive – um invencível detetive – de uma famosa série de televisão norte-americana que, parece-me, tinha também o nome de *Kojak*.

O sol ainda não saíra completamente quando chegou Mahadip com o comboio. No microônibus alugado, estavam os demais estrangeiros da companhia, inclusive um casal conhecido, ingleses os dois, funcionários de outra companhia, que havia pedido "carona" em nossa operação de saída de Jacarta. Afora a tensão normal que sentia e que aumentava à medida em que se aproximava a hora, quase cheguei ao pânico quando veio Mahadip nos explicar que montara o esquema de segurança: dois veículos leves à frente do microônibus e outros dois na retaguarda. Cada veículo transportaria quatro pessoas, fortemente armadas, além dele próprio, que fez questão de dizer que não estava armado, no que fingi acreditar. Aquilo tudo me causou pânico e dúvida. Pânico porque imaginei que, se era necessário todo aquele aparato de segurança, certamente a situação havia se agravado durante a noite, e, em tal caso, os riscos seriam maiores. Se não havia corrido mudança substancial no quadro e se tudo parecia tranqüilo, por que todos aqueles homens armados? Eis aí a minha dúvida. Relatei o que estava pensando e Mahadip deu-me as explicações. A situação nas ruas não se agravara, disse ele, mas ainda havia tumultos e o que temer. Ou seja, o quadro era aquele que eu já conhecia. Enfim, havia riscos, daí as medidas de segurança adotadas.

Mahadip recebera instruções para organizar o esquema de nossa saída de Jacarta, mas preferimos, Iraci, minha esposa, e eu, não discutir com ele todos os detalhes. Afinal, confiávamos em seu bom senso e, principalmente, sabíamos do seu interesse em preservar a nossa segurança em meio ao caos absoluto em que se transformara a cidade. As notícias que chegavam não eram nada tranqüilizadoras. Ainda se falava da presença pelas ruas de grupos armados provocando incêndios, depredando tudo e o que mais preocupava tendo os estrangeiros como alvo principal.

Jacarta, Indonésia

Sabíamos que as pessoas por ele contratadas eram de confiança e, embora não nos tenha dito abertamente, tínhamos quase certeza de que eram policiais ou militares fazendo um trabalho extra nas horas de folga, o que era muito comum na Indonésia.

Além dos informes que Mahadip tinha conseguido, tínhamos também relatórios da empresa de controle de riscos que nos dava assessoria, nos quais eram indicados os pontos onde ainda existiam tumultos, conflitos mais sérios e distúrbios provocando maior perigo. Era um mapeamento do caos. Com base em tudo isso, fora traçado o roteiro que seria percorrido pelo comboio até o aeroporto.

O local do nosso embarque tinha sido confirmado: seria a pista de pouso de uma antiga base aérea, desativada pelo governo federal e que era usada muito raramente, somente por pequenos aviões particulares.

O comboio saiu do hotel por volta as 6h30 e percorreu ruas menos movimentadas, becos e vielas, evitando sempre as avenidas mais freqüentadas. Mais de uma vez foi necessário dar a volta, em algumas ruas, retornando e procurando outras, mudando o roteiro, quando o carro que seguia à frente avistava algum movimento anormal e nos avisava. Enfim, a tensão era muito grande, havia angústia, e medo, olhos fixos no pára-brisa do microônibus, para ver o que havia à frente.

Felizmente, depois de aproximadamente uma hora e meia de muita angústia, chegamos ao local onde deveríamos embarcar. Havia um conjunto de típicos prédios públicos militares, todos fechados, com acúmulo de lixo nas calçadas, o que revelava que, de fato, tudo aquilo estava desativado e um tanto abandonado. Mahadip dirigiu-se a uma pequena janela, bateu, como um sinal combinado. Alguém abriu uma brecha, conversaram alguns poucos instantes e em seguida uma sala foi aberta. Limpa, com bancos, sofás e poltronas pequenas, suficientes para acomodar o nosso grupo. Mahadip nos relatou que já estivera no local, no final da noite anterior, para acertar os detalhes.

Quando descemos do microônibus, verificamos que Mahadip, que tinha vindo no carro da frente do comboio, já estava distribuindo o seu "pessoal" em posições estratégicas, no que era assessorado por um homem mais bem vestido do que os demais "seguranças" e que dava a impressão de ser um oficial das Forças Armadas, apesar de usar roupas de civil. Como ele, nenhum dos demais "seguranças" usava uniforme. No entanto, pelo tamanho dos casacos que vestiam, em pleno calor comum em Jacarta, já dava para desconfiar que os volumes, facilmente percebidos por debaixo das "capas", eram armas escondidas. E não pareciam armas pequenas.

No acerto feito quando fretado o avião, avisaram-nos que o pouso poderia ocorrer a qualquer momento, a partir das nove horas da manhã. Ficou combinado, ainda, que eles fariam contato com a torre de comando do campo de pouso somente quando fossem pedir a autorização para a aterrissagem. Ou seja, quando já estivessem bem perto, aproximando-se da base pelo lado oposto ao centro da cidade, como se o avião viesse do lado do mar. Era a forma de não despertar a atenção dos grupos rebelados. Para outros contatos, eles haviam fornecido um número de telefone em Jacarta, para onde poderíamos ligar, para conseguir informações que seriam transmitidas do avião para o intermediário, uma pessoa totalmente desconhecida e que não sabíamos onde se encontrava.

O ambiente era tenso, todos procurando esconder o nervosismo, que se revelava mais ainda quando se observava o modo como os pais tratavam os seus filhos. Sim, além de nossas filhas, com idades de dezoito anos uma e pouco menos de quinze anos a outra, havia também algumas poucas crianças bem mais novas. Entre elas, um garoto de não mais do que três anos, um dos meninos mais irrequietos que já vi e que eu já conhecia havia alguns meses.

Jacarta, Indonésia

Filho de um casal de australianos, ele também funcionário da companhia, freqüentador de nossa casa, era freguês habitual da piscina, onde mais de uma vez entrou sozinho, sem saber nadar, exigindo que o pai o socorresse às pressas. Ele era a única pessoa que, em todo o grupo, parecia totalmente descontraída e despreocupada. Santa inocência!

Era interessante observar que, embora não fossem muitos os bancos, sofás e as cadeiras na sala de espera, muitos estavam desocupados. Todos os homens, impacientes, preferiam ficar circulando pelos arredores. Chamava a atenção também o fato de que a grande maioria fumava, mais do que o normal, acendendo um cigarro nem bem terminava o anterior. Tive a impressão até de que alguns amigos, que eu nunca vira antes fumando, fumaram para, certamente, enganar o nervosismo. Mais de um deles chegou a me pedir cigarros.

Com o passar do tempo, quanto mais as horas se arrastavam, aumentava o número de pessoas que, em pontos estratégicos, procuravam a melhor visão do céu, para tentar descobrir o nosso avião, quando surgisse no horizonte.

A espera foi muito grande. E a demora angustiante, deixando todos impacientes, temerosos de algum contratempo. Tudo se imaginava, e, nas conversas, chegava-se a cogitar se não seria viável que algum grupo de ativistas viesse a aparecer de repente e nos criar problemas, ou mesmo se alguma turma de arruaceiros, aproveitando-se da balbúrdia em que se transformara o país, sem nenhum controle ou policiamento, não poderia surgir e tentar ações mais violentas, como seqüestros, pedidos de resgates e outras coisas de que se conversou. Nessas horas, o pânico torna a imaginação mais fértil e se cogitam coisas mais absurdas.

Por mais de uma vez, Mahadip fez contato com o número indicado pela companhia que havia fretado o avião, sem conseguir nenhuma nova informação.

– 19 –

Somente depois das 13 horas ficamos sabendo que o nosso avião salvador chegaria por volta de 15 horas.

Enquanto isso, o pessoal começou a dar sinais de fome. As crianças já estavam reclamando e pedindo comida. Havia no local uma pequena lanchonete, com quatro mesas, acomodando aproximadamente quatorze pessoas.

Com o afluxo de clientes, o dono da lanchonete ficou animado e, vendo que o seu estoque não seria suficiente, disse que mandaria providenciar um reforço de alimentação. Ficamos temerosos, pois a providência poderia despertar suspeitas.

Recusada a oferta, em princípio, foi preciso repensar, ante a evidência de que não se poderia manter todo o pessoal sem comer, principalmente quando soubemos que o avião chegaria somente à tarde. Após várias reuniões chegou-se à conclusão de que havia necessidade de conseguir lanches, pelo menos para substituir o almoço. Não se sabia o que havia no avião, se estaria abastecido com alguma comida, nem o que se encontraria no percurso, que, sabíamos, seria feito de ônibus, entre Johor Baru – local onde o avião deveria nos deixar, logo depois da fronteira entre a Indonésia e a Malásia – e Kuala Lumpur, que era o nosso destino. A previsão mais otimista era que a aventura terminaria somente à noite.

Finalmente, os mais afoitos conseguiram convencer os mais cautelosos, e Mahadip acertou que o carro do proprietário da lanchonete levaria um empregado dele e dois de nossos seguranças, para evitar surpresas.

Assim foi feito, e tudo transcorreu sem incidentes. No retorno deles, trazendo o reforço alimentar, ficou assegurado o pequeno almoço, à base de alguns bifes frios, um pouco de queijo e pães para sanduíches, além de refrigerantes, latas de cerveja, chocolates e bombons.

Felizmente, a angustiante espera terminou por volta de 15h30, quando todos embarcaram sem problemas.

Jacarta, Indonésia

Marcou em todos nós a dedicação e o cuidado como tudo foi organizado por Mahadip, de forma que nada nos tivesse faltado e, na realidade, sempre com um esquema de segurança organizado. O risco era muito grande e as conseqüências totalmente imprevisíveis. Para minha família e para mim, foi triste a despedida. Aquele indiano, totalmente desconhecido pouco mais de dois anos antes, havia se tornado um ponto de apoio, uma referência. Em meio a todo o tumulto, vivendo as angústias daqueles dias incertos, ao pensar em Mahadip sempre se tinha a sensação de que ali poderíamos encontrar um apoio, uma colaboração incondicional e totalmente despida de quaisquer interesses. Somente a disposição firme de ajudar. Era muito fácil observar que, em toda a sua ação, muito acima de qualquer sentido de obrigação funcional, estava o seu espírito de solidariedade, de amizade. Ficamos devendo-lhe um grande favor e, além disso, deixamos para trás um bom amigo, que não sabíamos se algum dia voltaríamos a encontrar.

Uma das melhores descobertas feitas quando moramos na Indonésia foi saber que ainda existem no mundo pessoas dispostas a ajudar os estranhos. Dar-nos um voto de confiança e pôr a sua própria vida em risco para ajudar ao próximo. Nos tempos de hoje, em que a filosofia geral é a do "cada um por si", fomos verdadeiramente felizes de termos encontrado pessoas como Mahadip, Sonatam – nosso motorista, personagem presente em muitos pontos da história de nossa permanência em Jacarta – e, ainda, tantos outros que descobrimos lá e depois, em nossas "andanças", pelo mundo. Deixaram uma pequena marca em nossa vida, em nosso coração e na memória.

Tão logo embarcamos no avião que ansiosamente esperávamos e seguimos viagem, estava encerrado um capítulo da história – agradável no geral, triste e perigosa nos últimos dias – que tinha sido a nossa permanência no sudeste da Ásia, durante quase três anos, residindo em Jacarta.

Viver na Indonésia foi uma agradável e prazerosa experiência para toda a família, sem falar no quanto foi proveitosa no que se refere a conhecimentos, principalmente para as crianças, que conviveram com um povo diferente, de cultura totalmente diversa da nossa, com outros hábitos. Deve ser destacado e levado em consideração que tínhamos convivido com a população da maior nação muçulmana do mundo.

Parafraseando Vinicus de Morais, que poeticamente definiu o amor como eterno enquanto dura, para nós viver na Indonésia foi ótimo, enquanto durou, enquanto tudo era um convívio alegre, tranqüilo e com muita paz. Os tumultos, os riscos e o medo que atingiram todos nós, nos últimos dias, em meio à rebelião popular, não estavam no roteiro do nosso filme.

No entanto, apesar disso, nem um de nós, Iraci, Cristina, Mariana e eu, em nenhum momento nos arrependemos da decisão de mudar do Brasil para o outro lado do mundo, enfrentando o desconhecido.

É o que adiante tento transmitir.

Parte I

Primeiras impressões da Indonésia

A SAGA DE CORRER O MUNDO

"Mudar pra onde? Quando?"

Foi a minha reação imediata, quando Iraci, pela primeira vez, falou que estava sendo sondada pela companhia quanto a uma transferência para a Indonésia. A sensação súbita foi um misto de surpresa – aquela surpresa agradável – e alegria.

"Mudar, pra onde, Indonésia, o que é isso, onde fica isso?"

Foi o que a Cristina perguntou, com os olhos arregalados e pulando em um pé só, como ela sempre soube fazer como ninguém. Irrequieta, não parou mais de fazer perguntas, não dava sossego, até que se conseguisse que ela, arrastando a irmã Mariana pela mão, fosse examinar mapas, atlas e livros, para descobrir tudo sobre a Indonésia. Nos dias seguintes, a bibliotecária da escola até achou que havia algum trabalho de geografia sobre a Indonésia de tanto que as duas pesquisaram sobre o desconhecido país. O importante, naquele primeiro momento, era que ficassem ocupadas alguns minutos, pelo menos. Era o desconhecido e, em primeiro lugar, queriam as duas, na sensatez juvenil, descobrir o que era, onde era o local para onde poderíamos mudar.

Comigo, de forma diferente, prevaleceu o espírito de nômade. Afinal, como dizem dois bons amigos, sou um "nordestino com espírito de cigano", ou o "judeu nordestino".

De fato, a vontade de viajar, conhecer o mundo, conviver com outras pessoas, outras civilizações, aprender outros costumes, sempre foi um dos meus maiores desejos. A simples idéia de uma mudança para o exterior, principalmente para o outro lado do mundo, de imediato fascinou-me.

Afinal, desde garoto, a minha maior aspiração sempre foi viajar. Tanto assim que, na infância, o meu sonho era ser caminhoneiro.

Sim, pensei muito em dirigir um daqueles caminhões imensos e viajar pelo Brasil afora. Na época, antes dos dez anos de idade, conhecia todas as marcas de caminhões, conseguindo diferenciar uns dos outros, até sem olhar a placa com a marca. Aliás, o interessante é que naquele tempo, início dos anos 40, não existia a indústria automobilística brasileira e todos os caminhões eram importados, principalmente dos Estados Unidos. Muitos anos depois, quando estive nos Estados Unidos pela primeira vez, no início da década de 1980, identifiquei marcas de caminhões que eu havia conhecido na minha infância no Brasil e que nunca mais havia visto.

A minha fixação por caminhões, na infância, tem uma explicação. Afinal, nascido em uma família pobre, morando no interior do Rio Grande do Norte, não via no meu limitado horizonte nenhuma outra perspectiva de realização de meus sonhos de "conhecer o mundo", o que naquele tempo, em minha cabeça, significava me largar nas estradas e "me mandar para o Sul". Afinal, o sonho de todo nordestino pobre, principalmente na primeira metade do século XX, sempre foi conhecer e tentar a vida no Rio de Janeiro ou em São Paulo. A janela através da qual via o mundo era limitada e não permitia ver mais distante. O horizonte estava muito próximo.

Com o passar dos anos, as coisas mudaram.

Jacarta, Indonésia

Por força das duas profissões que tive, jornalismo e advocacia, sempre que surgia qualquer possibilidade de viajar, lá estava eu. Muitas vezes, aproveitando a oportunidade de viagens a trabalho, prolongava a permanência para melhor conhecer os lugares. Dois episódios ocorridos comigo bem ilustram até que ponto chegava a minha ânsia por viagens. Logo que terminei o antigo curso ginasial, com quinze anos, soube que estavam abertas inscrições para exames de admissão à Escola Preparatória de Cadetes da Aeronáutica. Embora jamais tivesse tido nenhuma vocação para a carreira militar, inscrevi-me e consegui fazer a minha primeira viagem de avião. Fui e voltei, de Natal a Recife, em um antigo avião militar, modelo B-25, usado no tempo da Segunda Guerra Mundial, no qual nem havia assentos como existem nos aviões comerciais. O vôo foi feito sentado em pára-quedas arrumados no piso da "cabine de passageiros" ou em duros bancos de metal. Em outra oportunidade, já trabalhando em jornal, fui escalado para fazer uma reportagem em um Estado vizinho. A viagem seria de avião e a primeira em avião comercial. Embarquei em um daqueles antigos, tão famosos e lendários, Douglas DC-3, da extinta companhia Real Aerovias, e, após poucos minutos de vôo, a aeronave retornou ao aeroporto. O problema técnico não foi solucionado naquela tarde e todos os passageiros foram levados de volta à cidade. No dia seguinte, cedo, um transporte da companhia aérea foi me buscar em casa e me levou ao aeroporto. Anunciado o novo embarque, somente eu e uma freira, entre os mais de vinte passageiros que havia no vôo frustrado da véspera, lá estávamos novamente. Embarquei, voei e foi a minha primeira viagem em caráter profissional. Dessa forma, viajando a serviço, acabei conhecendo praticamente todos os Estados do Brasil.

Quando surgiu a primeira perspectiva de mudança para a Indonésia, já tinha arquivadas, no imenso atlas que tenho na memória, lembranças de viagens ao exterior, conhecendo já algu-

Josué Maranhão

ma coisa das Américas, da Europa e até um pequeno salto ao norte da África.

Vamos voltar, no entanto, à história da perspectiva de transferência para a Indonésia.

Um longo caminho, todavia, ainda havia a percorrer, antes de se tomar uma decisão sobre a aceitação da proposta e a concretização da mudança. Afora todos os problemas pessoais, como escolas das filhas, moradia e muitas outras coisas, havia as implicações de natureza profissional. Afinal, encontrava-me em plena atividade, com escritório de advocacia funcionando, ações para acompanhar na Justiça, clientes a atender. Havia uma responsabilidade profissional a preservar.

De início, foram muitas as noites sem dormir e muitas as horas gastas consultando livros e procurando, eu também, de toda forma, informações a respeito da Indonésia.

Até porque, antes de qualquer decisão, era preciso conhecer o país. O primeiro passo seria pesquisar para se ter uma idéia melhor quanto à posição geográfica e um pouco da história.

Não foi trabalhoso descobrir que a Indonésia é o maior arquipélago do mundo. O país é constituído de dezessete mil ilhas, seis mil delas totalmente desabitadas. Destacam-se como ilhas maiores: Java (onde está situada a capital, Jacarta) e a Ilha de Sumatra.

Ficamos conhecendo detalhes sobre o país, que a maioria da pessoas com quem conversamos na época desconhecia inteiramente. Os palpites foram os mais desbaratados, alguns chegando a localizar o país na África.

A maioria, no entanto, desconhecia totalmente detalhes sobre a extensão territorial e população, por exemplo. Ficamos surpresos quando descobrimos que a Indonésia está em décimo sexto lugar no *ranking* mundial, em área territorial, com o total de 1.919.440 km², sendo 1.826.440 em área de terra e 93 mil em águas territoriais. O fato de ser um arquipélago e, olhando-se o mapa, ver-se somente

– 28 –

Jacarta, Indonésia

aquele amontoado de ilhas, a impressão que se tinha era que a área total fosse muito pequena.

O susto foi grande para nós e também para nossos amigos quando ficamos sabendo que, em população, a Indonésia está entre os cinco países mais populosos no mundo, com mais de duzentos milhões de habitantes. Mais até do que o Brasil.

O arquipélago está situado no sudeste da Ásia, entre os oceanos Índico e Pacífico. Dividido o país em ilhas, praticamente não tem fronteiras em terra, as chamadas "fronteiras secas", com exceção apenas das ilhas que são divididas com outros países. A Ilha de Borneo, por exemplo, é muito dividida: uma parte é da Indonésia, uma outra parte é da Malásia e pequena área, Brunei. Em outra ilha, de Papua Nova Guiné, uma parte é do país que lhe dá o nome, enquanto outra parcela é Irian Jaya, que é um Estado indonésio. Finalmente, a Ilha de Timor. Agora dividida com o Timor Leste – hoje um país independente e, naquele tempo, um Estado indonésio –, a outra metade é uma província indonésia, denominada apenas Timor. Os países mais próximos formam a península malaia, composta pela Malásia e pela cidade-Estado de Cingapura. Não fica muito distante da Austrália.

Apesar de todas as pesquisas, dos mapas examinados, dos livros consultados, uma coisa ficou acertada: somente se poderia tomar uma decisão a respeito da mudança depois de visitar e conhecer um pouco mais do que era a Indonésia.

VIAGEM DE RECONHECIMENTO

E lá fomos nós, Iraci e eu, rumo ao desconhecido, em busca daquilo que poderia ser o nosso destino e a moradia da família. Depois de mais de trinta horas de viagem, saindo de São Paulo no segundo dia útil de janeiro de 1996, à noite, somente desembarcamos em Jacarta no dia 4, pela manhã. A expectativa e a emoção quanto ao desconhecido foram aumentando, com a sucessão de surpresas, no curso da viagem.

O primeiro choque foi o tratamento diferenciado, a cortesia e a atenção tão amável dispensada pelas meigas atendentes da companhia aérea que nos levou à Indonésia, a partir da África do Sul. Até Johannesburgo havíamos viajado em uma companhia aérea brasileira e, a partir dali, em uma companhia asiática. O atendimento que tivemos até Jacarta, com uma escala em Cingapura, foi a primeira demonstração de que, de fato, nas companhias aéreas da Ásia, a cortesia e a atenção pessoal são constantes.

A escala na África do Sul não chamou a atenção. O aeroporto não apresentava nada de diferencial. Estava em Johannesburgo, como poderia estar em qualquer país da Europa ou da América do

Sul. Aeroporto padrão, muito semelhante a muitos outros que já conhecia.

Mas as surpresas começaram com a escala em Cingapura e a chegada a Jacarta. Cingapura tem um dos maiores e mais luxuosos aeroportos do mundo. Esbanjaram dinheiro com pisos e colunas em granito, mármore róseo e outros exageros. Mas é impessoal, frio como o próprio mármore, e a primeira impressão de opressão foi confirmada nas diversas viagens que para lá fizemos depois.

O oposto total foi a descoberta do aeroporto de Jacarta, denominado Soekarno-Hatta International Airport, um dos poucos locais no país onde se menciona oficialmente o nome, com a grafia em indonésio, do proclamador da independência e criador da República, Sukarno, como ficou conhecido em todo o mundo.

É um aeroporto moderno, muito aberto, com imensos espaços verdes à vista nos arredores, sem luxo, mas muito bonito e confortável. Prevaleceu o uso de tijolos à vista e telhas comuns, iguais às do Brasil, além de muitos detalhes com motivos típicos do país. Não é um daqueles caixões de concreto tão comuns no restante do mundo. Na realidade, o aeroporto foi o primeiro e ótimo cartão de visitas. É diferente de tudo que conhecia. A primeira impressão foi marcante.

O primeiro transtorno, no entanto, veio logo depois. Chovia muito forte, e, no percurso até a cidade, encontramos a via de acesso, uma larga avenida, totalmente alagada em decorrência de obras que eram realizadas. A chuva chegara de surpresa e a água tomou conta de tudo até interromper o trânsito. Usando um caminho alternativo, por vielas estreitas e algumas não asfaltadas, chegamos ao hotel com algum tempo de atraso.

A diferença de fuso horário entre São Paulo e Jacarta é de onze horas. Como saímos de São Paulo no dia 2 de janeiro à noite e chegamos a Jacarta no dia 4 ao meio dia, para o organismo ainda

Jacarta, Indonésia

era o final da noite do dia 3. Ou seja: eram duas noites sem dormir direito, sem ver uma cama.

Como a viagem era de avaliação, antes de tomar uma decisão sobre a aceitação do convite para a mudança, foi agendado como primeiro compromisso uma reunião na empresa provedora de internet. Naquela época, a internet ainda engatinhava, principalmente em países como o Brasil e a Indonésia. Mas um dos pontos decisivos para que a mudança se tornasse viável era a comprovação de que o uso normal da internet estaria garantido. Somente dessa forma seria possível o meu afastamento do escritório de advocacia em São Paulo, do qual não pretendia me desligar. Àquela altura, o esquema estava sendo montado com o objetivo de me permitir trabalhar à distância.

Nem bem começou a reunião, no meio da tarde, o sono chegou implacável. Era o famoso *jet-lag*, a desorientação que aparece quando o organismo ainda não se adaptou à mudança brusca de fuso horário. Por mais que tivesse de me esforçado para manter os olhos bem abertos e participar da conversa, o sono tornou-se irresistível, cobrando as duas noites sem dormir. No princípio foram alguns cochilos, dos quais fui despertado com as cotoveladas de Iraci. De rápidos, os cochilos tornaram-se mais prolongados, até que bati ruidosamente com o queixo na mesa.

Assustado e envergonhado, sem saber onde colocar a cabeça ou para onde olhar, pedi licença e sai da sala à procura de um toalete. Somente depois de muito lavar o rosto, molhar a cabeça com água fria e tomar uma xícara grande de café forte, consegui reunir coragem para voltar à sala de reuniões.

Ainda bem que Iraci resistiu, continuou com a conversa, colheu as informações, e o primeiro ponto a conferir ficou resolvido. Embora houvesse então um único provedor no país, estava garantido o acesso permanente à internet, o que resolveria o meu problema de

Josué Maranhão

trabalho. Estava quase eliminado, portanto, um dos obstáculos para a mudança.

Voltando para o hotel, depois de um jantar rápido e tendo caído, literalmente, na cama, em sono profundo, mais tarde veio o primeiro susto.

Não eram ainda cinco horas da manhã quando acordei ouvindo gritos, que me pareceram, a princípio, pedidos de socorro em um idioma estranho. Atordoado, demorei a entender que o som era como um chamado, através de alto-falante.

Assim assustado, antes de seguir o primeiro impulso que era fazer contato com a recepção do hotel e pedir ajuda, resolvi abrir a cortina e a janela do quarto. Aí veio a surpresa e o fim do mistério: não eram gritos de socorro, mas o chamamento para as orações, feito por alto-falante de uma das dezenas de mesquitas existentes na cidade. E uma delas estava localizada bem próximo, nos fundos do hotel.

Em Jacarta, como em todos os lugares onde existem mesquitas, os chamados para as orações repetem-se e são ouvidos cinco vezes por dia. Passado o susto, pensei: se pretendo de fato me mudar para a Indonésia, a primeira coisa a fazer é me acostumar com os chamados para as orações. Mesmo porque o primeiro aviso do dia é feito por volta das 4h30, de forma que os fiéis tivessem condições de chegar às mesquitas ao nascer do sol ou preparar-se para fazer as orações em casa.

BELAS AVENIDAS E VIELAS

Nos primeiros dias de visita a Jacarta, ocorreu uma sucessão de surpresas e espantos.

A primeira grande surpresa: a mão de direção no trânsito. Não tinha lido nada nos roteiros e manuais a respeito disso, daí o susto quando, na saída do aeroporto, ao olhar para a frente, vi os carros aproximando-se pela faixa da esquerda. Não tinha idéia de que ali era adotava a chamada "mão inglesa" de direção. Ou seja, os veículos circulam usando a faixa da esquerda das ruas, ao contrário do que ocorre no Ocidente, onde na maioria dos países se usa a faixa da direita, como no Brasil. O mais estranho, ainda, é que, ao contrário do que ocorre na Inglaterra e na Austrália ou em outros países de típica cultura britânica onde o volante dos carros muda para o lado direito, na Indonésia o volante dos veículos permanece no lado esquerdo, como no restante do mundo. Ou seja, descobri ali, e depois comprovei em outros países daquela região da Ásia, que a chamada "mão inglesa" é adotada pela metade: trafega-se pela faixa da esquerda, mas o volante continua também na esquerda. Embora procurasse-me acostumar, em alguns momentos, principalmente nas ruas com duas pistas e com trânsito em ambos os sentidos, no momento em que se vai subindo uma ladeira e se vê no lado contrário um veículo aproximando-se pela esquerda em velocidade, eu tinha a nítida impressão de que iria ocorrer ocorrer um choque. A batida parecia inevitável.

Afora isso, logo na chegada, fui surpreendido com a grandiosidade da cidade. Preconceituoso, como quase todos os ocidentais, com tudo que diz respeito à distante Ásia, imaginava Jacarta como uma cidade de porte pequeno, no máximo de tamanho médio e, embora admitisse ter uma população muito grande, o que sabia ser regra geral nos confins da Ásia, pensava que teria avenidas estreitas, edifícios baixos e evidentes sinais de pobreza, com muita gente andando a pé, bicicletas etc. Certamente influência de velhos filmes do cienama.

Precisei parar para pensar e lembrar de nossas pesquisas, nas quais tinha aprendido que a maior cidade da Indonésia é a capital, Jacarta, situada na Ilha de Java, que tinha uma população, conforme o censo de 1990, de oito milhões e trezentos mil habitantes. Atualmente, de acordo com estimativas de organismos internacionais, considerada a elevadíssima taxa de crescimento, a população é calculada em aproximadamente quinze milhões de habitantes. A projeção é que, até o ano 2010, Jacarta deverá ser uma das cinco maiores cidades do planeta, com aproximadamente 25 milhões de habitantes. Em 1996, quando decidimos ir para Jacarta, a população era de nove milhões de habitantes, algo semelhante àquela existente na cidade de São Paulo, na mesma época, sem contar os municípios que integram a região metropolitana conhecida como Grande São Paulo.

O primeiro choque ocorreu quando chegava à cidade e, ao longe, já avistava as silhuetas dos imensos edifícios. O espanto foi aumentando à medida que me aproximava do centro da cidade, até a descoberta das belíssimas avenidas, dos imensos e luxuosos prédios,

Jacarta, Indonésia

alguns muito altos, mais do que a média dos grandes edifícios em São Paulo. À época, já se iniciava ali a aplicação, em larga escala, de vidros coloridos nos edifícios totalmente envidraçados, o que ainda estava começando a aparecer no Brasil. Muitos dos edifícios são revestidos de mármore e de outros acabamentos de luxo. De imediato chamou a atenção a quantidade e o luxo dos hotéis pertencentes às mais conhecidas cadeias internacionais. Depois, vim a saber que em Jacarta estão localizados os maiores hotéis de algumas das redes mundiais.

Na seqüência de choques, deparei com algumas placas, com palavras que faziam lembrar o português. Logo na entrada da cidade, vi a primeira que causou surpresa: embaixo de um nome estava escrito "Advokat". Não foi difícil concluir que encontrara o primeiro colega, até porque na placa era usado o símbolo da balança.

Fiquei curioso a respeito do que havia observado, com tantas palavras com grafia parecida com o português. Aí me veio a revelação: a Indonésia quase foi como o Brasil, uma colônia de Portugal.

Os portugueses por lá chegaram por volta de 1511, com as expedições comandadas por Alfonso Albuquerque, quando se dirigia à Índias e depois de haver colonizado Malaca, hoje parte da Malásia. Nas viagens à região, Albuquerque levou suas expedições ao arquipélago da atual Indonésia, ocupou algumas das ilhas, inclusive parte da ilha de Timor, que ficou conhecida como Timor Leste, onde os portugueses permaneceram até 1975, época em que a chamada Revolução dos Cravos derrubou a ditadura de Salazar.

A maior surpresa reservada, no entanto, era o alarmante contraste: seguindo-se em uma grande avenida com quatro ou mais largas faixas para veículos, em cada sentido, tendo nos lados belos e luxuosos edifícios, de repente tudo termina em uma estreita viela. O grande número de automóveis tem que se afunilar para caber naquelas ruas muito estreitas, ladeadas por casas baixas, muitas de madeira, com evidentes sinais de pobreza. Daí o caos que é o trânsito em Jacarta, o que descobri no primeiro dia e, devidamente alertado, passei a tentar me acostumar. Na realidade, embora fosse difícil admitir, a conclusão a que cheguei foi que o trânsito em Jacarta é mais confuso e mais congestionado do que na cidade de São Paulo, Rio de Janeiro e outras cidades de tamanho semelhante. As diferenças absurdas entre os imensos e luxuosos edifícios nas largas avenidas e as pequenas casas, nas ruas estreitas, era o primeiro sinal do desnível econômico. Além disso, as ruas das casas populares em muitos casos não são pavimentadas e não é incomum ver esgotos a céu aberto e crianças brincando em volta.

Aos poucos, no entanto, observando o povo, é fácil constatar que o nível de pobreza do pobre da Indonésia não é igual à miserabilidade do pobre das grandes cidades do Brasil. São pobres, mas não miseráveis. O processo de urbanização na Indonésia é muito mais recente do que na maioria dos países. Até pouco tempo, era um país essencialmente agrícola e, portanto, não existiam ainda os hábitos do consumismo; muito do que no Brasil é considerado essencial, lá é dispensável. Para tanto, também contribui a religião. O islamismo, em certos sentidos, inibe o luxo e o uso daquilo que não é absolutamente necessário ou indispensável. Além disso, apesar de as ruas estreitas e as casas baixas, elas em nada se parecem com as favelas do Brasil. Também não há a pobreza ostensiva que conhecemos principalmente nas grandes cidades, como o Rio de Janeiro e São Paulo. Até as casas mais pobres são mais bem construídas, têm aspecto que revela maior cuidado, quase todas pintadas; afinal, diferente do visual a que estamos acostumados com as favelas das grandes cidades brasileiras.

Outra surpresa nos estava reservada: a desorganização na numeração das ruas. No dia seguinte à chegada, saímos com uma corretora para conhecer casas para alugar.

Jacarta, Indonésia

Na peregrinação, conhecemos de tudo e notamos que, em muitas ruas, não há uma seqüência numérica. Os números são colocados aleatoriamente. Na maioria das ruas percorridas, nada é muito organizado no que se refere à numeração. Pude ainda ver duas ou mais casas com o mesmo número, em uma mesma rua.

Circulando pelos bairros residenciais é que se pode observar como é imensa a população. Os aglomerados de pessoas são incríveis, o que denota que a densidade demográfica, nos locais de classe média para baixo, é altíssima. Vê-se tanta gente nas ruas, vielas estreitas, casas pequenas e baixinhas, que acabei defendendo a tese de que não é possível que todos consigam dormir ao mesmo tempo. Não há espaço. Para mim, pareceu óbvio que devem adotar um sistema de revezamento em que as pessoas dormem em turnos, alternando-se a ocupação de camas e cômodos. Da mesma forma como existem os turnos de trabalho, deve haver por lá os turnos de sono.

Isso, no entanto, acontece somente nos chamados "bairros locais". Existem na cidade alguns bairros que são habitados quase que exclusivamente por estrangeiros. São os bairros dos expatriados, onde tudo é mais organizado, com ruas largas e limpas e casas de alto padrão. Tudo conforme os padrões que conhecemos do Ocidente. Na Indonésia, e em outros países da região onde o desenvolvimento econômico dos últimos quinze anos aconteceu de forma rápida e desorganizada, encontra-se grande número de estrangeiros trabalhando em empresas multinacionais. O sistema educacional indonésio não evoluiu no mesmo ritmo que sua economia. Portanto, as empresas estrangeiras têm dificuldade em encontrar pessoal local para funções de média gerência para cima, resultando na busca de mão-de-obra bem qualificada no exterior. Daí o grande número de expatriados.

A principal conclusão da nossa primeira visita foi quanto ao aspecto econômico e ao nível de vida do povo: apesar das diferenças –

Josué Maranhão

repito – , o pobre da Indonésia é menos pobre do que o pobre do Brasil e da maioria dos países da América Latina.

Como exemplo, pode-se citar o caso de empregados domésticos, motoristas, vigias etc. Normalmente, recebem salário, em média, em torno de cem dólares mensais. Apesar disso, têm padrão de vida muito superior àqueles que, no Brasil, recebem salário equivalente, feita a devida conversão de moedas.

A primeira viagem permitiu, ainda, observar outros aspectos característicos dos costumes do povo indonésio.

Nos bairros residenciais, por exemplo, é comum ver nas esquinas grupos de homens de cócoras, em círculo, conversando. Na posição que para nós ocidentais é incômoda, eles permanecem horas.

São grupos de todas as idades e um ponto chama a atenção: o número de fumantes. É muito maior do que no Brasil e na maioria dos outros lugares do mundo que eu já conhecia. É possível ver pessoas das mais diversas idades fumando nas ruas. Desde jovens adolescentes até velhos. Fumam principalmente cigarros de fabricação local, na maioria cigarros de cravo.

Nos locais fechados e com maior aglomeração, o cheiro do cravo é intenso, lembrando incenso. Aquele incenso me fazia lembrar a infância, quando acompanhava minha mãe à igreja e, nas missas solenes, ainda nos ritos antigos, rezadas em latim, viam-se os coroinhas balançando o turíbulo e empesteando o ambiente com aquele cheiro estranho.

Em nossas peregrinações na cidade, acompanhados de Susi, uma indonésia típica e orgulhosa disso, encarregada de nos ciceronear, ficamos sabendo, ainda, de alguns detalhes a respeito da Indonésia e de Jacarta, em particular quanto às origens e à colonização, e mais algumas coisas. Ela satisfazia a nossa curiosidade sobre os contrastes na arquitetura dos prédios mais antigos, sobre a língua, diferente de todo que conhecíamos antes, e acerca do calor excessivo, e assim por diante.

– 40 –

Jacarta, Indonésia

No meio às conversas, ela nos revelou muita coisa, que guardamos.

No que se refere ao calor quase sufocante, explicou que a Indonésia está à altura do Equador, daí o clima quente, quase permanente, normalmente acima dos 30 graus, chegando, nas épocas mais quentes, aos 40 graus. Muito úmido, é semelhante ao que se encontra na região amazônica, principalmente no Estado do Pará, que eu já conhecia.

Quanto à religião, deu os detalhes, dizendo que o islamismo é praticado por 88% da população, o que significa que a Indonésia é a maior nação muçulmana do mundo. Os cristãos representam 8%, dentre eles a maioria de protestantes (5%), havendo, ainda, 2% de hindus e 1% de budistas.

A língua oficial é o bahasa indonésia, que é uma mistura do antigo e original malaio, com incorporação de termos da língua holandesa e grande influência de dialetos, principalmente do javanês, havendo também uma pequena influência do português.

Sobre as origens da nação, explicou que, segundo se conta, os primeiros colonizadores do país, por volta do século X, teriam sido povos indianos, chefiados por um sultão muçulmano, que teria fugido da perseguição religiosa dos indianos hindus, que começavam a dominar a Índia.

A respeito de alguns prédios que mostravam características de arquitetura diferente, explicou que o colonizador principal foi a Holanda, que ocupou o arquipélago na expansão da Companhia das Índias Orientais. Os holandeses ocuparam a Indonésia na época (primeira metade do século XVII) era governado pelo rei da Espanha. Os holandeses permanecem no país até o início da segunda Guerra Mundial, quando a Indonésia foi ocupada pelos japoneses, que lá permaneceram até quando do foram derrotados e terminou o conflito mundial, em 1945.

O fato é que, depois dessa viagem de reconhecimentos, decidimos que, sim, devíamos nos mudar para a Indonésia. E foi o que fizemos.

– 41 –

SAUDADES E MEDO
DO DESCONHECIDO

Em várias situações na vida, é comum ouvir a advertência: "O pior é quando o sangue esfria". O aviso é feito sempre quando se leva uma pancada física ou uma pancada na alma. De fato, passado o momento do impacto, seja no corpo seja na alma, a dor vem com intensidade.

O fenômeno do pós-esfriamento do sangue, por assim dizer, foi o que senti no primeiro dia em que tive que admitir que, de fato, nós estávamos morando na Indonésia.

Na realidade, desde quando surgira o convite para mudar e até ir dormir na véspera, após uma viagem razoavelmente tumultuada, ainda estava vivendo a expectativa da mudança. Era a realização de um projeto antigo: residir no exterior, como parte do meu sempre sonhado desejo de viver experiências novas com a família, conhecer outros povos, ter contato próximo com culturas diferentes. Até a véspera, o sangue ainda estava quente, ainda vivia a agitação das providências relacionadas com a mudança, ainda estava sob o efeito um tanto narcotizante da expectativa.

Agora, sentia o "dia seguinte", como na ressaca alcoólica. Como se diz, "caiu a ficha", e o que havia pela frente era um mundo totalmente novo e muitas incertezas a enfrentar.

Estávamos hospedados em um hotel, do tipo que no Brasil é conhecido como "apart-hotel", ou hotel-residência, com um apartamento amplo, com três dormitórios, uma área de uso comum da família, como sala de visitas e sala de jantar, além de uma pequena cozinha e mais as varandas. O Hotel Kristal era um estabelecimento que hospedava, basicamente, famílias em situações iguais à nossa: expatriados que aguardavam uma casa para morar. Na grande maioria, os hóspedes eram de famílias de estrangeiros, que se mudavam para a Indonésia, vinculados aos negócios de alguma empresa multinacional.

No primeiro dia, olhando pelas amplas janelas do apartamento, via uma cidade grande, com o desconhecido total, até perder de vista no horizonte distante. A paisagem era confusa. Dava para ver algum verde, edifícios altos e bonitos, mas também ruas estreitas, com casebres.

De imediato, bateu o pânico, misturado com a saudade do Brasil. O medo era quanto à adaptação, principalmente das filhas, ainda adolescentes, fase difícil da vida em quaisquer circunstâncias. Elas iriam iniciar estudos em escolas novas, tudo desconhecido, professores e colegas diferentes e até usando uma língua estranha. Embora dominassem o inglês, até ali o uso fora restrito às poucas horas semanais de aula, o que era diferente de ter que usar o idioma estrangeiro na sala de aulas e tudo o mais do relacionamento nas escolas.

Eram muito poucas, até então, as pessoas que conhecíamos naquele país e não sabíamos como seria a convivência com os nacionais indonésios.

A saudade do Brasil não era bem a nostalgia, aquele sentimento ímpar, que se enfrenta quando se está distante e vem a lembrança de pessoas de quem se gosta. A saudade que é representada por uma palavra que somente existe em nosso idioma. Naquele momento, a saudade era diferente. Era mais um sentimento de falta de segurança, até um pouco de arrependimento de haver abandonado tudo

Jacarta, Indonésia

que levara anos para formar e construir no Brasil e, de um momento para o outro, estar em um país totalmente desconhecido, sem saber como vai ser começar de novo, em meio a um futuro incerto.

Não havia, entretanto, tempo, a perder e, sim, muitas providências a tomar.

PARTE II

Cuidando da vida

O CURRÍCULO ESCOLAR E A BITOLA DOS AMERICANOS

Uma das mais importantes e urgentes providências a tomar era resolver o problema de escola para as nossas filhas. Em Jacarta, existem escolas internacionais das mais diversas nacionalidades, como a americana, a britânica, a francesa, a japonesa etc. Isso se explica: além de ser muito deficiente o nível de ensino nas escolas públicas e particulares indonésias, há o problema da língua. Fica difícil para o estrangeiro, de pronto, iniciar-se em uma escola em que o idioma é totalmente diferente daquele que se fala, ou se conhece, seja como língua nativa, seja um segundo idioma. Aí o porquê da existência de tantas escolas internacionais, onde estudam os filhos dos estrangeiros expatriados que residem em Jacarta.

Na viagem de reconhecimento realizada em janeiro, havíamos feito um primeiro contato com a escola americana, levados pelo fato de estarmos vinculados a uma empresa dos Estados Unidos e, ainda, por ser a mais próxima dos bairros onde residia a maioria dos estrangeiros. No primeiro dia de vida na Indonésia, fomos para a Escola Americana, levando os documentos escolares das filhas, como fora combinado na visita anterior.

Surge então o primeiro problema: a adaptação do currículo brasileiro ao currículo norte-americano.

No Brasil, é muito comum que as crianças, ao iniciarem o ensino fundamental, o antigo curso primário, já tenham sido alfabetizadas no pré-primário. A partir dali se conta a vida escolar regular. Mas, nos Estados Unidos, a alfabetização é feita no primeiro ano de escola. Existe uma espécie de tabela. Aliás, tabela e regra não faltam na cabeça de americanos e a idéia é que qualquer regra é imutável.

Em decorrência dessa tabela, por exemplo, uma criança somente pode cursar determinada série quando tiver uma idade preestabelecida. Além disso, todo esse programa é feito conforme o currículo escolar americano. Enquanto no Brasil o ensino fundamental e médio completam-se em um total de onze anos, antes do ingresso na universidade, nos Estados Unidos, o percurso é feito em doze anos, com quatro anos em cada uma das etapas: elementary school, middle school e, finalmente, quatro anos também no high school.

Além disso, no Brasil, normalmente, a criança, já alfabetizada, inicia o antigo curso primário com sete anos, enquanto, nos Estados Unidos, o elementary school é iniciado com seis anos.

Tendo em vista a diferença de currículo e de ano letivo, uma vez que o ano escolar americano se inicia em setembro, as minhas filhas haviam avançado e estavam um ano à frente no currículo e meio ano, no que se refere ao o ano letivo. A escola então propôs que Cristina e Mariana perdessem um ano e meio.

O problema estava criado. E, pelo visto, problema insolúvel. Não houve explicação, demonstração ou esforço que nos fizessem alcançar êxito e demover os dirigentes da escola americana.

De tal forma, outra alternativa não nos restava, a não ser procurar outra escola, e, no caso, a mais indicada era a British International School, que atendia não somente a comunidade britânica e era uma das mais conceituadas da cidade.

Jacarta, Indonésia

No final das contas, foi um ótimo exemplo da velha sabedoria popular brasileira que diz que "Deus escreve certo por linhas tortas". Nunca tomamos uma decisão mais acertada, com relação ao estudo das nossas filhas, do que matriculá-las na Escola Internacional Britânica. Em todos os sentidos, elas se deram muito bem naquela escola. O nível era excelente, os professores muito competentes e o sistema de ensino relativamente parecido com o brasileiro. Tudo foi bom, enfim. Tão bom, que as duas definiram, enquanto estudavam na BIS, os cursos superiores que iriam fazer, as profissões que pretendiam ter no futuro, na vida adulta. Envolvidas ambas nas atividades complementares da escola britânica, Cristina decidiu fazer um curso superior na área de comunicações ligado à produção de televisão e vídeos, enquanto Mariana, que teve na BIS o primeiro contato com o teatro, nunca mais largou os palcos. Não para atuar perante o público, mas por trás da cortina. Trabalhou muito na high school com o que chamam nos Estados Unidos de "stage manager" equivalente, em tradução livre, a gerente de palco. Daí até o curso superior, foi um pulo: atualmente cursa técnicas de teatro, sempre envolvida com montagens de cenários, iluminação, som, figurinos e outros detalhes. Ambas, em face das profissões que escolheram, estudaram no Emerson College, em Boston, escola especializada, classificada como uma das melhores no mundo, na área de comunicações e artes.

UM SIMPÁTICO CASARÃO

Apesar de todas as viagens vida afora, nunca tinha experimentado a sensação de morar em hotel.

E não pretendo repetir. A experiência mostrou que hotel é muito bom enquanto é novidade, até se descobrir o que tem de útil. Não dá para viver muito tempo.

Tudo é novidade nos primeiros dias, aos poucos descobrem-se coisas que atraem, como um centro de ginástica ou ainda que existem orientadores à disposição dos moradores para aulas na piscina. No restaurante, a cada dia desbravava a cozinha Indonésia e de outros países, principalmente asiáticos. Tive algumas boas surpresas, outras, nem tanto...

Passadas já várias semanas de moradia no apart-hotel, já não suportava mais a espera pela mudança para uma casa.

No hotel, tudo já desagradava, desde a piscina, o centro de ginástica, até o restaurante. A repetição dos mesmos pratos em dias seguidos atormentava. Usou-se até o método de fazer uma brincadeira parecida com a "cobra-cega", da infância: fechávamos os olhos e passávamos a mão sobre o cardápio. Onde parasse o dedo indicador, ali estava o prato a ser escolhido naquela ocasião. Sempre que possível saímos para jantar fora. Mas nem sempre havia oportunidade. Finalmente, depois de dois meses, conseguimos alugar a nossa casa. A busca foi grande, e a dificuldade em encontrar aquela que realmente atendesse aos nossos interesses, enorme. Valeu, no entanto, a espera. O nosso "casarão", como o chamava, era muito simpático, bem localizado e confortável. Ficava no bairro dos expatriados, onde morava a maioria dos estrangeiros. Pondok Indah, como se chamava nosso bairro, era uma verdadeira "Torre de Babel", tantas eram as nacionalidades das pessoas e os idiomas que ali se falavam. Mas normalmente todo o entendimento era em inglês.

A casa era grande, em estilo espanhol, toda branca, na esquina de uma das principais avenidas do bairro, com ampla visão para tudo o que ocorria, graças ao fato de ser toda envidraçada. A localização era excelente, próxima ao centro, à área comercial, à região dos escritórios e às principais repartições públicas, e com acesso fácil à escola que as nossas filhas estavam freqüentando. Além disso, estava próxima a um dos melhores *shopping centers* da cidade, o Pondok Indah Mall. Não era o mais luxuoso, mas atendia bem às nossas necessidades. Era até interessante para passeios.

Com um jardim na frente, onde também estava a garagem para dois carros, toda aberta, tinha uma entrada principal e uma outra lateral. Internamente, no piso térreo, estavam situados, bem na frente, com total visão para a rua, o meu escritório, as salas de visita e jantar e a copa. Havia também a nossa cozinha e, ainda, a cozinha das empregadas.

O costume indonésio, com relação às empregadas domésticas, é bastante diferente dos hábitos brasileiros. Embora as empregadas residam no emprego, na maioria dos casos, elas têm a sua própria cozinha, inteiramente independente. É também por conta delas próprias a aquisição dos gêneros alimentícios que consomem.

Jacarta, Indonésia

No térreo da casa, havia, ainda, a suíte do casal e, nos fundos, um terraço coberto à beira da piscina. No piso superior havia dois quartos e uma grande sala, onde instalamos o televisor principal. Essa sala rapidamente tornou-se o "canto das meninas", onde adultos não eram freqüentemente vistos. Ali assistiam à televisão até tarde, quando no dia seguinte não havia aulas, ou ficavam no computador, fazendo trabalhos escolares ou usando a internet para contatos. Na lateral do segundo piso encontravam-se a dependência das empregadas e os quartos para depósito. O interessante era que o acesso a essa "ala" da casa era inteiramente independente do acesso principal. Talvez até um sinal da acentuada separação social existente na Indonésia, onde pobres e ricos eram, e continuam sendo, separados de forma bem clara. Essa separação, inclusive, é muito mais evidente e chocante lá do que se nota no Brasil. Na nossa imponente casa, havia até uma bonita escada que desde a primeira visita foi por mim apelidada de "a escada do filme *E o vento levou*".

Apesar das relativamente precárias instalações elétricas e hidráulicas, que faziam que todos os banhos da família tivessem de ser anunciados para que nada mais fosse aberto enquanto durasse o banho, guardamos da casa agradáveis lembranças. Principalmente do pessoal que nos ajudava.

Uma pessoa ficou marcada na memória: Sri. Era o nome da empregada principal, a encarregada da cozinha, a responsável pelos empregados. Com idade indefinida, mas suponho que já por volta dos sessenta anos, excessivamente magra e baixinha, era o que carinhosamente no Brasil chama-se de "miúda". Tinha a cor muito comum na região, um meio-termo entre o branco do ocidental e o amarelo do oriental, e pernas de "cambito", como se diz no Nordeste, quando alguém se refere a pernas muito finas. Comunicava-se conosco em uma mistura de indonésio com inglês, mesclado com algumas palavras em italiano, herança de um tempo em que traba-

– 55 –

lhou em uma casa de família originária da Itália. Conheci em minha vida poucas pessoas tão agradáveis, amáveis e dedicadas. E era alegre. Nunca vi, em mais de dois anos de convivência diária, um dia em que ela não estivesse com um sorriso no rosto. Sri era uma pessoa especial, daquelas que sempre inspiram confiança, que desejamos ter como amiga para sempre. Embora tratasse muito bem todos da família, é impossível negar que dedicava uma atenção especial a duas pessoas: a mim e a nossa filha mais nova. À Mariana, Sri dedicava especial carinho maternal. Comigo sempre teve muita atenção. Rigorosa em horários, tinha mais este ponto a nos unir. Assim, eu poderia dispensar o relógio, podendo me guiar pelo horário em que ela me servia, pela manhã e à tarde, o chá de gengibre.

Eu não conhecia a bebida, mas já ouvira referências ao alegado fim medicinal. Não tenho certeza se era verdade, mas Sri me convenceu e eu me tornei um bebedor inveterado do chá de gengibre. Aliás, a descoberta do gengibre, muito usado na cozinha asiática, foi uma boa novidade. Criei o hábito de usar o gengibre em molhos e muitas outras coisas, até sorvete e refrigerante.

Nunca vou esquecer a atenção especial e os cuidados de Sri para comigo, quando tive alguns problemas sérios de saúde, como uma trombose na perna direita. Estava sempre tentando me ajudar, seja procurando a melhor posição para que eu pudesse apoiar a perna doente, ou ainda insistindo para que eu tomasse chás e outras beberagens feitas de plantas exóticas, que ela dizia ter fins medicinais.

Além de tudo isso, Sri era uma ótima cozinheira. Apesar de quase totalmente analfabeta, conhecia bem as comidas e tinha experiência. Aí a explicação para a excelente lasanha que preparava. Embora não pudesse anotar as receitas, decorava tudo que lhe ensinavam. Adicionou ao seu "caderno de receitas mental" uma excelente versão de arroz e estrogonofe à brasileira.

Jacarta, Indonésia

Na Indonésia, principalmente em Jacarta, há um hábito diferenciado, em relação a quaisquer outros lugares no mundo: grande parte das famílias tem motorista particular, e, também quase sem exceção, as famílias contratam guardas que atuam como vigias noturnos. Quanto ao motorista, a explicação lógica é que, com o trânsito caótico da cidade, ter motorista é a melhor solução para facilitar a vida e a locomoção. Aliás, a respeito de motorista, há outro hábito singular em Jacarta: em quase todos os edifícios públicos, como *shopping centers*, supermercados, restaurantes, cinemas, lojas de departamento etc., existem estacionamentos públicos gratuitos. Normalmente, os motoristas deixam os passageiros na entrada e vão estacionar os veículos. Na saída, quando o passageiro vai necessitar do carro, dirige-se a um pequeno balcão, localizado próximo à entrada principal, e informa o nome do motorista, que, de imediato, é chamado pelo serviço de alto-falantes. Não se perde tempo. O serviço inusitado é conhecido por *Car-call*.

Quanto ao guarda ou vigia noturno, nunca ouvi uma explicação convincente, considerando os baixíssimos índices de violência na cidade. Do período em que residimos em Jacarta, com relação aos bairros residenciais de classe média, não me lembro de ter tomado conhecimento de nenhum caso de arrombamento, roubo, furto ou quaisquer outros crimes que justificassem a necessidade de um guarda contratado. Mas o boato que se ouvia, para justificar a contratação do guarda, era que, logo que alguma família se instalava em uma casa e não contratava um guarda, dentro de poucos dias a casa era arrombada, havia furtos, roubos ou outros atos. Era uma forma de amedrontar e gerar empregos, a qual geralmente surtia efeito.

No nosso caso, por força de nossos acertos prévios para a mudança, tínhamos em casa um guarda 24 horas por dia. Eram quatro jovens que ficaram conosco, durante toda nossa permanência. Todos eram muito simpáticos e respeitadores, atenciosos e comuni-

– 57 –

Josué Maranhão

cativos, apesar da dificuldade quanto à língua. Conheciam apenas algumas poucas palavras em inglês, e quase nada sabíamos de indonésio, a não ser Cristina e Iraci, que tiveram maior interesse e, com pouca dificuldade, conseguiam comunicar-se no idioma do país. Embora todos os nossos guardas fossem muçulmanos, apenas um deles se destacava pela religiosidade. Obedecia rigorosamente aos avisos e chamados das mesquitas e fazia todas as orações diárias. Para tanto, colocava no chão o pequeno tapete que trazia consigo, ajoelhava-se e, com seguidos movimentos para a frente, até encostar várias vezes a testa no chão, fazia as orações. De tanto bater a testa no chão, tinha uma marca, como ocorre com a maioria dos homens muçulmanos. Conforme determina o Corão, sempre fazia as orações voltado na direção de Meca, a cidade sagrada do islamismo.

Tínhamos, ainda, a nosso serviço, dois motoristas. Um deles nos acompanhou desde o momento de nosso desembarque, no dia da mudança, até a nossa saída. Sonatam, jovem indonésio, era esperto e muito inteligente. Também estava sempre sorrindo e falando muito gentilmente com todos de casa. Embora tivesse muito pouco tempo de estudo regular, falava e entendia inglês com bastante facilidade. Autodidata, aprendeu ouvindo as conversas enquanto trabalhava como motorista e estudando nas horas vagas e em casa. Conhecedor profundo de toda a cidade, conseguia fazer milagres para nos ajudar a chegar rapidamente aos nossos destinos, apesar do caos do trânsito. Sabia de todos os atalhos, vielas e bibocas, verdadeiros labirintos, que conhecia como a palma da mão. Possuidor de uma memória fora do comum, bastava ir uma só vez a determinado destino, para nunca mais esquecer o endereço. A sua memória fenomenal e o seu conhecimento de todo o mapa da cidade nos foram de grande ajuda em várias ocasiões.

O outro motorista, Supriatna, também indonésio, apesar da boa vontade, não conseguia se comparar ao colega que procurava imi-

Jacarta, Indonésia

tar. Nem por isso deixou de ser um motorista muito atencioso e de total confiança, principalmente por ser o responsável por levar Cristina e Mariana à escola e a outros passeios. Por sinal, por pelo menos seis meses após a nossa chegada a Jacarta, todos os passeios eram interessantes. Além disso, para distrair, bastava observar pela janela o movimento das ruas e o burburinho de centenas de indonésios que transitavam a qualquer hora do dia ou da noite!

Em Jacarta, ainda em cumprimento ao nosso acordo prévio de transferência, tínhamos dois carros ao nosso dispor: um automóvel de conhecida marca japonesa e uma Kijang. Kijang é o nome de um carro nacional da Indonésia. Rústico, com pouco acabamento, carro forte e muito feio, é montado na Indonésia pela Toyota, mediante contrato com o governo. Muito se assemelha aos jipes utilizados pelas Forças Armadas no restante do mundo.

Era um carro muito forte e útil para todos os serviços, inclusive para os mais pesados, e nos serviu em momentos de sufoco, como conto mais à frente.

O SALTO DA TECNOLOGIA

A nossa mudança para a Ásia coincidiu com a época em que estava ocorrendo o grande salto na tecnologia . Era grande o desenvolvimento da internet, abrindo caminhos para comunicação instantânea através do mundo, embora na Indonésia ainda estivesse apenas começando. Já estava em grande expansão, por exemplo, em Cingapura e Hong Kong. O aprimoramento da capacidade de novos *chips* determinava um avanço imenso na indústria de computadores. Foi ainda quando começaram a aparecer as primeiras câmaras fotográficas digitais, e as câmaras de vídeo com tecnologia mais avançada para o mercado consumidor, formado de "leigos". Atributos antes somente encontrados em equipamentos profissionais começavam a aparecer para o público "amador".

O que se via na Indonésia não era uma amostra significativa do que já se fazia em outros países asiáticos, onde as tecnologias de ponta, o altíssimo desenvolvimento das pesquisas, a associação entre as universidades e as empresas permitiam que tudo de novo, de mais moderno, de mais avançado fosse produzido. Em vários setores estavam à frente dos chamados países desenvolvidos, como os

Estados Unidos e a Europa. O progresso que observamos ao chegar a Jacarta não era significativo em comparação com o que vimos, pouco tempo depois, em outros centros mais avançados, como Cingapura, Hong Kong, Bangkok. Também não se poderia comparar com a Índia, onde eram alcançados elevadíssimos índices de desenvolvimento, nos estudos e trabalhos na área de programas e sistemas. Aliás, como se viu poucos anos depois, os indianos passaram a dominar inteiramente o setor no mundo. Isso sem falar na China que, com toda a capa de "país comunista", incentivava o investimento estrangeiro e crescia de forma espantosa. Com comunismo ou sem ele, dinheiro não tem ideologia. Nem as inovações tecnológicas.

Naquela região, tudo girava em torno da abertura aos investimentos estrangeiros em setores produtivos, o espantoso incentivo às pesquisas e desenvolvimento de novos produtos, o alto prestígio dado às universidades e aos pesquisadores.

Como logo se observou, não era somente a abertura ao ingresso da tecnologia e do investimento estrangeiro a responsável pelo *boom* e pelas inovações que nos causaram espantos. Havia também o aspecto cultural: as pesquisas e o desenvolvimento de técnicas passaram a ser encarados como prioridade absoluta. Para suprir as faltas observadas nas universidades existentes nos países asiáticos, tanto o governo como as indústrias investiram pesado na preparação de técnicos, professores, cientistas, custeando estudos de muitas pessoas nas melhores universidades do mundo. Na Indonésia, pelas restrições que lhes eram impostas, tal procedimento era habitual sobretudo na comunidade de chinesa. Na volta, traziam os conhecimentos que eram aplicados à indústria nacional.

A verdade, no entanto, é que o progresso, o desenvolvimento estavam em estágio muito avançado no sudeste da Ásia. Para os asiáticos, o amanhã havia chegado.

Jacarta, Indonésia

Minha família e eu aproveitávamos o progresso, o imediatismo das comunicações via internet, inclusive para que eu pudesse desenvolver o meu trabalho no escritório de advocacia do qual era sócio em São Paulo. Funcionou e até muito bem, com inovações e aprimoramentos surgindo em curto espaço de tempo. A cada dia havia uma novidade.

O mais interessante é que, ao observar todo o progresso tecnológico, no setor de comunicações ocorriam situações que jamais imaginara, especialmente no que se refere às transmissões de rádio, alcançando o outro lado do mundo, através da internet. Sim, em Jacarta eu não deixava de ouvir os noticiários matutinos nas Rádios Eldorado AM e Jovem Pam AM, ambas de São Paulo, como se fossem as emissoras locais. Isso já em 1996.

Tudo fazia-me lembrar a situação que havia vivido mais de cinquenta anos antes envolvendo transmissões através do rádio e a precariedade delas naquela época.

Era a época da Segunda Guerra Mundial, por volta de 1943, e eu estava com idade entre cinco e seis anos. Morávamos em uma pequena cidade do interior do Rio Grande do Norte, Parelhas, onde muito pouca gente sabia o que era rádio. Aliás, pelo que me lembro de ter ouvido na época, havia dois aparelhos de rádios na cidade: um pertencia ao prefeito e o outro ao vigário. Acredito mesmo que até aquela primeira metade do século XX, o desenvolvimento do rádio e o seu aparecimento no Brasil foram acontecimentos de muita importância, e seu impacto na sociedade deve ter sido maior do que o que foi causado, alguns anos depois, com o surgimento da televisão e, mais adiante ainda, com a chegada do computador pessoal.

Na época da Segunda Guerra Mundial, meu pai comprou um rádio. O aparelho era de tamanho parecido com os atuais televisores de vinte polegadas, ou mais. Só funcionava ligado a uma bateria grande, como as que na atualidade existem em caminhões. Instalado no lugar nobre da sala de visitas, todas as noites alguns amigos de meu pai reuniam-se, todos sentados em semicírculo, em frente ao móvel onde estava o rádio, para escutar os noticiários a respeito do andamento do conflito mundial na Europa, na África e na Ásia. Não sei bem o que conseguiam escutar em meio ao barulho do chiado que se ouvia do rádio.

Eu mesmo nunca me preocupei em escutar nada. Preocupava-me só com o momento em que era servido o cafezinho – proibido para mim – com os biscoitos. Nesses momentos, o acesso era livre.

E O GUARDA FLAGROU
O CASAL NA CAMA

Era início da madrugada de um sábado quando nossa filha Cristina entrou no nosso quarto e avisou que o guarda estava nos chamando. Era um dos quatro guardas indonésios que trabalhavam permanentemente em nossa casa, em sistema de rodízio. Como o quarto da Cristina ficava no segundo piso e estava ainda trabalhando em seu computador, o guarda tinha acesso fácil ao aposento, pela escada que terminava na sala do piso superior, onde ela estava.

Assustados, fomos até a garagem, e aí veio o choque, quando vimos o quadro que consideramos surrealista.

Ali estava o guarda, com a sua arma, o cassetete em punho, em tom ameaçador e alerta. O semblante muito sério procurava, suponho, mostrar a autoridade. Aliás, entre os guardas que trabalham em casa, aquele era o que tinha aparência mais séria, era de poucas brincadeiras e até gostava de usar uma farda do tipo que militares usam, aquela de camuflagem.

Na sua frente, acocorado, estava um rapaz desconhecido e, por trás dele, a jovem que trabalhava em nossa casa como empregada doméstica, Yanti, uma espécie de copeira-arrumadeira.

Josué Maranhão

Ficamos ainda mais assustados quando vimos que o rapaz estava vestido apenas com uma cueca, tipo samba-canção, e, no rosto, tinha alguns hematomas. A jovem empregada estava usando, apenas, uma leve camisola, curta e decotada, que deixava um pouco à mostra os pequenos seios e as bonitas coxas.

Diante da cena, ainda sonolentos, ficamos confusos, sem saber o que havia acontecido. Para completar a confusão, não éramos fluentes na língua indonésia e o guarda poucas palavras sabia de inglês. A muito custo, conseguimos desvendar o mistério e esclarecer até certo ponto o que havia acontecido.

Segundo o guarda conseguiu nos contar (e os participantes do incidente não contestaram), enquanto ele fazia a ronda normal, percorrendo toda a área externa da casa, ao passar pela área lateral onde ficavam as dependências das empregadas, escutou um barulho estranho. Como ele sabia que a empregada principal, Sri, estava de folga, chamou a empregada mais nova pelo nome e ouviu a voz de homem, vinda de dentro do quarto dela. A sua reação imediata foi mandar abrir a porta e, para surpresa e espanto, verificou que havia interrompido um agitado entrevero amoroso, na cama da jovem.

Enquanto os dois amantes vestiam-se, o guarda enfurecido havia desferido algumas pancadas no rapaz. Não sei, nem tive condições de investigar, se a fúria do guarda e a violência como tratou o moço eram uma demonstração de sua autoridade ou se estava movido pela inveja. Afinal, a menina era muito bonita.

A empregada, no seu inglês rudimentar, pedia por todos os santos que não fosse chamada a polícia, que era o que o guarda pretendia e nos aconselhava a fazer. Insistia a todo momento para que lhe fosse permitido telefonar para a polícia.

Aturdidos com o inusitado da situação, considerando que estávamos somente poucos meses naquele país, de fato não tínhamos idéia de como agir, embora de início tivéssemos pensado em chamar a po-

– 66 –

Jacarta, Indonésia

lícia. Até porque não sabíamos quem era o rapaz, como conseguira entrar na casa e se na realidade as suas intenções eram somente amorosas. A nossa dúvida era se ele tinha interesse somente na jovem empregada e em uma noite de amor e sexo, ou se teria apenas usado o pretexto para penetrar na casa com outros propósitos e interesses mais perigosos para a família, principalmente considerando que tínhamos em casa duas filhas jovens, o que me causava mais preocupação.

Confusos, em meio à pressão do guarda para chamar a polícia e os apelos de Yanti em contrário, recorremos a um nosso fiel amigo australiano, que prontamente nos atendeu. Além de companheiro de trabalho de Iraci, ele morava na Indonésia havia muitos anos, tinha mulher e filhos indonésios e falava fluentemente o idioma. Com ele, ficou mais fácil o diálogo com os envolvidos no incidente e para nós tudo ficou esclarecido. A história era a seguinte: a jovem empregada conhecera o rapaz que era funcionário de um supermercado próximo. Namorando já havia alguns meses, marcaram o encontro no quarto dela, Yanti. Para entrar, ele conseguiu pular o muro, nos fundos da casa, distante do guarda que ficava na frente e, por um portão cujo cadeado fora deixado aberto previamente pela jovem, teve acesso ao quarto onde fora surpreendido em plena atividade amorosa.

Além de condoídos com os pedidos da jovem, de imediato aceitamos a orientação do amigo, que nos desaconselhou a chamar a polícia. Segundo ele, a polícia, conhecida pela truculência e pela arbitrariedade como agia, certamente iria espancar e torturar violentamente o rapaz. Ainda pior: depois de espancar ou matar o jovem, os policiais, como era hábito, certamente passariam a nos chantagear, para todo o sempre, ameaçando contar versão diferente da verdadeira, dizendo que tudo fora feito a pedido dos "gringos". Era um costume já conhecido, conforme ficamos sabendo na ocasião.

Diante dos conselhos, para revolta do guarda, decidimos mandar soltar o rapaz e determinar que a jovem empregada fosse arrumar os

– 67 –

seus pertences. Livre, o rapaz rapidamente desapareceu, gesticulando, agradecendo, com certeza, por não ter sido entregue à polícia.

Alegre e agradecida, foi embora pouco depois a empregada.

A jovem nos fora recomendada, como pessoa de confiança, pela proprietária da casa quando alugamos o imóvel. Segundo nos disse, usava havia tempos os serviços dela, que ficou residindo na casa, para fazer a manutenção, enquanto desocupada, bem como para abrir as portas e mostrar o imóvel aos interessados em alugá-lo. Foi o que fizera conosco, quando procurávamos casa para alugal.

De tudo, o que ficou marcado foi a comprovação de que alguns hábitos saudáveis, como namorar e fazer sexo, em quaisquer circunstâncias, são universais. Até em um sisudo país muçulmano. Além disso, ficamos alertas ante a possibilidade de termos sido vítimas de chantagem, caso tivéssemos chamado a polícia.

A GOVERNANTA, O FURTO
E O INIMIGO AO LADO

Entre os brasileiros em Jacarta, uma das pessoas mais populares na comunidade era a nossa amiga Flávia. Aliás, ela e o marido Luiz são as únicas pessoas que conhecemos na Indonésia e com as quais a amizade foi mantida, inclusive com visitas recíprocas das famílias. Fomos a Washington-DC, onde eles residem há seis anos e estiveram em Boston em um fim de semana, junto com Priscila, a brasileira-indonésia-americana filha do casal. Os outros bons e queridos amigos espalharam-se pelo mundo e nunca mais os encontrei, com exceção de Luiz Mazzon, que reencontrei algumas vezes no Brasil, até em 2001 e depois, como diziam, "tomou chá de sumiço".

Voltemos ao casal de amigos. Luiz trabalhava para um organismo mundial que mantinha escritório em Jacarta. Flávia se ocupava somente das coisas da família e das muitas amizades que fez por lá. Ele, com a barba fechada e a cara muito séria, dava a impressão de estar permanentemente chateado, além de sempre parecer inabordável. A barba e a carranca, no entanto, escondem um humor refinado e uma percepção das coisas do mundo com uma visão privilegiada, inteligente, que lhe permite ver detalhes que aos demais

Josué Maranhão

passam despercebidos. Ela, carioca-brasiliense, extrovertida, agitada, "fala pelos cotovelos", como diziam na minha terra. Priscila, a filha caçula, saiu do Brasil com menos de dois anos. Enquanto morava em Jacarta, no contato com empregados, aprendeu a falar indonésio, que misturava com o português. Morando agora e já estudando nos Estados Unidos, hoje mistura bastante o inglês com o português. Esqueceu o indonésio.

A respeito do casal, merecem narrativa três casos interessantes acontecidos em Jacarta.

Logo que chegaram, foi-lhes oferecido como "herança" o grupo de empregados domésticos que trabalhava na residência do antecessor de Luiz na Indonésia.

Aceita a oferta, entre cozinheira, copeira, motorista e guarda, veio também uma outra empregada, conhecida em indonésio por "Ibu Tangah", que, na falta de uma melhor definição, poderia ser chamada de "governanta". Não exatamente como são as governantas nas famílias brasileira (ou como eram, suponho, pois não sei se ainda existem), que, à semelhança com os mordomos que se conhecem de filmes e de romances, atendiam a famílias nobres e eram sempre os primeiros suspeitos da autoria dos crimes misteriosos. Enfim: a "Ibu Tangah" não tinha todas as atribuições da governanta brasileira, que, além de liderar a equipe de empregados, tem também a responsabilidade pela aquisição de alimentos e outras coisas do trato doméstico. A "Ibu Tangah", basicamente, apenas fiscalizava o trabalho dos demais empregados, dando-lhes ordens.

Flávia, no entanto, não sabia da peculiaridade, nem lhe descreveram as funções do cargo daquela auxiliar. Mas, logo nos primeiros dias, a posição da "Ibu Tangah" começou a incomodá-la: a mulher permanecia quase o tempo todo sentada no degrau de uma escada que havia no piso térreo da casa, que dava acesso aos quartos no piso superior. Não se mexia. Imóvel permanecia todo o tempo ob-

– 70 –

Jacarta, Indonésia

servando tudo o que ocorria dentro de casa e, raras vezes, se dirigia a alguma das outras empregadas para dar ordens ou instruções.

A festa, no entanto, durou pouco: aquela situação "encheu a paciência" de Flávia, incomodada de a todo o momento ver aquela figura estática, sentada na escada. Resultado: em menos de uma semana, a "Ibu Tangah" foi dispensada.

Como era costume no país que as famílias de classe média para cima tivessem em casa a "Ibu Tangah", que consideram indispensável, a atitude de Flávia despertou atenções e comentários. Ninguém entendia como ela poderia viver sem uma "Ibu Tangah" para ajudá-la, ou fiscalizá-la, como Flávia sempre achou mais provável.

Outro episódio ocorrido na casa de Flávia e Luiz também merece ser contado. Quando se mudou do Brasil, Flávia levou uma jovem brasileira, que já trabalhava como babá da Priscila. Flávia não sabia o que encontraria naquele país estranho e, como a filha ainda era muito nova, preferiu se garantir.

A babá trabalhava normalmente, mas Flávia sempre notou que ela despertava ciumeira entre os demais empregados da casa. O fato de conversar facilmente com os patrões, o que o idioma comum facilitava, a permanência sempre nos cômodos da casa mais reservados para a família e, ainda, o fato de dormir junto com Priscila e não nas dependência das empregadas eram as causas dos ciúmes. Pelo menos foi essa a conclusão a que a Flávia chegou. Flávia aprendeu o idioma local em pouco tempo, o que lhe permitia se expressar e principalmente entender o que os "locais" falavam entre si. Dessa forma, ela ouviu comentários e soube do ciúme com relação à babá.

Apesar de tudo, a vida transcorria normalmente, até que a babá sentiu falta do dinheiro que guardava entre os seus pertences. Do salário que recebia – em dólar, é bom esclarecer –, ela pouco gastava, preferindo economizar para adquirir alguma coisa no Brasil, quando retornasse em definitivo, e também para comprar presentes para os familiares, quando os visitava, nas viagens anuais.

Depois de todas as buscas, de revirar tudo no quarto, Flávia e a babá chegaram à conclusão de que alguém havia "passado a mão" no dinheiro guardado no fundo do baú. Eram quinhentos dólares.

Flávia não teve dúvidas, nem pensou muito, como é do seu estilo: reuniu todas as empregadas na cozinha de casa, relatou o que havia acontecido, disse das buscas realizadas sem êxito etc. e, como ninguém se manifestasse a respeito, deu um prazo para que a pessoa responsável recolocasse a "grana" no local onde estava. Feito isso, tudo estaria encerrado, ninguém seria acusado, não se falaria mais no assunto, deixou bem claro. E ainda, não se comunicaria o furto à policia, o que todos os indonésios das classes mais baixas temiam e fugiam "mais do que o Diabo da cruz", como se dizia antigamente.

Vencido o prazo, como o dinheiro não apareceu, Flávia titubeou: arriscando-se a enfrentar a "barra pesada" de fazer comida, lavar roupas, limpar casa e relizar todos os demais afazeres domésticos, apenas com a ajuda da babá, mandou embora, de uma só vez, todas as empregadas que circulavam pela casa e que tinham acesso ao local onde o dinheiro sumido estava guardado. Ficou apenas com o motorista e o guarda, conhecido em indonésio por "Jagah".

Para sua surpresa, no dia seguinte ouviu um barulho na frente de casa. Flávia olhou pela janela e viu mais de vinte pessoas aglomeradas em frente ao portão de entrada fazendo barulho. Embora no meio do falatório não conseguisse entender o que diziam, não foi difícil concluir que tudo aquilo era conseqüência da dispensa coletiva ocorrida na véspera.

No primeiro momento, ainda amedrontada com o choque, Flávia telefonou para o escritório, relatou ao Luiz o que estava acontecendo e disse estar com medo de que a casa fosse invadida. E em seguida, antes que sequer houvesse tempo para Luiz vir do escritó-

Jacarta, Indonésia

rio, que ficava no centro da cidade e, com o trânsito caótico de Jacarta, era impossível cobrir o percurso em pouco tempo, o guarda, o solícito "Jagah", procurou Flávia e se ofereceu para ir encontrar o pessoal em frente da casa e tomar providências. Imaginando que a idéia, se posta em prática, poderia significar um confronto cujas conseqüências eram imprevisíveis, mas não deveria ser boa coisa, ela própria resolveu enfrentar a turma. Primeiro colocou a babá Amélia no quarto com Priscila e fechou as portas. Flávia estava de fato apavorada, até porque a sua casa era muito envidraçada, o que era um risco em caso de tentativa de invasão. Facilmente, os vidros seriam quebrados e qualquer um poderia entrar sem problemas.

Reunindo todas as forças, Flávia partiu para o "seja o que Deus quiser" e dirigiu-se ao portão, pediu silêncio e disse que, se pretendiam conversar, ela estava disposta a receber em casa apenas uma das pessoas do grupo. Após uma rápida "consulta", o grupo designou o marido da cozinheira, que entrou, sentou-se e começou a falar. Ainda tremendo um pouco de medo de uma agressão, Flávia, depois de ouvir do "porta-voz" a reclamação, em que o ponto principal era o argumento de que ninguém, entre as empregadas, era ladra e que todos não poderiam ser responsabilizados, argumentou que não havia acusado nenhuma delas de furto. Apenas, como havia desaparecido o dinheiro, entendia que havia perdido a confiança em todos, até porque ninguém havia se disposto a repor a quantia no local de onde havia sumido.

A explicação não foi bem aceita de imediato, mas, após um diálogo de não mais do que meia hora, o "negociador" parece que se deu por satisfeito, depois de ouvir um argumento que se mostrou infalível: caso não estivessem satisfeitos, ela chamaria a polícia para investigar; mas, se nada mais havia a fazer ali e todos se retirassem, ela nada comunicaria à polícia. Foi o que bastou: o "negociador" levantou-se e saiu sem despedir-se, nem deu um "boa tarde". Lá fo-

– 73 –

ra, reuniu-se com o grupo e, logo depois, todos foram embora. E o problema foi encerrado

O caso mais interessante e pitoresco ocorrido na residência de Flávia e Luiz também envolveu empregados domésticos.

Depois que aquela babá brasileira resolveu voltar para o Brasil – não por causa do dinheiro desaparecido, que Flávia ressarciu – mas por outros motivos particulares, outra empregada foi admitida, somente para cuidar de Priscila. Essa era indonésia, muito bem recomendada, com experiência e com passado investigado, considerada a função de cuidar diretamente da criança.

Após aproximadamente cinco meses de trabalho, a nova babá – Yanti, o nome dela, nome comum ali, por sinal igual ao nome daquela empregada da minha casa que fora flagrada pelo guarda – pediu a Flávia para ir para o kampung ou vilarejo, onde morava sua mãe, que cuidava dos dois filhos que ela tivera no casamento desfeito. Explicou que precisava ir para resolver o problema do seu divórcio e da pensão para os dois filhos, alegando que o ex-marido a abandonara com as crianças e não a ajudava em nada.

O pedido não foi uma boa notícia para a Flávia, que naquela semana estava sem a cozinheira, dispensada por outro motivo durante alguns dias. No entanto, sensibilizou-se com a situação e, considerando que a Yanti era uma ótima babá, muito cuidadosa com Priscila, com um comportamento excelente, muito religiosa, concordou, embora soubesse que tinha pela frente alguns dias pesados em casa, sem cozinheira e sem babá.

Yanti viajou normalmente. No dia seguinte, entrou na sala da casa, ofegante, a arrumadeira, querendo falar com a Flávia. Como aquela empregada era já famosa por ser fofoqueira e gostar de confusão com os outros empregados, Flávia ficou alerta para o que seria a novidade.

A arrumadeira então conta a última fofoca. Disse que a mulher do guarda novo – admitido havia aproximadamente três meses –

Jacarta, Indonésia

telefonara para avisar que ele fora para o interior, para encontrar-se com a Yanti. Sem entender nada, Flávia pediu para repetir a história e a arrumadeira contou então os detalhes: o guarda novo era, na verdade, o ex-marido de Yanti e havia sido também intimado para ir cuidar do processo de divórcio e da pensão para os filhos, o que justifica o fato de encontrá-la no kampung.

Ainda surpresa, Flávia ficou matutando sobre a história, pensando que deveria haver algum engano ou algum exagero da arrumadeira fofoqueira.

Logo que Yanti voltou, Flávia foi conversar e procurou saber o que havia de verdade naquela história estranha. E, para sua maior surpresa, a babá confirmou tudo e deu os detalhes: o guarda novo, segundo disse, havia sido admitido no serviço aproximadamente dois meses depois que ela havia começado a trabalhar na casa. Tomou um susto – disse – quando o viu em serviço na mesma casa em que ela morava, mas não contou nada a Flávia, temendo perder o emprego, justificando que precisava muito do salário, pois tinha dois filhos para manter.

Um tanto baratinada, Flávia demorou a acreditar na história. Depois, pensando nos detalhes, comprovou intimamente que de fato aquele povo era humilde, tinha atitudes passivas, contanto que não criasse problemas para os patrões e garantisse o emprego e o salário mensal. Flávia chegou a pensar em dispensar um dos dois, mas chegou à conclusão de que não fazia sentido tomar a atitude, uma vez que a complicação entre a babá e o ex-marido não lhe vinha causando problemas.

Decidida a manter os dois empregados, voltou a conversar com Yanti e soube que o problema da pensão do ex-marido para os filhos não ficara resolvido.

Aproveitando a "deixa", Flávia chamou o guarda para conversar e ele confirmou tudo. Aí veio o golpe final: Flávia disse que ele

– 75 –

somente poderia continuar no trabalho se concordasse que ela descontasse do seu salário, todos os meses, 30% como pensão alimentícia para os seus filhos com Yanti. Aceita a proposta, os dois continuaram trabalhando na casa até quando a família mudou-se para os Estados Unidos.

CAFÉ BATÁVIA

Ao redor do mundo, existem alguns famosos cafés e restaurantes. Alguns até são incluídos em listas dos "melhores", que correm o planeta, em mãos dos *experts*, até com indicações de pessoas ilustres que o frequentavam.

É comum, por exemplo, em Paris, em cafés nos bairros mais charmosos e antigos, com mesas na calçada e outros requintes, encontrar placas indicando que ali esteve, bebeu ou comeu gente famosa, como escritores e artistas. Também se sabe de um típico pub britânico, em que está indicado o lugar onde Churchill tomava o seu uísque sem gelo, curtindo o seu famoso charuto, enquanto, certamente, pensava nas táticas e estratégias para salvar Londres dos ataques das esquadrilhas aéreas de Hitler, durante os bombardeios no curso da Segunda Guerra Mundial. Da mesma forma, vi em um pequeno restaurante na famosa Praça Plaka, em Atenas, uma inscrição em bronze indicando que fora freqüentado pelo famoso cineasta grego Costa Gavras, responsável por filmes famosos, como *Z* e *O desaparecido*, ambos denunciando torturas e outras aberrações cometidas por regimes ditatoriais. Houve até quem espalhasse que, em um dos famosos cafés de Paris, haveria uma placa indicando que ali habitualmente tinha estado o nosso ex-presidente Jânio Quadros. Nunca a encontrei, apesar de tê-la procurado no local indicado.

Toda essa história é um preâmbulo para o que adiante se escreve a respeito do "Café Batavia", local famoso de Jacarta e que faz parte de listas dos "dez mais" entre os restaurantes e cafés famosos no mundo. Ainda antes da história, há um caso antigo que gostaria de contar. Quando entrei pela primeira vez no Café Batávia, em janeiro de 1996, veio-me à memória uma dúvida, que carrego desde a minha infância, relacionada com as coisas da Holanda, à presença dos holandeses no Brasil e, especificamente à palavra "batavo". Quando estudei a história da expulsão dos holandeses do Brasil, li um relato que sempre me intrigou. Dizia que, ao final de uma batalha entre as esquadras de Portugal e da Holanda, o comandante da esquadra holandesa, quando se convenceu que fora derrotado e que a nau capitânia iria naufragar, teria pronunciado a frase que ficou célebre e que encontrei em muitos livros didáticos de história do Brasil: "O oceano é o único túmulo digno de um almirante batavo". Não questiono a frase famosa. A minha dúvida, que persiste, é: se naquela época não havia internet, nem telégrafo, nem acredito que fosse possível deixar um escrito para que o almirante transmitisse a sua famosa frase à posteridade, se o seu navio naufragou, levando para o fundo do mar todos que nele se encontravam, como chegou até os dias atuais esse epitáfio?

O Café Batávia foi montado em um edifício colonial do início do século XIX, tipicamente holandês, lembrando as construções antigas de Amsterdã. Está no bairro de Kota, em Jacarta, na grande Praça Fatahillah, bem em frente ao famoso Fatahillah Museum. Esse é o único bairro em toda a Indonésia onde existem vestígios mais visíveis da colonização holandesa, apesar de a Holanda ter ocupado todo o país por vários séculos.

Jacarta, Indonésia

Aberto 24 horas, a decoração e o mobiliário do restaurante em tudo lembram o século XIX. O Batávia ocupa os dois pisos do bonito e grande edifício situado na esquina da praça. No térreo, está situado o Churchill Bar, homenagem ao estadista britânico, em ambiente batavo, separado do restante do restaurante por uma belíssima divisória construída em madeira escura, com pequenas colunas trabalhadas em detalhes. O salão é usado tanto para drinques como para almoço ou lanches. No centro, há uma estátua de uma dama holandesa do século XIX e várias fotografias de estrelas e astros de Hollywood, artistas, políticos famosos e membros da realeza mundial. Bem à vista, há uma fotografia de Picasso e uma de Gene Kelly, entre outros pôsteres, como do duque e da duquesa de Windsor. Junto ao bar, estão mesas e cadeiras são em madeira escura, com couro trabalhado.

O Gran Salon, como é denominado o salão de jantar, está no segundo piso. Tudo montado com móveis antigos, tem na frente uma grande varanda, de onde se avistam a praça, o museu e antigos prédios em estilo holandês. Os móveis também são em estilo antigo europeu, muito trabalhados, alguns com motivos indonésios. Todos escuros.

Apesar do estilo europeu desses dois salões, com os seus antigos e belíssimos móveis, o que mais chama a atenção e atrai visitante são os banheiros.

Maiores do que o habitual, as grandes paredes dos banheiros masculinos, como femininos, são todas revestidas com centenas de fotografias de artistas e outras pessoas universalmente famosas, desde os primeiros astros e estrelas que surgiram junto com o cinema mudo até alguns mais atuais. Existem também fotos de políticos e outras figuras famosas em todo o mundo.

Além disso, pias e outros apetrechos dos banheiros são todos em aço inoxidável, com desenhos totalmente diferentes, algo um tanto futurista, contrastando com o restante do ambiente do restaurante, que tenta mostrar aspecto de antigüidade.

De fato, o inusitado da decoração dos banheiros é a forma como foram montados. Geralmente, são motivo para que muitos os visitem por bastante tempo, mesmo que não precisem usá-los. Muitos demoram-se olhando as fotografias e também fotografando; e não é incomum, nos casos de famílias, homens ficarem como vigias à porta do banheiro masculino, para que as mulheres possam ver e admirar os murais de fotografias que ali existem. As mulheres fazem o mesmo, para que os homens da família possam ver o que existe nos banheiros femininos.

Além de tudo isso feito para atrair os turistas, a comida do Café Batavia é excelente. É um dos melhores lugares na Indonésia para conhecer os pratos típicos do país e da região. Mas a cozinha internacional e, sobretudo, a chinesa, não ficam a dever a nenhuma outra de restaurantes famosos.

Ali come-se de tudo, inclusive costelas de boi, tanto que certa vez fiquei assustado e preocupado quando vi Mariana, fervorosa carnívora e ainda em seus treze anos, debatendo-se com uma imensa costela que quase a escondia.

No final, quando todos pensavam que o Café Batávia fosse um marco construído e mantido por um holandês patriota, que tivesse pretendido deixar fixada a presença batava no lugar, vem a surpresa. O Café Batavia foi construído em 1993, quando foi restaurado o edifício do século XIX, por um australiano, que ainda é o proprietário e o administra junto com a esposa indonésia.

Vale a pena conhecer em todos os aspectos.

Parte III

Corrupção e política

ANTECEDENTES DA HISTÓRIA POLÍTICA

Curioso que sempre fui a respeito de história, logo que tomei conhecimento do que era a Indonésia, procurei inteirar-me dos antecedentes da vida da nação, no que se refere à história propriamente dita,e sobretudo em relação à política.

Tendo vivido no Brasil os últimos anos da ditadura Vargas e suportado, com alguns sacrifícios, o regime militar que foi imposto pelo golpe de 1º de abril de 1964 e que perdurou até 1985, ao tomar conhecimento de que a Indonésia vivia sob um regime militar, fiquei mais curioso ainda. Conversei muito a respeito, pesquisei e, logo que cheguei ao país, estava relativamente informado.

Comparando-se com o Brasil, a Indonésia, como país independente, é muito novo. Terminada a Segunda Guerra Mundial, o general Sukarno proclamou a independência em 17 de agosto de 1945, libertando a nação do colonizador holandês, que ali estava desde o século XVII. Foi instalado um regime democrático no país.

No período do auge da chamada "guerra fria", quando os Estados Unidos e a União Sovietica dividiam o mundo em contínua disputa para cada um estabelecer mais poder e influência nos países, a Indonésia tornou-se alvo dos Estados Unidos, ante a informação de que o regime era simpático e estava vinculando-se rapidamente à União Soviética. A partir daí, não foi difícil seduzir os generais mais conservadores, atraídos também pelo dinheiro e com a promessa de poder.

A história da ditadura que encontrei na Indonésia não é muito diferente de muitas outras que a história universal registra. Um dos maiores massacres da era moderna mundial ocorreu na Indonésia entre 1965 e 1966, quando foi deposto o presidente Sukarno. As estimativas oficiais indicam que teriam sido mortas aproximadamente quatrocentas mil pessoas, chegando o número real a quase o dobro, conforme cálculos de órgãos independentes internacionais. O massacre, iniciado com o objetivo de eliminar "comunistas" infiltrados no governo Sukarno, espalhou-se pelas ilhas, terminando por eliminar muita gente sem nenhuma filiação política, inclusive milhares de chineses, já àquela época uma grande comunidade no país. Os chineses, então como agora, sempre foram o alvo preferido dos indonésios, o que não é difícil de explicar: enquanto os chineses são pouco mais de 7% da população, controlam mais de 75% da economia da Indonésia. Esse o motivo da revolta generalizada.

Líder do golpe militar que derrubou o presidente Sukarno, no poder desde quando proclamou a independência do país, assumiu o general Suharto. O resultado foi uma ditadura saguinária, que conheci pela leitura de episódios da história do país e pelos relatos de fatos ocorridos durante a minha permanência na Indonésia.

Além de tudo isso, o que parece confirmar o que sempre se suspeitou, a Indonésia poderia ser classificada como o maior exemplo de que os regimes autoritários, além de outros malefícios, ainda são o melhor campo para espalhar a corrupção.

Lá o campo foi muito fértil e, entre corrupção e nepotismo, a família do ditador Suharto mandou no país durante 32 anos.

O PARAÍSO DA CORRUPÇÃO E NEPOTISMO

Em 1996, ano de nossa mudança, a PERC, organização internacional com sede em Hong Kong, promoveu uma presquisa mundial que classificou a Indonésia em primeiro lugar no ranking da corrupção. No ano seguinte, a Indonésia perdeu o trono: ficou em segundo, cedendo o primeiro lugar à Nigéria. Nos demais anos sempre esteve entre os cinco países com maiores índices de corrupção, até desaparecerem os últimos vestígios da ditadura do general Suharto.

Ao lado da corrupção e com ela se misturando, outro ponto de destaque na Indonésia era o nepotismo. Em todos os lugares estava a família Suharto, sempre ocupando postos de destaque, desde que as posições lhes proporcionassem o lucro fácil e o enriquecimento ilícito.

Em razão do nível tão elevado, alguns estudiosos chegaram a palpitar que a corrupção já estaria entranhada na cultura e no espírito do povo indonésio. Tornara-se fato corriqueiro, que não mais chamava a atenção nem despertava nenhum sentimento contrário, era encarada como ação rotineira, comum, quase legal. Era praticada sem maior cautela, geralmente como que totalmente em aberto.

Josué Maranhão

Havia uma tolerância tal, que, em muitas situações, já se sabia o "preço" cobrado. Não havia exatamente uma tabela, mas o povo sabia qual o valor da propina que deveria ser dada, conforme o tipo de serviço.

Como resultado da fusão da corrupção com o nepotismo, surgiu uma das maiores fortunas do universo: a da família do ditador Suharto. A revista *Time*, em longa e bem fundamentada reportagem, chegou a apontar que a fortuna amealhada pela família do general Suharto atingia a elevadíssima cifra de 22 bilhões de dólares. A afirmativa da revista teve como resposta uma ação movida pelo ex-ditador, por volta de 1999, cujo resultado se desconhece.

Ainda recentemente, apesar de passados anos do fim da "era Suharto", a fortuna da família ainda lidera, ou tem posição de destaque, *rankings* que circulam na internet. Qualquer um pode comprovar.

Ao lado da corrupção e do nepotismo, o que também de muito vergonhoso apontava-se era a tortura sistemática. Os casos de torturas, assassinatos em prisões, desaparecimento de presos e outras arbitrariedades estavam tornando-se coisa corriqueira.

Prendia-se por qualquer motivo, ou sem motivo, desde que houvesse outro interesse escuso por trás.

A corrupção, o nepotismo e o total desrespeito, ou melhor, total desconhecimento do que fossem direitos humanos, eram decorrências de um regime autoritário, no qual o ditador conseguiu reduzir o Poder Judiciário à total subserviência, destituído de qualquer independência, e transformou o Legislativo em um órgão totalmente impotente, composto por um grupo de marionetes, triste imitação dos seculares teatros de bonecos que são encontrados pelo país afora, famosos internacionalmente. Além de tudo isso, a censura transformou a imprensa em cadernos de recados do ditador. A censura atingiu tamanho requinte, que chegou a ponto de vistoriar revistas

Jacarta, Indonésia

e outras publicações estrangeiras que chegavam ao país e rasgar tudo que desagradava o regime. A soma de tudo é resultado do autoritarismo, característica inerente ao sistema e presente em todos os regimes ditatoriais. O nepotismo, a corrupção, as torturas, o desrespeito aos direitos humanos são como que requisitos essenciais desses regimes e que estão sempre se destacando, umas mais do que outras, mas sempre encontradas nas ditaduras, independente de época ou ideologia.

A censura rigorosa a que a imprensa era submetida não permitia que sequer se cogitasse de qualquer noticiário a respeito da corrupção e do nepotismo, o que não impedia que as histórias se tornassem de conhecimento público, circulando as notícias livremente pela cidade.

São incontáveis os casos que poderiam ser relacionados. Alguns, ocorridos em setores inferiores da burocracia oficial, são tão prosaicos que merecem relato.

O PASSAPORTE A VENCER

Um turista conhecido, depois de enfrentar as imensas filas que sempre havia no setor de imigração do aeroporto de Jacarta, ao ter o seu passaporte examinado pelo burocrata, recebeu a notícia: não poderia entrar no país, uma vez que o seu passaporte tinha validade somente por mais seis meses. Não valeu argumentar que o seu visto de turista tinha validade somente de três meses, bem como que o bilhete de volta tinha viagem marcada para dentro de dez dias. Tudo somente foi resolvido quando o turista discretamente colocou uma nota de cem dólares entre as páginas do passaporte.

– 87 –

Josué Maranhão

A URGÊNCIA PARA RENOVAR O VISTO

Normalmente, as repartições consulares da Indonésia no exterior limitavam os prazos dos vistos concedidos, inclusive aquele de trabalho, em doze meses. Não importava que a autorização para trabalho e residência tivessem prazo maior. Isso exigia que, todos os anos, antes do vencimento do visto, o seu portador tivesse de sair do país e procurar uma das embaixadas ou consulados no exterior. A maioria procurava a embaixada em Cingapura, que é a mais próxima, como fizemos mais de uma vez. O achaque, no caso, era não só vergonhoso, mas descarado. Logo ao chegar à repartição, ao pedir informações e receber o formulário ainda no guichê, o estrangeiro era avisado de que a renovação do visto poderia demorar vários dias. Estava criada a dificuldade. Aí, vendia-se a facilidade, ou seja, o funcionário da repartição informava que, se houvesse urgência, desde que se paguase determinada taxa (que não era oficial) a um funcionário específico indicado por quem prestava as informações, o visto poderia estar pronto naquele mesmo dia, no final da tarde. À época de nossa permanência em Jacarta, a taxa variou entre quarenta e sessenta dólares por visto. O volume arrecadado obviamente deveria ser muito substancial, considerando-se o número de estrangeiros que procuravam a renovação do visto e que, por motivos diversos, não podiam permanecer fora da Indonésia por longo período. Em todas as vezes que precisamos renovar nossos vistos na embaixada da Indonésia em Cingapura, o grande salão onde o público era atendido estava sempre lotado, o que é uma indicação do volume da "arrecadação". Não conheci ninguém que não tenha pago a "taxa de urgência", vamos chamar assim. Dessa forma, não tenho idéia de quanto tempo teria que esperar pelo visto aquele que resolvesse não pagar a propina. De qualquer forma, o pagamento evitava uma série de problemas, a começar pelo menor custo. A necessidade

– 88 –

Jacarta, Indonésia

de se hospedar em um hotel, por uma noite só que fosse, para receber o passaporte com o visto no dia seguinte, custaria muito mais do que o valor cobrado. A audácia e a desfaçatez na embaixada em Cingapura atingiram um nível tão elevado que, em uma das vezes em que necessitei renovar o visto para mim e a família, como pretendíamos ficar alguns dias em Cingapura, pensei em não pagar a "taxa de urgência", podendo deixar para retirar o passaporte depois. No entanto, foi impossível fugir do achaque: não pagando a propina, o funcionário nem informava quantos dias demoraria a concessão do visto, sem falar no risco de sumirem com os passaportes, como me advertiram. Era a velha piada: "Se correr o bicho pega, se ficar o bicho come". Sem ter como fugir, sempre paguei a propina.

O GOLPE DO DECRETO NOVO

Em uma das oportunidades em que eu deixava a Indonésia em viagem ao Brasil, estava acompanhado somente de minhas duas filhas Cristina e Mariana, então menores de idade. Ao nos apresentarmos no guichê de saída do Serviço de Imigração no aeroporto, coloquei as meninas na minha frente. Sem qualquer problema, seus passaportes foram carimbados com a "saída" e elas passaram a área de controle. No entanto, quando foi examinado o meu passaporte, o burocrata sorrindo disse-me que eu não poderia sair do país, em face de não haver cumprido a exigência de um novo decreto, que tornava obrigatória a apresentação mensal, de todos os estrangeiros com visto de residente, na delegacia de polícia do bairro de sua residência. Em tais circunstâncias, disse-me que a minha situação estava irregular e, em conseqüência, eu estaria sujeito às penalidades legais. Quando argumentei em contrário, o burocrata sacou de uma gaveta um pedaço de papel sujo e amarrotado, leu em voz alta um texto em indonésio,

– 89 –

Josué Maranhão

que, disse ele, no seu inglês deficiente, seria o texto do decreto que instituía a obrigação da visita mensal à delegacia de policia. Rapidamente guardou o papel, não me permitindo sequer examiná-lo, embora tenha solicitado. Não houve argumento que surtisse efeito. Ante o impasse, disse eu que, em tais circunstâncias, suspenderia a nossa viagem. Então veio o ataque final: nesse caso, disse o burocrata, eu poderia retornar para casa, comparecer à delegacia de polícia e pagar a multa para regularizar a minha situação. Mas as minhas filhas, que já haviam passado pela área de controle, com o carimbo de saída nos seus respectivos passaportes, não poderiam entrar novamente e não poderiam retornar para casa comigo. Ante o meu evidente desespero, temeroso de que as meninas tivessem de viajar sozinhas, surgiu o golpe planejado: ele poderia resolver o problema, se eu pagasse a "multa" de duzentos dólares. Como eu afirmasse que não dispunha no momento daquela quantia em espécie, cinicamente pediu-me para examinar a minha carteira e comprovou que eu falava a verdade. Disse-me que eu teria no máximo meia hora para conseguir o dinheiro. Desesperado, saí da área de embarque, planejando telefonar para alguém que tivesse condições de providenciar a quantia pedida. Entretanto, ainda encontrei o nosso motorista que, antes de retornar para casa, havia passado na lanchonete e pedi-lhe ajuda. O motorista conversou em indonésio com o funcionário e conseguiu que a "multa" fosse reduzida ao valor exato que o burocrata verificara em minha carteira. Sem alternativa e ainda suando frio, paguei o que era exigido, ficando sem um centavo sequer. É óbvio que nenhum recibo me foi dado, embora eu tivesse tido a ousadia de solicitar. Aliviado, passei pela área de imigração e pude viajar tranqüilo com as filhas.

Esses são alguns exemplos de casos pequenos, de pouca monta, miudeza. Escabrosos, no entanto, são os casos de golpes de milhões, geralmente envolvendo membros da família do ditador ou altos funcionários do governo.

Jacarta, Indonésia

O GOLPE DO HOTEL

Um dos casos mais famosos ficou conhecido como "o golpe do hotel". Como é sabido, a Indonésia, tanto em Jacarta e principalmente na Ilha de Bali, possui muitos dos melhores e mais luxuosos hotéis do mundo. São hotéis das mais conhecidas cadeias internacionais, todos bem-sucedidos e lucrativos, segundo dizem, em razão de grande fluxo de turistas e de homens de negócios. Com o atrativo, uma famosa rede hoteleira conseguiu licença e iniciou a construção de um dos mais caros hotéis já erguidos em Jacarta. A construção transcorreu normalmente, milhões de dólares foram gastos sem problemas. No entanto, quando o edifício já estava na fase de acabamento, surgiu a fiscalização com a grande novidade. Segundo alegaram, a licença de construção era falsa, ou fora concedida por pessoa sem poderes para tanto. O pior, diziam os fiscais, era que o edifício estava totalmente irregular, não somente por ter ocupado área do terreno maior do que o permitido, como também por haver ultrapassado a altura máxima admitida na região. Não houve argumentação ou recurso legal que surtisse efeito. Quando nada mais havia a fazer, a não ser demolir o edifício – o que era a determinação dos burocratas –, surgiu o "salvador da pátria". Era um dos filhos do general ditador que, sem maior cerimônia, disse que tudo poderia ser resolvido se lhe fosse paga, mediante depósito em conta bancária na Suíça, uma quantia elevadíssima, algo em torno de milhões de dólares. Aceita a chantagem, tudo ficou às mil maravilhas e o hotel até hoje existe, bonito e luxuoso, em uma das áreas mais nobres de Jacarta.

Existia, ainda, o "golpe do hotel 2", que ocorreu na época em que morávamos em Jacarta e foi amplamente comentado. Um hotel que estava em construção ostentava placas indicando pertencer a uma determinada e conhecida rede hoteleira internacional. Con-

– 91 –

cluída a obra e logo depois de inaugurado o hotel, desapareceu completamente qualquer referência à rede que teria sido a construtora e proprietária do empreendimento. Para surpresa, circulou na cidade que o hotel pertenceria a um outro filho do ditador. Mas não demorou a surgir a explicação para a brusca mudança: o edifício do hotel fora construído em zona residencial, o que era proibido. De fato, em torno do hotel havia apenas casas luxuosas na avenida principal e, por trás dela, as tão conhecidas ruas estreitas, as vielas onde existem as casas bem populares. A proibição só foi revelada quando a construção do edifício já estava em adiantado estágio. E, como no caso anterior, foi dado o golpe: para evitar a perda de todo o investimento já feito, a rede hoteleira concordara em vender o hotel para o filho do general Suharto. Obviamente, tudo a "preço de banana".

O GOLPE DO IMPOSTO DA CERVEJA

Outro caso muito famoso foi o golpe do imposto da cerveja, no qual se envolveu um dos netos do general ditador. Sem nenhum precedente ou explicação, criou-se repentinamente um novo imposto, de aplicação restrita a uma determinada região e incidente somente sobre um produto. Esse imposto passaria a incidir sobre a cerveja vendida na Ilha de Bali. Ora, pode-se bem imaginar o que representa a cerveja para os turistas que freqüentam a ilha e, conseqüentemente, o que representava a venda do produto para os bares, restaurantes, hotéis etc. Bali, recanto turístico de fama internacional, com muito sol e calor, é reduto de turistas do mundo inteiro. Os australianos, famosos bebedores de cerveja, são a grande maioria entre os turistas. Ante a ameaça de prejuízos consideráveis com a fuga de turistas, surgiu a reação. Unidos, os bares, hotéis e restaurante suspenderam as compras e vendas de cerveja.

Jacarta, Indonésia

Diante do impasse, generosamente, o general ditador chamou o governador da província e determinou a revogação do ato que instituíra o imposto. Foi então que se soube que o tributo tinha destinação certa: o bolso do neto do ditador. Outros exemplos ainda poderiam ser facilmente lembrado, mas vamos áos fantásticos casos de nepotismo.

DE PAI PARA MULHER E FILHOS

Para melhor entender o mecanismo, é conveniente indicar qual a fatia que pertencia a cada membro da família do ditador, na divisão do bolo milionário.

A negociata era comandada pela mulher do general Suharto, Tien Suharto, que faleceu em 1996, poucos meses após nossa chegada à Indonésia. Dizem que todo o esquema teria sido imaginado e organizado pela matriarca. A sua ganância era tanta que a primeira-dama ficou conhecida como "Madame Tien per cent". O apelido-trocadilho sugere ostensivamente o percentual de 10%, que, dizem, era sempre cobrado por Tien, nas licitações, concorrências públicas e em outros negócios que dependessem de aprovação do governo. Mas o falecimento da orientadora não desmontou o esquema, que prosseguiu firme e forte com os filhos. Vejamos o que cada um tinha e fazia para, a cada dia, ficar mais rico. Uso apenas o primeiro nome de cada um, como é habito na Indonésia, onde muito raramente alguém tem ou usa sobrenome ou nome de família.

Tutut

Dos herdeiros do ditador, a filha mais velha era quem mais aparecia. Por trás da aparência de interesse pelos problemas sociais da

– 93 –

Josué Maranhão

população pobre, comandava um império. Tornou-se a substituta da mãe, fazendo as vezes de primeira-dama em solenidades e cerimônias oficiais. Era sabido que tinha negócios diversificados, mas sempre muito lucrativos. Tinha interesses significativos em negócios relacionados com as construções civil e naval, e no setor de exploração de madeira e agricultura. Detinha o controle da empresa cobradora de pedágios em todas as estradas da Ilha de Java, que haviam sido privatizadas, bem como no centro de Jacarta. Isto porque, nas principais avenidas da capital do país, existia a cobrança de pedágio como uma forma de tentar melhorar o trânsito no centro da cidade, permanentemente congestionado. Ao que se comentava, ela mantinha vínculos comerciais com o sultão de Brunei, dito o homem mais rico do mundo na época. Eram conhecidas as suas ligações de negócios com o chefe da imensa colônia chinesa e controlador do maior grupo econômico do país, o Grupo Lypo, dono de empresas que atuam nas mais diversas áreas. Em troca da abertura de portas governamentais para o grupo chinês, Tutut recebia como recompensa participações substanciais nas empresas do grupo.

BAMBANG

Bambang era o mais velho dos filhos homens. Era o controlador do Banco Central Ásia que, ao sairmos da Indonésia, enfrentava sérias dificuldades econômico-financeiras. Mas a quebra do banco, ao que se dizia, não afetaria muito a fortuna pessoal. A maior parte dos recursos teria sido retirada e levada para o exterior, daí a explicação para a quebra do lucrativo negócio bancário em pleno apogeu da negociata. Mantinha interesses em muitos negócios, diversificando as atividades, atuava no ramo hoteleiro e era, ainda, o controlador de todo o sistema de telecomunicações do país, além de

– 94 –

Jacarta, Indonésia

ser o proprietário da principal rede de televisão. Possuía ainda o controle das maiores e principais empresas da área de petroquímica.

TOMMY

Sem dúvida o homem mais badalado e comentado no país e em todo o sudeste da Ásia era Tommy. Barulhento, solteiro, mulherengo, ficou conhecido também pelos namoros com figuras famosas. Tinha negócios os mais diversificados, desde participação em bancos até o controle de fábricas de automóveis, como a tão badalada marca italiana Lamborghini. Teria sido a forma mais fácil que encontrou para estar mais próximo dos carros esportivos e de luxo, dos quais possuía coleção, com modelos dos mais raros e caros do mundo. Por conta da mania por automóveis, idealizou a fabricação do "carro nacional". Em associação com a conhecida fábrica coreana Kia Motors e com os favores concedidos pelo governo do pai, montaria na Indonésia um carro popular, com o nome de Timor. A viabilidade econômica do negócio do carro Timor, apesar dos altos custos, tornou-se possível com os "incentivos" que a fábrica recebeu do governo, principalmente a isenção de impostos de importação sobre matérias-primas e componentes. A concorrência desleal com outras fábricas foi gritante, mas tudo ficou por isso mesmo. O casamento de Tommy, que ocorreu enquanto morávamos em Jacarta, foi alvo de comentários em toda a mídia. O fato de as festas e cerimônias do matrimônio durarem vários dias não é inusitado, já que trata-se de costume do povo javanês até em casamentos não tão ricos. Mas em tudo o mais o casamento chamou a atenção de todos. Para nós, além da curiosidade natural, causou alguns pequenos problemas. Como a casa dos pais da noiva era bem próxima à nossa, em alguns dias das festas todo o quarteirão ficou isolado e sob forte esquema de segurança, durante muitas horas.

– 95 –

Josué Maranhão

HARJOJUDANTO

O menos conhecido dos filhos de Suharto é Harjojudanto, que não gostava de aparecer nas matérias laudatórias à família do ditador, divulgadas periodicamente em toda a mídia do país. O seu principal negócio era a significativa participação nas ações do Banco Central Ásia, que quebrou; além disso, mantinha interesses no ramo da construção civil, com empresas especializadas em construção de grandes e luxuosos edifícios. Era conhecido por fazer longas viagens para fora do país, quando permanecia nos mais conhecidos cassinos do mundo, curtindo o seu vício em jogo.

MAMIE

Mamie, a filha mais nova, não tinha participação de destaque em negócios e não teria se beneficiado da partilha do bolo. Muito embora a irmã mais velha Tutut estivesse sempre em evidência, até substituindo a mãe falecida, o que se dizia era que Mamie era a encarregada dos assuntos domésticos da família, cuidando do pai, da casa onde ele residia e de outros interesses. A sua posição de retaguarda teria lhe valido, segundo se comentava, as melhores simpatias do pai e, nessa condição, seria a mais aquinhoada com herança e participação no dinheiro particular do ditador, depositado em contas no exterior. Também como herdeira da mãe, ficou responsável pelos negócios relacionados ao cultivo e à comercialização de frutas indonésias, que eramexportadas para o mundo inteiro.

TUTIEK

Apesar do brilho pessoal e a tendência a aparecer, dizem que Tutiek teve a presença em público sempre ofuscada pela irmã mais

Jacarta, Indonésia

velha, Tutut, espécie de comandante da ala feminina da família. Tutiek, pelo que se comentava, era a controladora e proprietária da grande maioria do capital do *shopping center* Plaza Senayan, um dos mais luxuosos do mundo e onde é difícil alguém se estabelecer se não estiver escudado em uma das mais famosas grifes mundiais, todas ali presentes. Não se têm notícias a seu respeito, depois que o pai foi destuído do poder. Até porque, sendo casada com o general Prabowo, teve a vida totalmente tumultuada em conseqüência da rebelião popular que derrubou a ditadura, em face da participação do marido no episódio.

O certo é que, até cair em desgraça, a família do ditador Suharto teve todas as oportunidades e condições para amealhar a fortuna que dizem ter acumulado e que estaria abarrotando os cofres de bancos estrangeiros, onde o sigilo bancário é um argumento de atração para milhões de dólares de origem duvidosa.

O MISTÉRIO DA MINA DE OURO

Existia um ditado, em meus tempos de criança, que dizia algo como: "Cria fama e deita-te na cama!". A manifestação da cultura popular, como sempre ocorreu, tem sua sabedoria e revela muito do comportamento da sociedade em geral. Geralmente o adágio era usado quando se atribuía a alguém famoso em determinado setor tudo que dizia respeito àquela atividade, até quando ele não tinha nem jamais tivera relacionamento com o fato.

A história mostra exemplos clássicos, como quando se dizia ser de autoria do famoso cangaceiro Lampião muitas ações praticadas no sertão nordestino por outros bandoleiros. Tempos depois, a história mostrou que, em determinadas ocasiões, Virgolino Ferreira, o Lampião, estivera muito distante do cenário dos acontecimentos que lhe haviam sido atribuídos na época em que ocorreram.

Todo o introdutório – ou prolegômeno, como dizia um famoso professor que tive na Faculdade de Direito – vem ao caso, apenas, para estabelecer um laço entre a família Suharto e uma história de início escabroso e final trágico e misterioso, ocorrida na Indonésia, durante nossa permanência naquele país.

Josué Maranhão

Em 1997 foi divulgada com grande destaque na imprensa de todo o mundo a descoberta, na Ilha de Borneo, a terceira maior da Indonésia, de uma grande mina de ouro.

Durante meses, os comentários em todos os círculos e o noticiário de destaque na imprensa da Indonésia eram a respeito da mina, que afirmavam alguns ser uma das maiores reservas de ouro do mundo. A mina pertencia a uma multinacional canadense. Como conseqüência da descoberta da mina, as ações daquela empresa alcançaram índices recordes de valorização. De um momento para o outro, saltaram do nada para tornar-se uma das ações de maior valor.

Enquanto isso, na imprensa de Jacarta e nos diversos círculos locais, os comentários giravam em torno dos benefícios econômicos que a exploração da mina poderia gerar. Era tanta a euforia que, com freqüência, eram vistos pronunciamentos de estudiosos dos mais variados setores, principalmente das áreas de mineralogia e de economia, cada um deles procurando demonstrar o que seria o futuro da Indonésia depois de iniciada a exploração da mina. Alguns derramavam conhecimentos a respeito das potencialidades da mina, o que poderia ser aproveitado, o que deveria ser produzido. Outros esparramavam sabedoria quanto aos efeitos benéficos da mina na economia do país, quantos novos empregos poderiam surgir, quanto deveria aumentar o Produto Interno Bruto, e assim por diante.

A euforia generalizada chegou a ponto tal que já surgiam as primeiras notícias a respeito de grandes redes hoteleiras que demonstravam disposição de construir hotéis e *resorts* nas proximidades da mina, enquanto empresas construtoras já faziam planos para a exploração da região, que passou a ser cobiçada, avaliando-se o que poderia ser construído, quer no setor de habitação, quer na infra-estrutura que seria necessária para dar conta do movimento decorrente da exploração da mina.

– 100 –

Jacarta, Indonésia

Ninguém estava mais eufórico com a notícia, divulgada aos quatro ventos, do que a empresa multinacional proprietária da mina.

Tudo corria no clima de alegria geral, como se a mina tivesse surgido como bênção dos céus para salvar a vida de muita gente, quando de repente estourou a bomba: tudo era mentira.

As primeiras notícias eram no sentido de que tudo não passara de um golpe e até não existiria a mina. Em seguida, surgiram as explicações mais detalhadas indicando que, de fato, existia a mina, mas jamais seria uma reserva de tamanho aproximado daquele que fora divulgado. Pelo contrário, era muito pequena a capacidade de produção e, além disso, ao contrário do que fora apregoado, a mina não era quase a céu aberto. Eram imensas as dificuldades para extração do pouco minério que na realidade tinha sido detectado, o que, certamente, em termos econômicos, não compensaria o investimento necessário à sua exploração.

De um momento para o outro tudo ruiu, o castelo de areia veio abaixo. O pior, porém, estava para vir.

Poucas semanas depois do escândalo, quando foram desmentidas todas as notícias anteriores a respeito da mina de ouro, caiu como uma bomba, nos mais diversos setores, a informação que correu o mundo a respeito da morte do geólogo responsável pelas pesquisas e que seria o descobridor da mina.

Apesar das investigações supostamente realizadas, o que na realidade se apurou foi que o geólogo, que era de nacionalidade filipina, teria caído pela porta do helicóptero, durante uma viagem em que estaria sobrevoando a região onde se situava a mina. Localizado a muito custo o corpo do geólogo, nada foi possível descobrir quanto às circunstâncias da queda e da morte misteriosa. Em todos os círculos, os comentários, no entanto, eram os mais diversos, acerca das causas do acidente.

O certo é que ficou no ar a dúvida e três versões surgiram, sem que tivesse sido possível apurar qual delas seria a verdadeira.

Josué Maranhão

A primeira, que dizem ter sido a versão oficial e aquela que a empresa encarregou-se de divulgar, dizia que o geólogo teria caído do helicóptero espontaneamente, saltando para a morte, decepcionado em face da descoberta do que teria sido seu imenso erro de avaliação, quando divulgou os resultados das suas pesquisas e propalou que a mina seria a maior do mundo, gerando todo aquele rebuliço.

A segunda, considerada menos crível, dizia que, simplesmente teria ocorrido um acidente, a porta do helicóptero teria se aberto e o geólogo teria sido sugado, caindo para a morte.

A versão que circulou com mais credibilidade foi aquela que dizia que tudo não passara de uma "queima de arquivo": o geólogo teria sido jogado do helicóptero como forma de evitar que fosse divulgada a verdadeira história a respeito da descoberta da mina, ou seja, que jamais teria havido qualquer comprovação técnica indicando que a mina era tão grande como fora divulgado. Tudo não teria passado de uma manobra da empresa multinacional, para provocar uma escandalosa e imensa valorização de suas ações.

O que restou, no entanto, foi o mistério.

Logo que surgiram as primeiras notícias e comentários a respeito da invencionice da descoberta da mina de ouro e, mais ainda, quando estourou o escândalo da morte misteriosa do geólogo, circularam boatos em Jacarta vinculando um determinado filho do general Suharto ao que ficou conhecido como a "A história misteriosa da mina de ouro".

Apesar de nunca ter ficado comprovado o envolvimento ou a participação do herdeiro Suharto, havia quem contasse vantagens, narrando detalhes da suposta negociata e dizendo até quanto ele teria conseguido ganhar nas Bolsas de Valores com o escandaloso salto nos preços das ações da mineradora canadense.

– 102 –

CAMPANHAS POLÍTICAS

A Indonésia tem uma Constituição que foi aprovada logo após a sua independência, em 17 de agosto de 1945. O texto original sofreu alterações ao longo dos anos, com profundas modificações impostas depois da queda do general Suharto, em maio de 1998, após a nossa saída de Jacarta.

No período de nossa permanência na Indonésia, entre março de 1996 e maio de 1998, o país esteve sempre sob o jugo da ditadura, que teve vida longa, nada menos que 32 anos. Sob regime ditatorial, muitas das disposições constitucionais não tinham nenhuma qualquer eficácia ou aplicação, em face da concentração de poderes na figura do ditador.

O Estado indonésio, como o Estado brasileiro, é uma República presidencialista. Sendo assim, o presidente é chefe de Estado e de governo. Conforme a Constituição, existem, lá como no Brasil, três poderes supostamente independentes e autônomos: Executivo, Legislativo e Judiciário.

O país está dividido em 27 províncias, e adota-se um sistema federativo semelhante ao sistema brasileiro.

Josué Maranhão

No regime ditatorial, no período em que estivemos na Indonésia, havia o que se pode chamar de macrocefalia do Poder Executivo. Concentrada no presidente da República a grande maioria dos poderes, a conseqüência lógica foi uma microcefalia do Legislativo e do Judiciário, nos quais o ditador interferia sempre quando desejava, estendendo os seus tentáculos sem nenhum escrúpulo.

O Legislativo Federal é exercido sob o sistema unicameral, por meio de uma Casa de Representantes, diferentemente do Brasil e dos Estados Unidos, onde é adotado o sistema bicameral, com uma Câmara Federal, ou dos deputados, e um Senado.

Na época em que lá vivíamos, a Casa, como é popularmente conhecida, ou Câmara de Representantes, era composta de quinhentos lugares. Uma deturpação imposta pela ditadura alterou a Constituição de forma que um terço dos representantes fossem militares indicados pelo Comando Supremo e nomeados pelo presidente da República. Após a volta ao regime democrático, com a modificação na Constituição, ainda existiam 38 lugares ocupados, transitoriamente, pelos militares até o final do ano de 2004.

O Poder Judiciário tinha e tem como órgão maior uma Suprema Corte, que, aos poucos, vai se responsabilizando pelos órgãos judiciários inferiores, de vez que, durante a ditadura, as cortes menores eram controladas acintosamente pelo ditador.

De forma semelhante ao que ocorria no Brasil, durante a ditadura militar de 1964-1985, havia durante o governo do general Suharto uma oposição consentida, que fazia em muito lembrar aquela que entre nós existia, com o antigo MDB dos saudosos Ulisses Guimarães, Franco Montoro, Mário Covas e outros.

O poderio da ditadura, no entanto, alastrava-se tanto que, ao primeiro sinal de crescimento de partidos de oposição, de imediato havia uma interferência, como ocorria no Brasil, quando o general-

–104–

Jacarta, Indonésia

ditador cassava os mandatos de parlamentares diante da menor ameaça de perda de maioria de votos no Legislativo.

Quando estávamos em Jacarta, ocorreu um fato inusitado, mas bem típico das ditaduras. O maior partido da oposição era o PDI, sigla do Partido Democrático da Indonésia, chefiado por Megawati Sukarnoputri, filha do fundador da Indonésia como país independente, o presidente Sukarno, que, depois, derrubada a ditadura, chegaria à Presidência da República. Na época, o PDI começou a mostrar sinais de crescimento, decorrência natural do aumento da popularidade de Megawati.

Megawati tem aspecto simplório, parece mais uma típica dona-de-casa à moda antiga, com muito pouco carisma. Até aquela saia um tanto rodada ela costumava usar. Mas, durante os últimos anos da ditadura, Megawati viu crescer o seu prestígio como herança do seu pai, ainda muito respeitado e querido pelo povo. Para se ter uma idéia do prestígio de Sukarno transferido para a filha, logo após o fim da ditadura, na primeira eleição livre seguinte, o partido de Megawati alcançou maioria de votos populares, o que significa que deveria ser eleita presidente da República, indiretamente, pelo Parlamento. No entanto, foi prejudicada por uma manobra política do chefe do maior partido islâmico, o Imã Abdurahman Wahid, o esperto "Gus Dur", como era conhecido pelo povo, que se elegeu Presidente e ela vice. No entanto, ainda no curso do mandato, assumiu a presidência quando o presidente "Gus Dur" sofreu o *impeachment*, acusado de atos de improbidade e corrupção.

Voltemos, no entanto, às medidas da ditadura para sufocar a oposição que começava a respirar.

Temendo o crescimento do prestígio da maior líder da oposição, o ditador infiltrou no PDI um número significativo de seguidores que conseguiram ganhar a maioria no órgão diretivo do partido. O passo seguinte foi surpreender Megawati com uma decisão drástica: a expulsão da líder e fundadora do partido. Assim, a líder ficou sem condições de concorrer a qualquer cargo político. Não é preciso dizer que, embora tenha se revoltado e recorrido ao Poder Judiciário, Megawati não conseguiu reverter a sua expulsão do partido que havia fundado e dirigido. Foi expulsa sem nenhuma explicação, somente porque perdeu a maioria nos órgãos diretivos do partidos, ocupados pelos "testas-de-ferro" de Suharto. Megawati só readquiriu o controle do PDI após o fim da ditadura.

Afora o PDI de Megawati e de outros partidos nanicos, havia, ainda, o partido do governo, o Golkar, ou Federação de Grupos Funcionais. Figurava na terceira posição o PPP, uma federação de vários grupos islâmicos, com o nome de União de Partidos para o Desenvolvimento.

No princípio de 1998, tive oportunidade de presenciar uma campanha política destinada à escolha dos membros da Casa dos Representantes. Embora o resultado da eleição fosse claramente previsível, sempre favorável ao partido do governo, que alcançava ampla maioria, quem chegasse ao país na época da campanha política imaginaria que na realidade havia uma disputa acirrada. A briga seria pra valer. Parecia que os partidos estavam disputando pau-a-pau a preferência dos eleitores.

A campanha era tão acirrada, que os órgãos encarregados de controlar as eleições fixaram dias diferentes para que os partidos pudessem fazer suas manifestações públicas. Isso porque, no início da campanha, ocorreram conflitos de rua entre partidários de partidos diversos, principalmente do Golkar, governista, e do PDI, de oposição, sem falar que no PPP era mais flagrante o fanatismo de seus integrantes, que misturavam preferência política com regras da religião muçulmana.

Dos conflitos, resultaram mortos e feridos, além de danos a propriedades públicas e particulares.

Jacarta, Indonésia

Em face disso, estabeleceu-se um calendário e cada partido tinha os dias determinados em que poderia fazer passeatas, comício, carreatas e outras manifestações que ocupavam as principais avenidas da cidade. Tudo muito parecido com as campanhas políticas no Brasil, havendo o diferencial, apenas, quanto à agressividade entre os grupos, fenômeno que em nosso país somente observáramos em antigas campanhas políticas no Nordeste.

Ficou determinado, então, que nenhum partido podia promover qualquer ato público no dia destinado a um outro partido, para evitar confrontos. A tabela deveria ser cumprida rigorosamente.

Portando faixas, cartazes, bandeiras, sempre com a cor do partido, ameaçavam quem encontravam pela frente. Cada partido tinha a sua cor: o Golkar usava a cor amarela, o PDI, o vermelho, e o PPP, o verde.

Lembro-me do susto que passei, certo dia. Iraci e eu voltávamos do centro da cidade para casa quando, inadvertidamente, o motorista entrou com o carro em uma avenida onde o trânsito estava totalmente congestionado (o que não era nenhuma novidade em Jacarta), e, de um momento para outro, surgiu, vindo de uma avenida transversal, uma imensa multidão, parte de uma manifestação do partido do governo. Durante mais de meia hora, o nosso carro ficou no meio da rua, enquanto a passeata seguia em frente, com muita gente a pé e veículos dos mais diversos tipos. O nosso carro transformou-se em uma ilha no oceano de gente caminhando pela rua, sem falar nos veículos de todos os tipos que integravam a passeada. No entanto, como nas calçadas e em alguns carros surgiram militantes dos partidos contrários portando os seus símbolos e suas cores, houve um princípio de tumulto, com algumas agressões e até algumas pessoas feridas.

Continuávamos no meio da massa humana. Facilmente reconhecidos como estrangeiros, o nosso medo era enorme. Temíamos que o tumulto tomasse maior vulto e o nosso carro se tornasse alvo da agressividade, com conseqüências imprevisíveis para nós.

Felizmente, tudo terminou bem, a passeata seguiu em frente e voltamos tranqüilos para casa, meio abalados, mas inteiros. Para tanto, muito valeu a esperteza do nosso motorista, o incrível Sonatam. Tão logo viu a manifestação, abriu a porta do carro e começou a agitar um lenço com as cores do partido ao qual pertenciam os manifestantes que se aproximavam. Todo o tempo permaneceu com o lenço amarelo do Golkar na mão, agitando e acenando para a multidão, com o seu sorriso aberto de sempre. Depois, descobri que, por precaução, Sonatam carregava no porta-luvas do carro lenços com as cores dos três partidos.

De fato, era um homem prevenido.

O SONHO DO AVIÃO INDONÉSIO

Na ditadura Suharto, o seu amigo de infância, B.J. Habibie, era a pessoa, entre os civis, de maior prestígio no governo. Era o vice-presidente, cargo que acumulava com o de ministro da Pesquisa e Tecnologia. Cientista, estudou no exterior, tendo completado doutorado na Alemanha.

Era um tipo um tanto excêntrico e dizem que tinha alguma aversão ao seu nome completo, razão pela qual usava sempre as iniciais em lugar dos dois primeiros nomes, embora o povo indonésio não deixe de usar o primeiro nome. Mas o caso de Habibie é uma exceção. O seu nome completo era Bacharuddin Jusuf Habibie.

Era um obcecado pelo espaço, pelas alturas, pelo universo, daí ser fascinado por aviões, foguetes, satélites e tudo que consegue voar ou atingir as alturas.Contando com grande prestígio junto ao general Suharto, B.J. Habibie teve a idéia de desenvolver no país projetos para construção de aviões. Para tanto, contou com carradas de dinheiro, sendo-lhe abertas as portas dos cofres governamentais em nome da amizade de infância e dos planos e sonhos que conseguiu pôr na cabeça de Suharto.

Construídas as instalações necessárias, na própria Indonésia, logo verificou o cientista que não contava no país com a mão-de-obra necessária, pelo menos não no nível científico desejado e de alta tecnologia. Coincidentemente, isso ocorreu na época em que a Embraer, a Empresa Brasileira de Aeronáutica até então ainda sob controle estatal, atravessava a grande crise econômico-financeira que quase a levou à completa paralisação de atividades, antes da privatização. Informado da disponibilidade existente no Brasil de pessoal altamente especializado, ocioso nos trabalhos da Embraer e até desempregados, B. J. Habibie estabeleceu os contatos necessários que permitiram que alguns antigos técnicos da empresa se transferissem para a Indonésia.

Logo de início, ao que se dizia, convenceram o cientista que seria inviável planejar e montar os aviões que pretendia na própria Indonésia. Se não totalmente inviável, pelo menos, o custo seria elevadíssimo.

O sonho de B.J Habibie era projetar, montar e vender aviões no mercado internacional, certamente pensando em ocupar o lugar que fora da Embraer antes da crise. De tal forma, o objetivo era construir aviões de médio porte, usados na chamada aviação regional. Com as dificuldades locais, conseguiu estabelecer convênios com indústrias da Alemanha, onde tinha bons contatos. Ficou acertado que os aviões projetados na fábrica da Indonésia seriam montados na Alemanha.

E, de fato, o foram. O primeiro avião a sair das pranchetas e alcançar os ares foi um turbo-hélice para setenta passageiros, batizado de N-250. O sonho de Habibie era maior, mais audacioso, mas não chegou a se concretizar. Tudo ruiu quando a revolta popular derrubou o seu protetor, o ditador Suharto. Na época, ainda não passava de projeto, ou de início de montagem, o avião a jato conhecido como N-2130.

Jacarta, Indonésia

Os brasileiros ligados à Embraer, na época em que moramos em Jacarta, residiam fora da capital, em casas pertencentes ao governo, nas proximidades do local onde trabalhavam nos projetos. Era um quartel, altamente vigiado, cercado de rígidas regras de segurança. Em face da distância, os técnicos brasileiros tiveram poucos contatos com a comunidade brasileira. Na época em que eu editava o boletim *Comunidade Brasileira*, juntamente com a Embaixada do Brasil, e no período da fundação da Associação dos Brasileiros na Indonésia, mantive contatos telefônicos e via e-mail com alguns deles. Mas os encontros planejados nunca chegaram a ocorrer.

Aliás, em grande parte a culpa por não encontrado é minha e é decorrência de uma aversão, talvez uma paranóia, que desenvolvi com relação a quartéis militares. Lembro-me de que fui convidado pela embaixada do Brasil em Jacarta à visitar o quartel onde os brasileiros trabalhavam nos projetos dos aviões do Dr. Habibie, mas não aceitei.

Por conta dos efeitos dos meus traumas psicológicos, além de ter perdido a oportunidade de conhecer uma fábrica de aviões e de encontrar alguns cientistas brasileiros na Indonésia, ainda fui o responsável pela frustração dos planos do meu amigo Luiz Mazzon. Por intermédio dele, funcionário da Embaixada do Brasil, tinham sido estabelecidos os contatos que resultaram no convite que me foi feito. Como desisti na última hora da visita ao quartel, o Mazzon, que seria o meu acompanhante e teria a oportunidade de, mais uma vez, usar de seus conhecimentos técnicos e aptidão comprovada como fotógrafo, ficou decepcionado. E com muita razão.

Mas, se não lhe contei na época o meu motivo para recusar o convite, adiante vai a explicação.

Na realidade, ainda enquanto trabalhava como jornalista, em face de um incidente que muito me marcou, desenvolvi o estigma com relação a quartéis militares. Deve ter sido o mais importante trabalho

Josué Maranhão

da minha carreira como jornalista, pois tive a oportunidade de entrevistar um alto dirigente do governo da então União Soviética. Vamos à história que interessa.

Em junho de 1960, um avião da União Soviética faria um pouso técnico no Aeroporto Augusto Severo, em Natal. Naquela época não havia relações diplomáticas entre o Brasil e a URSS, mas em obediência às regras internacionais da aviação, a antiga Panair do Brasil fora escolhida para dar assistência técnica na escala do avião. Tive a informação de que o avião conduzia uma comitiva do governo da URSS que se dirigia à Argentina para a comemoração de aniversario da Independência daquele país.

Na madrugada do dia previsto, eu estava no aeroporto de Natal, junto com um amigo e colega, professor de línguas e que seria intérprete, e do fotográfo do jornal. Logo após o pouso, foram identificados os membros da comitiva, e qual não foi a minha surpresa ao saber que ali estava presente o então vice-primeiro-ministro da União Soviética, Alexei Kossiguin, acompanhado da esposa, o ministro de Comércio Exteriores, além de outros altos funcionários e esposas.

Consegui aproximar-me da comitiva e, quando entrevistava Kossiguim, fui interrompido por um oficial da Aeronáutica, que pretendeu censurar as perguntas que eu estava fazendo.

Eu havia perguntado ao entrevistado quais, no entender dele, seriam as conseqüências do atrito que ocorrera, poucos dias antes, em uma conferência em Genebra, entre o então presidente John Kennedy e o Primeiro Ministro da URSS, Nikita Kruchev. Na ocasião, Kruchev simplesmente retirou um sapato do pé e com ele batera no tampo da mesa, encerrando o encontro.

Nem bem eu fizera a pergunta, o oficial avançou, interrompeu a entrevista e, após uma conversa muito breve, levou-me detido para a Base Aérea. A prisão durou poucas horas, mas as conseqüências foram duradouras. Tanto que, durante a ditadura militar posterior

−112−

Jacarta, Indonésia

ao golpe de 1º de abril de 1964, mais de uma vez tive de dar explicações aos militares, chamado a depor em mais de um inquérito, sempre levado preso.

O incidente teve repercussão no país, sobretudo porque reinava no Brasil democracia plena, no governo de Juscelino Kubitschek. A reportagem que escrevi foi divulgada no jornal em que eu trabalhava, e, pelo fato de ter sido distribuída pelas agências de notícias, sairam notícias em outros jornais do país, inclusive com fotografias.

O que guardei como lembrança de tudo foram algumas fotos, que ainda tenho comigo: numa, conversando com Kossiguim, noutra cumprimentando o ministro do Comércio Exterior, e assim por diante. Guardei, durante algum tempo, mas devo ter perdido em uma das minhas muitas mudanças, alguns broches em homenagem ao lançamento do primeiro satélite artificial pela União Soviética, que Kossiguin deu-me, bem como algumas moedas do dinheiro deles, que troquei por moedas brasileiras com um dos intérpretes.

Algo interessante, no entanto, ocorreu já no início da década de 1980, quando, certa noite, telefonou-me o meu saudoso amigo Helenáuro Soares Sampaio, dizendo que tinha visto, na antiga e já desaparecida revista *Visão*, uma reportagem sobre o falecimento, naquela semana, de Alexei Kossiguin, depois de ter sido primeiro-ministro da União Soviética e secretário-geral do Partido Comunista. Na reportagem constava uma referência à sua única passagem pelo Brasil, ilustrada com uma foto dele com uma pessoa que parecia muito comigo, segundo dizia-me o amigo.

Apressei-me em procurar a revista na banca mais próxima e, de fato, a foto era uma daquelas feitas na ocasião da reportagem. Era eu, sim, com uma grande diferença: aparentava pelo menos trinta anos mais novo e, também, trinta quilos a menos.

– 113 –

Parte IV

A religião, a cultura e os costumes

O ISLAMISMO NA MAIOR NAÇÃO MUÇULMANA

A imagem do muçulmano que se fixou no imaginário dos ocidentais é, quase sempre, a figura do árabe. Na mente do povo do Ocidente, não se fixa o retrato de um islâmico que não seja de origem árabe, oriundo dos países do Oriente Médio, notadamente a figura do palestino, mais presente no centro dos acontecimentos atuais.

Com uma certa freqüência, a imagem muda até para uma figura tão conhecida, desde o início da década de 1990, que é aquela típica do extremista, constante nos noticiários de jornais e da televisão, principalmente ilustrando mais um relato de uma ação que tenha ocorrido na região conflagrada que hoje abriga o Estado de Israel, os chamados "territórios ocupados" e as cidades em que vivem os palestinos. É, de um lado, a guerra que envolve Israel, e, de outro, principalmente os palestinos, ajudados por outros povos árabes.

Normalmente, nunca se associou o islamismo a povos ou pessoas de características fisionômicas completamente diferentes, como os habitantes de alguns países da Ásia, notadamente da Indonésia, onde existe a maior população muçulmana do mundo.

Josué Maranhão

É difícil o ocidental imaginar que um muçulmano possa ter aquela aparência fisionômica mais próxima das pessoas originárias dos países do Extremo Oriente, entre os quais os mais conhecidos no Ocidente são os chineses e os japoneses. Não se imagina muçulmano com os olhos puxados, povo de raça amarela. Também não vem facilmente à imaginação dos ocidentais nenhuma figura de muçulmano com expressão tranqüila, calma, amiga, fazendo transparecer fraternidade e amizade.

No contexto das maiores religiões do mundo em número de adeptos, o islamismo figura em segundo lugar, com 1,4 bilhões de muçulmanos espalhados pelo planeta. Em primeiro lugar figura o cristianismo com dois bilhões de fiéis; em terceiro lugar está o hinduísmo, com novecentos milhões. No quarto lugar do quadro estatístico, estão os chamados "Não Religiosos (agnósticos/ateus)". Na quinta posição aparece o Budismo, com 360 milhões de adeptos. Da sexta posição, até a décima segunda (ocupada pelo Judaísmo), empatado com o espiritismo, aparecem outras religiões menos conhecidas, como algumas da China, ou várias praticadas por indígenas e outras de origem africana.

O que surpreende, nos dados estatísticos sobre as principais religiões em número de fieis, é que o islamismo alcançou a segunda posição, muito embora como religião organizada, com regras e mandamentos, com um livro básico, o *Corão*, seja a mais nova e a que mais recentemente ficou conhecida como seita autônoma, monoteísta. Organizada a partir do surgimento de Maomé como o profeta, que teria recebido de Deus os ensinamentos básicos, pode-se dizer que o islamismo surgiu no início do século VII.

O maior número de muçulmanos no mundo está concentrado na Indonésia, com algo em torno de 180 milhões de adeptos, aproximadamente 88% da população, enquanto a idéia geral é que a maior concentração de islâmicos estaria nos países árabes, principalmente

– 118 –

Jacarta, Indonésia

na Arábia Saudita, que foi o berço da religião. A surpresa é igual àquela que se tem quando se verifica quando o brasileiro fica sabendo que o Brasil está em segundo lugar entre as maiores populações cristãs, com 139 milhões, 93% da população, quando normalmente se pensa que seria o primeiro lugar. Em primeiro figuram os Estados Unidos, com 224 milhões de cristãos, o que equivale a 88% da população. A diferença é que, no Brasil, a grande maioria é de católicos e, nos Estados Unidos, de cristãos evangélicos, ou protestantes.

Considerando-se que o islamismo tem uma grande penetração em países asiáticos, onde se concentram as maiores populações do mundo, como na Indonésia, Malásia, Índia e China, não é difícil chegar à conclusão de que é muito maior o número de muçulmanos que não são árabes, do que aqueles que o são.

As estatísticas comprovam que, de um bilhão e quatrocentos milhões de muçulmanos que existem no mundo, como já dito, o número de muçulmanos que são árabes não passa de 20%. Ou seja, são no máximo duzentos milhões e oitocentos mil. Uma minoria, portanto. Apesar disso, no Ocidente logo se imagina a figura do árabe quando se fala em muçulmano e, principalmente, se associa o árabe ao terrorista, o que é pior.

O muçulmano indonésio – vale a pena repetir –, aquele com quem tivemos o contato mais prolongado, quase três anos, diferentemente da imagem que hoje se tem dos islâmicos ao redor do mundo, é um povo extremamente pacato, fraternalmente amigo, respeitador, de convivência agradável. Isto é exatamente o contrário da imagem que prevalece atualmente, principalmente depois dos atentados terroristas de 11 de setembro de 2001.

É possível até que outra característica seja um diferencial entre o muçulmano indonésio e os muçulmanos de outras partes, inclusive os árabes. O diferencial pode ser a mistura dos princípios religiosos do islamismo com o que eles herdaram das culturas das diversas

Josué Maranhão

tribos em que era dividida a população da Indonésia, em sua origem. Isso pode ter tido influência marcante na formação do povo.

O islamismo chegou à Indonésia pelos mercadores indianos não - hindus, que comercializavam nas diversas ilhas do arquipélago, havendo a menção também a um sultão indiano muçulmano, que teria fugido da Índia ante a pressão dos indianos hindus. A pregação que os mercadores faziam atraiu o povo e consolidou-se na população, superando outras religiões, inclusive o hinduísmo que já estava presente no país, naquela época anterior à prevalência do islamismo.

O que é importante observar é que, apesar da divisão da Indonésia em milhares de ilhas, o islamismo espalhou-se por todas elas. Fosse um território contínuo, habitado por uma população de uma só origem, não seria de chamar a atenção, e é o que de fato ocorreu nos países árabes. No entanto, é curioso o que ocorreu na Indonésia, pois a penetração era mais difícil, estava a população espalhada entre as milhares de ilhas e ainda as religiões tribais eram diferentes em todos os aspectos umas das outras.

O sincretismo que se observa com os muçulmanos da Indonésia é um fenômeno conhecido no Brasil, onde grande parte da população, a grande maioria, aliás, se classifica-se como cristã e católica. No entanto, não renega o culto e o respeito às heranças das origens das várias etnias de que é formada a nação brasileira, principalmente com relação aos descendentes de povos da África trazidos para o Brasil como escravos.

Tornou-se comum, por exemplo, observar na Bahia que muitos daqueles que se dizem católicos permanecem respeitando os princípios, as regras e os santos do candomblé. Ou seja: é católico, mas semanalmente, da forma como vai assistir à missa na Igreja Católica, também vai ao terreiro, escuta e respeita o que a mãe-de-santo diz e que o pai-de-santo ensina, acredita em Ogum, Xangô, Iemanjá

– 120 –

Jacarta, Indonésia

e outras entidades das religiões tribais originárias da África. Ainda mais, observa-se que muitos dos venerados no candomblé têm o seu "santo" equivalente entre os católicos, como é o caso de Iemanjá, que é Nossa Senhora, e, São Jorge.

Apesar da índole pacífica, presenciamos bem de perto que o povo indonésio quando explode, quando se revolta, quando toma partido, torna-se violento. Ou seja, o aspecto externo de pacifidade esconde outras características que somente vêm à toca quando acossado, agredido, ou quando precisa defender os seus direitos.

Durante a nossa permanência em Jacarta tivemos oportunidade de observar o comportamento agressivo, totalmente fora do padrão normal, por exemplo, entre aqueles que mais ativamente participavam da campanha eleitoral que acompanhamos.

A maior demonstração tivemos, no entanto, quando explodiu a revolta popular que culminou com a renúncia forçada do Ditador Suharto, em maio de 1998. No seu curso, além do caráter político do movimento, que era a rebelião do povo contra o regime político autoritário que estava no poder havia 32 anos, o que se viu foi a multidão extrapolar e, sem nenhuma vinculação com a causa principal, partir para verdadeira caçada aos chineses, a ponto de incendiarem propriedades daquela comunidade. Culminaram com a destruição de um *shopping* de propriedade de comerciantes chineses. Aí a barbárie chegou ao ápice, quando mais de cem pessoas de origem chinesa foram trancafiadas na garagem no subsolo do *shopping center*, que em seguida foi incendiado, resultando na morte daqueles que estavam presos, todos carbonizados.

É verdade que existia, por parte do Indonésio, há muitos anos, uma aversão visceral aos chineses, por razões econômicas. Trata-se uma reação ao fato de a colônia chinesa, que representa aproximadamente de 5% a 7% da população, deter o controle de algo em torno de 75% da economia do país.

– 121 –

Josué Maranhão

Na onda, após atacar os chineses, o alvo seguinte eram os estrangeiros, os "gringos", como eram chamados todos os não indonésios, principalmente os ocidentais.

Na realidade, considerada a placidez que observávamos nos muçulmanos da Indonésia, foi uma surpresa a explosão ocorrida na revolta popular. Muito maior, no entanto, foi o susto ao saber, depois de 2001, que islâmicos indonésios estavam participando de atentados terroristas, como aquele ocorrido em Bali, com as bombas colocadas no nightclub e os outros atentados seguintes em Jacarta e em outros pontos do país.

No que diz respeito aos distúrbios ocorridos na revolta popular, a explicação que se encontra é que, na essência, o que ocorreu foi como a explosão de uma panela de pressão, de um povo submetido ao jugo de uma ditadura sanguinária. Os excessos ficaram por conta da ação de alguns grupos mais ativos, atuando na represália contra os chineses e os estrangeiros de um modo geral. Um sinal de ressentimento, pode-se dizer.

Qunato às bombas que explodiram em Bali, a explicação, entretanto, foge da observação do comportamento comum do povo e passa para o campo religioso e político.

Os atos terroristas na Indonésia ocorreram depois que os Estados Unidos lançaram a campanha mundial contra o terrorismo, e germinou no meio islâmico a semente plantada pelos líderes muçulmanos que conseguiram transformar a disputa política em um problema religioso. O que se viu no meio da cultura islâmica foi a noção de que havia a necessidade de reagir, por todos os meios, a uma campanha que se voltava diretamente contra os muçulmanos, a fé muçulmana, a religião, o profeta Maomé, Alá, enfim.

A propósito, acompanhando o noticiário a respeito do que foi apurado sobre os atos praticados na Indonésia, no período que ficou conhecido como o pós-"11 de setembro", soube que os líderes

– 122 –

Jacarta, Indonésia

que planejaram os ataques ao clube noturno e outros atentatos ocorridos não eram indonésios. Foram fanáticos muçulmanos "plantados" na Indonésia, quando se intensificou a campanha dos norte-americanos contra os grupos terroristas mais conhecidos, radicados principalmente nos países árabes. Plantados lá, os líderes estrangèiros organizaram células e, pela doutrinação, principalmente do convencimento de que estava em curso uma "guerra santa", conseguiram adesões no meio do povo. Para tanto, contaram com a ajuda, da maior importância, de um sacerdote islâmico que, aliás, acusado pelo governo como participante dos atentatos, já foi preso e posto em liberdade algumas vezes. Obediente como o muçulmano é, em geral, aos ensinamentos transmitidos pelo "Imã", como é chamado o sacerdote islâmico, não foi difícil arregimentar os indonésios, na realidade, foram os executores diretos dos atentatos. Muitos deles foram presos e alguns foram julgados e condenados à pena de morte.

RELIGIOSIDADE

Muitos dos costumes religiosos dos indonésios muçulmanos são surpreendentes para nós de origem cristã, a começar pelas cinco orações diárias. Uns mais e outros menos, mas muito mais do que menos, os indonésios observam a obrigação de rezar nos horários sagrados que são anunciados pelos alto-falantes das mesquitas: por volta de 4h30; a segunda no meio da manhã, aproximadamente às nove horas; a terceira por volta do meio-dia; a seguinte no meio da tarde; e a última quando o sol se põe. Onde estiverem, interrompem o que estão fazendo e, ajoelhados, virados em direção a Meca, encostam ou batem a testa no chão, enquanto fazem as orações. Alguns carregam para onde vão o próprio tapete (pequeno, medin-

– 123 –

Josué Maranhão

do cerca de 60 cm x 30 cm), outros rezam no chão limpo mesmo. Como em tudo na vida, a qualidade e o valor material dos tapetes variam em função da condição econômica. No entanto, a maioria dos homens, principalmente, sempre conduz o seu tapete, por mais simples e rústico que seja.

Às sextas-feiras, por volta do meio-dia, tudo pára. Vêem-se multidões caminhando em direção às mesquitas, onde vão fazer as suas orações, no dia que para eles é sagrado, como o domingo o é, em tese, para o cristão.

Em determinada semana do mês de abril, em quase todas as esquinas, seja em grandes avenidas, seja nas vielas e ruas estreitas, dezenas de carneiros, de todos os tamanhos, são placidamente agrupados. Ficam protegidos apenas por um cordão semelhante àqueles que são usados nos blocos carnavalescos da Bahia, e com eles ninguém mexe. É o prenúncio da comemoração do Idel Adha.

Manda o Corão que, em determinada data móvel do mês de abril, todos sacrifiquem o carneiro e comam a sua carne. Assim, os carneiros são vendidos em todos as esquinas, e, claro, nos estabelecimentos apropriados. No fim de semana do Idel Adha, quem tem carneiro prepara a refeição para toda a família. Mas quem tem carne de carneiro sobrando tem obrigação de dar de presente o que não vai consumir com a família àqueles que não têm condições de comprar. O importante é que todos comam carne de carneiro.

O mais interessante, no entanto, é o Ramadã. O mês do jejum é rigorosamente observado, no que antes não acreditávamos. O Ramadã é comemorado no nono mês do calendário muçulmano. Agora, quando estamos no ano de 2005, no calendário muçulmano se comemora o ano 1426, pois sua contagem iniciou-se quando do islamismo surgiu como religião, o que ocorreu muito depois da data que marca o início do cristianismo e que é o marco inicial do nosso calendário.

Jacarta, Indonésia

Todos seguem rigorosamente as regras do Ramadã. Seus seguidores não podem comer nada, nem tomar sequer água, entre o nascer e o pôr-do-sol. Além disso, não é somente o jejum que se observa no Ramadã. O muçulmano não pode, no período, praticar atos que lhe proporcione prazer, manter relação sexual, fumar, ouvir música, assistir à televisão, etc. durante o dia. É, na realidade, um mês de sacrifício, rigorosamente respeitado, não se admitindo transgressões. Somente estão dispensados de obedecer às regras os doentes mentais, os jovens antes da adolescência, os velhos cujo estado de saúde não permita fazer o jejum, as mulheres grávidas e todas as mulheres durante os dias da menstruação. Mas, terminado o mês de jejum, aquelas que o interromperam durante a menstruação têm de "pagar" os dias respectivos, observando o jejum e as demais regras no mês seguinte.

A observância das regras do Ramadã determina também muitas outras alterações no ritmo normal de vida. Por exemplo, no final do dia, após o pôr-do-sol, o muçulmano de imediato toma água ou chá e aos poucos vai ingerindo algum alimento. Mas a refeição noturna, chamada na Indonésia de Buka Puasa, é servida para toda a família, até com caráter um tanto festivo. E, ainda na madrugada, por volta de quatro horas, as mulheres levantam e vão preparar a refeição que deve ser feita antes de o sol nascer. E, lógico, para enfrentar todo um dia sem comer, a refeição da madrugada tem de ser muito farta.

A propósito do Ramadã e do jejum, lembro-me de um episódio que vivi em princípio de 1997. Estavam hospedados em nossa casa os amigos Assis, Eugênia e a filha Marina, de São Paulo. Era o período do Ramadã. Para mostrar alguns pontos mais interessantes das proximidades, viajei com eles até a cidade de Bamdung, onde existem algumas curiosidades, como o vulcão "Navio Virado", além de um belíssimo jardim botânico, museus etc. Estávamos voltando para Jacarta, no final da tarde e, à medida que ia chegando o pôr-do-sol,

– 125 –

Josué Maranhão

observei que o nosso motorista, o Supriatna, ia ficando impaciente, um tanto agitado, e, de fato, quando o olhei discretamente, observei que estava até bastante pálido. Ao aproximarmo-nos de um desses locais em que à margem da estrada existia um aglomerado de barracas, vendendo lembranças para turistas e outros artigos, pedi que parasse o carro e, enquanto todos andávamos pelas barracas, comprei uma garrafa de água, que mantive discretamente em uma sacola. Voltando ao carro, vi que Supriatna repousava, de olhos fechados, mas agitado. Fiquei por perto e, no momento em que se ouviu no rádio do carro o aviso da mesquita liberando todos os muçulmanos do jejum, pois o sol havia desaparecido – todas as emissoras de rádio, televisão e quaisquer outros meios de comunicação dão o aviso –, ofereci a garrafa de água. Vi em seu rosto uma das mais marcantes expressões de agradecimento que já observei. Era um misto de alegria e agradecimento. Abrindo com rapidez a garrafa e, sorrindo, não parava de dizer "Terima Kasih", muito obrigado, em indonésio. Ainda observando o recato natural entre eles, tomou os primeiros goles d'água, desceu do carro e, discretamente, foi tomando a água até, em poucos minutos, esvaziar a garrafa.

A partir daí, durante a viagem, ele dirigiu tranqüilo, sempre com um sorriso discreto no rosto quando olhava para mim.

Acontecimento tão significativo para o islâmico, como são as festas de fim-de-ano para os cristãos, é o fim do Ramadã.

São três dias de muitas festas, comemorações, período mais conhecido como Lebaran, também chamado em árabe de Idul Fitri e, em indonésio, de Hari Raya (tradução literal de "Grande Dia"). Nesses dias, muda muita coisa na vida. O povo fica visivelmente mais alegre, o que se observa até pelas fisionomias e pelo modo como se dirigem uns aos outros, ou como se dirigem aos estrangeiros. Viajam para visitar parentes no interior, as famílias reúnem-se, todos se reencontram. O movimento nas estradas é impressionante,

Jacarta, Indonésia

congestionadas permanentemente durante os três dias de festa. Para se ter uma idéia, basta dizer que é muito pior do que os engarrafamentos no sistema Anchieta-Imigrantes, em São Paulo, em final de feriado prolongado.

As donas-de-casa, não acostumadas a enfrentar o "batente", estranham: todas as empregadas domésticas desaparecem. Não adianta proibir ou não concordar com os três dias seguidos de folga: elas simplesmente somem e, na volta, sempre têm uma justificativa, como dizer que a mãe morreu, história que, aliás, pode ser repetida em anos seguidos. O importante é não perder a festa.

É também no período do Lebaran que os empregados muçulmanos recebem a gratificação anual equivalente ao nosso décimo terceiro salário. Dessa forma, as empresas mantêm duas datas anuais para pagamento da gratificação: antes do Lebaram para os empregados muçulmanos e, na época do Natal, para os cristãos.

Mas vale uma observação: o pagamento da gratificação anual é espontâneo ou, no máximo, acordado entre as empresas e os respectivos sindicatos de empregados, e, normalmente, o pagamento é feito por todas as empresas organizadas. Não existe a obrigação legal.

HÁBITOS E
COSTUMES MUÇULMANOS

Uma das formas de boa convivência é se adaptar e não quebrar as regras e os costumes da casa onde se está hospedado. Agir como o fazem os donos da casa é sempre de bom-tom. Idêntico posicionamento aplica-se também àqueles que visitam países estrangeiros e, mais ainda, quando se trata de terra de hábitos e costumes completamente diferentes daqueles do visitante ou expatriado.

Felizmente, quando chegamos de mudança em Jacarta, o amigo Bráulio Gomes, da embaixada do Brasil, recitou para nós os mandamentos que indicam o que não se deve fazer. Adiantou qual era a melhor forma para manter um bom convívio com os indonésios, principalmente aqueles que são muçulmanos, o que significa a quase totalidade.

Pelo inusitado, alguns dos costumes são bem reveladores de uma cultura completamente diferente da nossa. Aí vai uma lista:

◆Nunca passar a mão sobre a cabeça de crianças, como se costuma fazer no Brasil e no Ocidente em geral, como forma de carinho. Há uma explicação: os muçulmanos consideram a cabeça uma coisa sagrada, tanto assim que as mulheres a cobrem com um lenço e os homens, quando andam nas ruas, usam um pequeno chapéu. Dessa forma, não deve ser tocada por estranhos.

•Nunca usar a mão esquerda para cumprimentos, nem para comer; a mão esquerda é tida como a "mão suja" por ser usada para ações ligadas às necessidades fisiológicas.

•Nunca assoar o nariz na presença de outras pessoas.

•Nunca usar o pé para apontar alguma coisa.

•Nunca chamar uma pessoa fazendo um gesto, com a palma da mão virada para cima.

•Nunca gritar para chamar alguém que está distante ou que não está de frente para você. Deve-se bater palmas e chamar a pessoa, falando baixo, dizendo o nome.

•Nunca usar sapatos dentro de casa, principalmente se for a casa de terceiros e não a própria casa.

•Nunca levar cachorros para a casa de outras pessoas, pois a maioria dos muçulmanos considera o cão um animal sujo.

•Nunca abrir presentes recebidos na frente de quem os deu.

COSTUMES

Existem várias peculiaridades, nos hábitos e costumes, que chamam a atenção dos estrangeiros em trânsito pela Indonésia.

O uso de banheiros

Não existe o hábito de usar chuveiro elétrico ou sistema de aquecimento de água. Tais novidades existem apenas nas casas construídas para uso dos estrangeiros. Normalmente, as pessoas tomam o chamado "banho de cuia" com água fria, retirada de um pequeno tanque construído dentro do box.

Jacarta, Indonésia

Nas residências típicas dos indonésios, os toaletes têm um diferencial em relação àqueles dos ocidentais: não existe a privada ou vaso sanitário, como conhecemos, mas apenas o que chamamos de latrina, ou seja, um buraco no chão. Não se trata apenas de um buraco, como existe no Brasil em lugares muito pobres, ou nos Estados do sul, onde é conhecido por "banheiro turco", mas de uma peça em louça, com aproximadamente um metro quadrado, no centro da qual existe um buraco e, nos lados, locais apropriados para apoiar os pés.

Os indonésios não satisfazem as suas necessidades sentados, como nós ocidentais, mas acocorados. O hábito criou um condicionamento físico e/ou psicológico que torna difícil para o indonésio defecar sentado. Em face disso, é comum, nos locais onde existem somente as privadas ou vasos no modelo ocidental, que os indonésios as usem também acocorados, com os pés firmes nas bordas, em cima, apesar do risco de escorregar e enfiar o pé onde não devem. Isso significa que, muitas vezes, os vasos sanitários, do modelo ocidental, ficam com as bordas sujas e arranhadas com as marcas de pés.

A propósito, outro costume diferente diz respeito ao uso do papel higiênico. Os indonésios normalmente não o usam, embora seja possível encontrá-lo na grande maioria dos sanitários. Em todas os toaletes, existe sempre um depósito com água, construído em alvenaria no local, ou mesmo um tambor grande, bem como um pequeno vaso ou caneco com asa e um biquinho para despejar a água. Dessa forma, ao término de suas necessidades, eles usam a água jogada com o caneco para lavar as partes íntimas. Apesar disso, o chão não fica tão sujo quanto se possa imaginar, pois os pisos são construídos de modo a fazer escoar a água para os ralos. Em locais públicos, como *shopping centers* e edifícios comerciais em, é comum encontrar toaletes com sanitários ocidentais ao lado dos tradicionais indonésios.

Na primeira vez em que visitou Jacarta, Iraci estranhou o barulho que ouvia no sanitário vizinho àquele que estava usando; parecia que alguém estava jogando água para lavar o chão. Para sua surpresa, quando saía e viu que o compartimento estava vazio, deu uma espiada e descobriu o hábito, que depois passou a ver em toda parte, ou seja, lavar-se após as necessidades fisiológicas e não deixar o chão molhado, com água escorrendo. Quando um indonésio, homem ou mulher, é obrigado a usar papel higiênico, umedece uma bola enorme na torneira mais próxima e a leva para o sanitário.

Comeu, se manda

Ao contrário de nós, ocidentais, que, até por uma questão de etiqueta e para não sermos chamados de esfomeados, depois do almoço ou jantar ainda ficamos na casa dos anfitriões durante algum tempo para o cafezinho, licor, bate-papo etc., ou, quando há mais intimidade, até para ajudar na arrumação da casa, lavar a louça, por exemplo, os indonésios, assim que terminam de comer, levantam-se, despedem-se e saem apressados. Aquilo que, para nós, seria uma descortesia é uma regra de etiqueta e sinal de boa educação para eles. Segundo me disseram, eles retiram-se imediatamente após o término da refeição para evitar abusar da hospitalidade dos anfitriões e de forma a permitir que a dona da casa possa arrumar tudo, lavar as louças, etc., sem ninguém de fora presente para incomodar. A única forma de retê-los após a refeição é organizar um jogo ou um *karaokê*, que adoram e que pode prolongar a noitada.

PASSEIOS

Outro costume interessante dos indonésios é passear nos *shopping centers*. Embora não haja interesse em fazer nenhuma compra, em

Jacarta, Indonésia

fins de semana ou em feriados, verdadeiras multidões de asiáticos (o costume não me pareceu ser somente de indonésios, mas do povo da Ásia de forma geral) ficam andando nos corredores de *shoppings*. Vão passear famílias inteiras – avós, filhos, netos –, o que provoca grandes congestionamentos de pedestres, dificultando o acesso às lojas para as pessoas que, de fato, vão àqueles locais para fazer compras. A massa humana é tamanha que fica muito difícil andar nos corredores em sentido contrário àquele em que vai a multidão, ou mesmo atravessá-la para entrar numa das lojas. Devem-se observar regras idênticas às de transito: mão e contramão. Afinal, são tantos os asiáticos que a minha filha Mariana, muitas vezes, quando precisava ir ao *shopping* em um sábado, dia de maior movimento, sempre retornava reclamado. Ela, que sempre sofreu com enxaquecas, dizia que a cabeça estava estourando e brincava dizendo estar sofrendo de "asiafobia".

Alimentação

Os costumes indonésios quanto à alimentação são peculiares. O alimento básico é o arroz, que é preparado ao vapor e geralmente misturado com verduras, ovos, pequenos peixes ou frango, e é comido de forma idêntica em qualquer das três refeições do dia, não importando se é café da manhã, almoço ou jantar. Não há tipo diferente de comida, conforme o horário da refeição, como é comum no Ocidente. O consumo de carne bovina é bem menor do que no Ocidente, e, apesar de todos viverem em ilhas, o consumo de peixes e frutos do mar de forma geral não é tão grande como se poderia imaginar. Isso não significa, no entanto, que os estrangeiros sejam forçados a alimentar-se basicamente de arroz a toda hora. Tudo que se encontra em alimentos no Ocidente pode ser comprado na Indonésia. Existem ótimos supermercados, alguns até especializados em artigos importados. Embora a carne de gado indonésio não seja

– 133 –

de boa qualidade, não há nenhuma dificuldade para comprar boas carnes, dos mais diversos tipos e qualidades, importadas basicamente da Austrália e também dos Estados Unidos. Os indonésios consomem normalmente, como os ocidentais, muitas verduras e legumes, que podem ser encontrados com facilidade. Podem ser encontradas as frutas mais conhecidas por nós, inclusive quase todas as que existem no Brasil; no nosso quintal, tínhamos um pé de mamão.

A fruta que fede

Existe na Indonésia e na Malásia uma fruta que é totalmente desconhecida no Brasil e não tenho lembrança tê-la visto em qualquer outro lugar por onde andei. Chama-se "durian" e tem o formado de uma jaca pequena ou uma graviola. O que há de peculiar na "durian" é o cheiro, absolutamente insuportável para nós ocidentais. O cheiro ruim é muito forte, já com a fruta fechada e mais ainda quando aberta. Daí porque os hotéis da região, principalmente os mais luxuosos, costumam ter avisos proibindo o consumo da fruta nos quartos. Na época da sua safra, quando se viaja por terra, sente-se o cheiro a distância e de forma intensa, tendo em vista que existem muitas barracas vendendo a fruta, que é muito popular, às margens das rodovias. É difícil descrever o cheiro. Mas é dos piores que já senti, algo parecido com fezes ou, pior ainda, com carniça, como conhecemos no Brasil. Obviamente, nunca compramos a "durian" para nossa casa e também nunca a comi. Todavia, quem o fez diz que é muito saborosa e para os indonésios nada se iguala ao seu sabor. Não paguei pra ver, nem mesmo quando a encontrei em tortas e doces. Cristina, curiosa como sempre, experimentou uma vez um pedaço de bolo de "durian" e disse não ser tão ruim quanto esperava, mas não repetiu a experiência. Sabendo o quanto ela gosta de bolos, o tal bolo de "durian" não deve ter agradado.

Jacarta, Indonésia

Comer sem faca

Na nossa chegada em Jacarta, na mudança, estava reservada uma surpresa. No momento do desembarque, as pessoas encarregadas de dar-nos assistência revelaram que éramos esperados para um jantar. A essa altura do campeonato, estávamos viajando havia mais de trinta horas, com duas noites passadas em aviões. O cansaço estava no estágio máximo e o que mais se queria, naquele momento, era chegar ao local onde iríamos nos hospedar e contar com um simples banho e uma boa cama.

Não havia, entretanto, possibilidade de recusar o convite. Uma série de circunstâncias obrigava-nos a passar por cima de tudo e ir participar do jantar. Além disso, o jantar estava programado havia dias e já começara, na casa do anfitrião, com os convidados. O nosso atraso, decorrente da perda da conexão, impedira que fôssemos esperados para começar a refeição. E lá fomos nós, com cochilos inevitáveis, no percurso do aeroporto até a cidade.

A acolhida foi muito boa, conhecemos pessoas interessantes, todos se prontificaram a nos ajudar, etc. Mas ainda havia surpresas a enfrentar. Notamos que o jantar não era sentado à mesa. Cada um se servia em um balcão e procurava acomodar-se da melhor maneira possível. Era um jantar típico indonésio e o prato principal era frango, do tipo do conhecido no Brasil como "frango à passarinho".

Até aí, tudo bem. Havia ainda arroz, prato obrigatório, algumas verduras e outras iguarias.

Tudo do bom e do melhor. Mas, na ocasião de me servir no balcão, verifiquei que, entre os talheres disponíveis, não havia facas. Pensei, de início, que certamente estavam em falta no balcão, mas logo alguém as traria. Ledo engano. Esperei e nada. Olhando para os demais comensais, veio a grande constatação: ninguém usava faca. Todos comiam usando somente garfo e colher, do tipo "colher de

– 135 –

sopa", como se diz no Brasil. A nossa surpresa se explica: na viagem anterior, aquela de sondagem que havíamos feito, apenas tivemos refeições em hotéis ou restaurantes em que prevaleciam os costumes internacionais, à moda Ocidental. Obviamente, com facas à mesa.

Observando os outros, vi a habilidade com que conseguiam cortar e destrinchar o frango apenas usando o garfo e a colher. E, ainda mais, sentados com o prato nas pernas. Para mim, que sempre fui conhecido como muito desajeitado, foi um sacrifício terrível. Mesmo sentado junto a uma dessas mesas baixas, de centro, não consegui vencer a guerra com o frango, sem usar uma faca.

Como a fome era muito grande, procurei resolver o problema com o arroz, as verduras e os legumes. Carne de frango, muito pouco.

Aliás, devo confessar que, embora tenha procurado treinar, nunca adquiri habilidade suficiente para comer frango e outros tipos de carne usando apenas garfo e colher (assim como nunca consegui comer com os pauzinhos usados pelos orientais).

Bronzear, nunca!

Outra característica marcante observada não somente na Indonésia, como também em outros países da região, está relacionada à cor da pele escura. Ao contrário dos brasileiros, que tanto gostam de se bronzear, em vários países da Ásia as pessoas com pele bronzeada são consideradas de escala socioeconômica inferior, geralmente pessoas mais pobres. O bronzeamento indica que a pessoa trabalha ao ar livre, exposta ao sol. Vem daí o enorme prestígio, entre as mulheres daquela parte do mundo, de cosméticos os mais variados e caros usados para clarear a pele.

Jacarta, Indonésia

Não é o que pensou!

Algumas palavras do idioma indonésio têm grafia e/ou pronúncia bem semelhante ao português, mas o sentido, às vezes, é completamente diferente. Uma palavra que merece cuidados é *bunda*. Não é nada parecido com o que os homens brasileiros, muito mais do que qualquer outro, é lógico, tanto apreciam olhar nas mulheres. A palavra significa "maternidade", o local onde as mulheres dão à luz. Logo, não se deve ficar espantado quando alguém disser que "fulano está na bunda com a mulher".

Tempo é borracha

Dizem que os brasileiros não são pontuais, pois chegam sempre atrasados aos compromissos. Ora, quem diz isso nunca viu nada parecido com desrespeito à pontualidade realmente institucionalizada. O indonésio não tem a menor preocupação com horário, seja para o que for. Está sempre atrasado e, quando chega, pede desculpas, sorri e, obviamente, espera ser compreendido. O hábito é tão arrai-zado que existe no idioma indonésio até uma expressão que o identifica: *jam karet*. Em tradução literal, seria "tempo de borracha". Ou seja, para o indonésio, o tempo é sempre elástico, pode ser sempre esticado.

Quanto você ganha?

Não se espante se um indonésio lhe fizer perguntas que, para nós ocidentais, seriam consideradas indiscretas, algumas até desrespeitosas. É absolutamente natural o indonésio perguntar inocentemente, por exemplo, qual o seu salário, quanto você paga de aluguel, quanto pagou pelo carro ou por outro artigo que você tiver com-

Josué Maranhão

prado, qual a sua idade (inclusive se o interlocutor for mulher), quanto você paga de salário às empregadas domésticas, aos motoristas e a qualquer pessoa que lhe preste serviços. Assim por diante.

Não, jamais!

Também se deve ter cuidado quando se pede alguma coisa a um indonésio, ou quando se faz uma pergunta. Normalmente, tudo que você pede o indonésio promete fazer, o que ocorre, também, com os motoristas de táxis. Qualquer lugar que você indique como seu destino, ele nunca diz que não conhece. Se você perguntar se ele sabe o roteiro, a resposta será sempre "sim". Não existe o hábito de dizer não entre os indonésios. Logo, ninguém deve se surpreender quando, em resposta a um pedido qualquer, ouvir um sim como resposta e, logo em seguida, vier a comprovar que o pedido simplesmente não foi atendido ou sequer foi considerado. E são inúmeras as histórias de pessoas que rodam pela cidade por horas seguidas procurando um endereço que o motorista do táxi disse que conhecia e não tem a menor idéia onde seja. Não é malandragem – normalmente – como ocorre muito no Ocidente, quando alguns motoristas ficam rodando em círculo com o passageiro que não conhece o lugar, de forma a cobrar mais pela corrida.

Onde comer

Os hábitos alimentares dos indonésios são muito simples. Não existe muita sofisticação em comidas, salvo em restaurantes mais finos. Além disso, o indonésio de classe média ou inferior não tem o hábito de fazer refeições em casa, principalmente o almoço. Eles compram a comida em pequenas carroças que circulam pelas ruas, do tipo semelhante às carroças de pipocas usadas no Brasil. As bar-

Jacarta, Indonésia

racas têm o nome de Warung, circulam pelas ruas, ou têm um ponto onde estacionam durante o dia, geralmente em esquinas movimentadas. Embora não haja muita preocupação com higiene – inclusive comem e circulam normalmente em ruas onde existem esgotos a céu aberto, em regiões de população mais pobres – não são comuns os casos de infecção intestinal, por exemplo. Certamente o organismo cria seus meios de defesa, anticorpos apropriados. A comida é sempre à base de arroz, mas comem muita sopa de várias espécies, sobretudo uma feita com rabada de boi, e é comum usar bagos de jaca como um legume nas sopas.

Medicamentos e desculpas

O uso de medicamentos caseiros ou a medicina baseada em conhecimento de árvores, plantas e assemelhados é um costume muito difundido. Salvo os casos em que há prescrição médica, o indonésio médio compra remédios com as mulheres que circulam pelas ruas, que carregam nas costas dois ou mais cestos com garrafas coloridas. Esses remédios caseiros são conhecidos como "jamu", que é também o nome dado às mulheres que os vendem.

Deve-se sempre ter cuidado com as desculpas dos empregados, quando desaparecem ou deixam de comparecer ao trabalho no dia combinado. Pai e mãe morrem com muita facilidade, até mais de uma vez, em anos seguidos, como já disse. Para os indonésios é preferível uma mentira (ainda que óbvia ou deslavada) do que o empregado dizer, por exemplo, que não gostou da sua casa ou da sua família, ou que o salário oferecido é pouco e, portanto, não quer trabalhar ali. Contar a história verdadeira para explicar uma ausência ao trabalho é muito raro, mentir é mais fácil.

Quem encontrar dois jovens homens andando de mãos dadas nas ruas ou nas alamedas de algum grande *shopping center* não deve

– 139 –

tirar conclusões apressadas. Não há, no caso, nenhuma indicação de homossexualidade. É um hábito muito conhecido e visto com a maior naturalidade por todos.

Modo de vestir

Os muçulmanos indonésios não são radicais, se comparados aos islâmicos de outras origens, como da maioria dos países árabes. A liberalização de costumes reflete-se, inclusive, no que diz respeito à forma de vestir.

As mulheres, por exemplo, vestem-se quase do mesmo modo que as mulheres mais conservadoras do Ocidente. Nada parecido com as "burkas", que ficaram famosas nos tempos em que o Afeganistão era governado pelo regime Taliban. Algumas apenas usam um discreto lenço na cabeça.

Um detalhe: diferente do que se vê em alguns países do Ocidente, como no Brasil, não são usadas roupas justas, decotadas, muito curtas ou sem mangas. A propósito, lembrei-me de um episódio ocorrido comigo. Estava em um local histórico, com museus, prédios antigos etc., com alguns amigos brasileiros. A filha de um casal amigo, ela muito jovem, usava uma minissaia bem curtinha e uma blusa com um decote um tanto generoso. Em determinado momento, enquanto os pais adiantaram-se, a jovem ficou um pouco mais atrás e ia encontrá-los. Eu, que estava a alguma distância, tive de me apressar, quase correr, para protegê-la, quando vi que um grupo de aproximadamente dez rapazes passou a segui-la, em atitude um tanto hostil. Eles estavam conversando na calçada e, quando viram a jovem passar com trajes um tanto incomuns, mostrando mais do que estavam habituados a ver, não titubearam em se aproximar para ver tudo mais de perto. Para evitar problemas, aproximei-me da jovem e a acompanhei até onde se encontravam os seus pais.

Jacarta, Indonésia

No que se refere aos homens, poucas diferenças existem, mas há um detalhe curioso: a dispensa do "terno-e-gravata", tão exigido no Ocidente em qualquer ocasião mais formal, inclusive em escritórios, repartições públicas, fórum, por exemplo. No Ocidente, não importa que a temperatura ambiente seja superior aos 35°C: os homens somente se sentem bem vestidos usando pesados paletós e, amarradas, no pescoço, "vistosas" gravatas. Já o indonésio tem mais liberdade. O homem é considerado bem vestido, formalmente, apto a comparecer a qualquer cerimônia ou solenidade, usando apenas camisa.

Não se trata, no entanto, de qualquer camisa. Tem de ser as camisas conhecidas como "batik". Aliás, o uso da palavra está errado. "Batik" é um processo muito usado para fazer desenhos com motivos indonésios em tecidos, conhecidos mundo afora. Entretanto, o nome "batik" passou a identificar também as camisas coloridas usadas pelos homens da Indonésia nas mais diversas solenidades. É verdade que, quanto mais luxuosa a camisa, quanto melhor o tecido – uma boa seda pura, por exemplo –, mais apresentável estará o homem. As camisas são usadas soltas, e fora das calças.

Ainda no que se refere às roupas e, também, quanto aos calçados, há uma dificuldade para os ocidentais. Ocorre que os indonésios são em regra geral tipos pequenos, com pouca altura e magros, o típico *mignon*. Dessa forma, fica difícil para o ocidental encontrar roupas e sapatos, mesmo que não seja nenhum tipo avantajado. O tipo normal e padrão do Ocidente lá é tido como tamanho grande. Eu, por exemplo, que tenho 1,70 m de altura e não mais do que oitenta quilos, calçando sapatos número quarenta pela numeração brasileira, sempre tive dificuldade para comprar roupas. Quanto a sapatos, nunca encontrei um de tamanho que me servisse. O máximo que encontrei foi um número 39,5 que ficava muito apertado. Era um belíssimo sapato italiano, a preço baixíssimo. Fiquei frustrado por não me servir e não poder comprá-lo. O mesmo ocorre com as mulheres. Iraci, que, normalmente, no Brasil, usa modelos tamanho pequeno, na Indonésia tinha de usar o tamanho grande.

Os homens indonésios, de religião muçulmana, usam um pequeno chapéu, bem típico, sem abas. Existem em duas cores: o preto, usado somente por quem já esteve na cidade sagrada do islamismo, Meca, e o branco, para os demais.

Os casamentos

Os casamentos na Indonésia são festas que se prolongam, normalmente, por três dias. Não é preciso ser casamento de pessoas ricas. É o normal. São como os casamentos dos contos de fadas, de antigamente.

Os ritos e cerimônias, nas diversas classes sociais, podem ser mais luxuosos, mais enfeitados, em locais mais ricos. Mas, na essência, todos obedecem aos mesmos rituais. Na realidade, considerando-se que na formação do povo indonésio houve uma mistura de influências religiosas, no início predominância do hinduísmo e do budismo e, por fim, do islamismo, existem variações conforme a comunidade das pessoas envolvidas e os seus credos religiosos.

Infelizmente, tive a oportunidade de assistir a apenas casamentos realizados sob o rito islâmico. Até gostaria de ter presenciado uma cerimônia de outra religião para observar as diferenças. Aliás, dizem que, no que refere ao casamento, a Indonésia recebeu grande influência do rito hindu. Seria uma herança da presença de maioria hinduísta, nos primórdios, antes de chegarem os budistas e, em seguida, os muçulmanos. Assim, até a população islâmica teria entranhada em sua cultura algumas influências dos antigos hindus, inclusive nos ritos do casamento.

Na época do "ficar", ou "morar junto" ou sejam quais forem os apelidos que sejam dados no ocidente ao ato de juntar um homem

Jacarta, Indonésia

e uma mulher, quando resolvem compartilhar a vida, a observância de certos costumes na Indonésia, em pleno final do século XX (subsistem ainda, no século XXI), são muito surpreendentes. Em muita coisa, ali persistem costumes que, no Brasil, por exemplo, estiveram em moda até o final do século XIX.

Na Indonésia o costume de a família escolher o futuro marido da filha persiste nos setores mais tradicionais e, muitas vezes, o casamento envolve um negócio. Tudo é arranjado pelos pais, de forma que a junção das famílias permita a fusão de negócios ou empreendimentos. É uma forma bem-aceita de rearranjar patrimônios.

É verdade que não ocorrem na Indonésia (pelo menos em regra geral) casos em que noivo e noiva somente se conhecem às vésperas do casamento e tudo, absolutamente tudo, é arranjado pelas famílias, um costume que persiste, de forma mais rígida, em muitas regiões da Índia. Posso dar o exemplo de uma moça indiana que conhecemos em Boston. Teve de deixar o ótimo emprego que tinha e viajou para a Índia, atendendo ao chamado de sua família, para casar-se. Até sair de Boston, nunca tinha visto o seu futuro marido. Ainda bem que estamos em tempos modernos, em que se podem transmitir fotos, via internet; e ela recebeu, poucos dias antes de viajar, fotografias do seu noivo. O certo é que ela só conheceu o noivo pessoalmente quando chegou à Índia, às vésperas do casamento. Quando tivemos notícias dessa amiga, tempos depois que casou, ela revelou que estava casada javia alguns anos e estava muito feliz com o marido, tinham filhos etc. Comentou, apenas, que não se acostumava com um hábito dos indianos: quando a mãe do noivo é viúva e o filho se casa, este tem a obrigação de levar a mãe para morar em sua residência. E, em tais situações, a mulher tem obrigação de tratar sempre a sogra como uma visita, com todas as mordomias etc.

Na Indonésia, tais extremos não são comuns. As famílias podem até fazer os arranjos para o casamento, juntando moça e rapaz, conforme conveniências dos pais, mas o namoro e o noivado são incentivados e permitidos antes do casamento.

Os tais arranjos casamenteiros podem criar situações absolutamente inusitadas. Enquanto vivíamos em Jacarta, conhecemos um casal, ela indonésia de nascimento e o rapaz de nacionalidade diferente, ocidental. Namoravam, como no Ocidente, sem nenhuma interferência das famílias e até pensavam em casar. Creio até que já "ficavam". No entanto, certo dia, a moça foi informada por sua família que ela estava destinada a casar com o filho de uma família holandesa, amiga de seus pais. Na realidade, era a consolidação de um negócio. A família da moça mantinha negócios comerciais com determinada família holandesa, desde os tempos em que a Indonésia era colônia da Holanda, negócios que passaram de pai para filho. No caso, a realização do casamento era a melhor forma de consolidar os laços comerciais. Embora adulta e com vida econômico-financeira independente, a moça não teve condições de recusar a ordem do pai. Ficou acertado que o noivo viria da Holanda passar algum tempo em Jacarta para conhecer a noiva e sua família e, em seguida, seria feito o inverso, indo a moça passar alguns dias na Holanda. Não sei como terminou a história. Mas, na última vez em que os encontrei, qual no romance de Jorge Amado, *Dona Flor e seus dois maridos*, a moça estava tranqüilamente em uma solenidade, ladeada pelos dois: de um lado, estava o noivo, e de outro, o antigo namorado.

Voltando aos ritos e às cerimônias do casamento.

É uma festa em que ambas as famílias convidam todos os parentes, amigos e também pessoas com quem se relacionam profissionalmente, constituindo um acontecimento da maior importância. É a ocasião em que membros da família que estão distantes há tempos, até aqueles afastados devido a desavenças ou outros problemas, são convidados e têm obrigação de comparecer. Os ressentimentos são esquecidos, pelo menos na aparência, durante as cerimônias e solenidades.

Jacarta, Indonésia

Não tive oportunidade de comparecer a muitos casamentos e, dessa forma, não assisti pessoalmente a cerimônias e outros atos de casamentos envolvendo pessoas de classe mais modesta. Os casamentos a que assisti, para os quais consegui ser "convidado", tal era a minha curiosidade, eram de pessoas de alto nível sócio-econômico, de famílias tradicionais na cidade. Chamava a atenção o alto luxo, principalmente quanto às indumentárias e aos adereços usados pelos noivos. Tanto o noivo quanto a noiva vestem trajes típicos, uma espécie de longas batas, ornados com muito ouro e outros enfeites. Assisti até a um casamento em que a noiva usava uma coroa antiga, tradição de família, trabalhada em ouro e incrustada de brilhantes.

Normalmente, as cerimônias do casamento demoram três dias. No primeiro, são realizados atos em caráter mais íntimo, com a presença das duas famílias e dos amigos mais chegados. No segundo dia ocorre, efetivamente, a cerimônia do casamento religioso e, finalmente, no terceiro dia, a grande recepção. A noite de núpcias, que ocorria tradicionalmente no terceiro dia, mostra a influência dos tempos modernos e de sua impaciência. Inicialmente, ela foi antecipada para a segunda noite e, atualmente, o normal é que ela ocorra logo no primeiro dia.

As recepções são realizadas geralmente em grandes salões de hotéis. Os noivos ficam em pé, sobre um pequeno estrado, ladeados pelos seus pais, durante todo o tempo em que dura a recepção. Ali, recebem os cumprimentos dos convidados, que vão passando em fila indiana. Tudo isso pode demorar horas. Em todos os casamentos, é impressionante a fartura de comida. Não é grande a variedade, mas esbanjam em quantidade.

Dois detalhes diferenciam as festas de casamento daquelas que conhecemos. Em primeiro lugar, muitas pessoas não têm o hábito de mandar presentes. Na entrada do salão de festas é colocada

Josué Maranhão

uma urna, onde os convidados deixam os seus envelopes, com dinheiro. Creio que a maioria assim o faz. Em segundo, em obediência às leis muçulmanas, não são servidas bebidas alcoólicas, somente refrigerantes e chá, quente ou gelado, dos mais diversos tipos.

Os funerais

Tendo em vista a grande mistura de religiões, nas origens da nação, são diversos os ritos dos funerais na Indonésia. As diferenças de ritos ocorrem até entre as diferentes ilhas, sempre em conformidade com os princípios de cada uma das religiões.

Não tenho conhecimento de detalhes dos funerais em outros ritos religiosos. Posso falar, apenas, do funeral realizado conforme o rito tradicional muçulmano. Ocorrido o falecimento, a primeira providência é chamar os parentes do morto e, ao mesmo tempo, o líder espiritual, o "Iman", que faz as orações e acompanha todas as demais providências. Os islâmicos sempre sepultam os seus mortos dentro de 24 horas. No caso, o sepultamento no mesmo dia obedece, principalmente, a duas regras: não é permitido embalsamar ou realizar nenhum outro processo de conservação do corpo, que não pode sofrer nenhum tipo de procedimento invasivo, salvo em casos especiais, em que se torna necessária autópsia, hipótese em que o "Iman" concede previamente uma licença especial. Daí normalmente realizar-se o sepultamento antes que se inicie a decomposição. Segundo ensina a religião islâmica, a pressa é para não permitir que a alma do falecido fique rondando onde se encontra o corpo insepulto.

O corpo, logo depois de comprovado o falecimento, é lavado em água corrente, perfumado com aroma de flores diversas mantidas na água e, em seguida, cuidadosamente embrulhado em pano de linho branco.

Jacarta, Indonésia

No momento do sepultamento, não é permitida a presença de mulheres. Somente os homens participam da cerimônia final, enquanto as mulheres ficam assistindo a uma distância considerável. Normalmente, as famílias do morto promovem cerimônias religiosas em favor de sua alma no terceiro, no sétimo, no décimo quarto, no centésimo dia após a morte e, ainda, quando é alcançado o aniversário de mil dias.

A medicina

Não me recordo se foi um pouco antes, ou se ocorreu logo depois de chegarmos a Jacarta. O certo é que alguém me alertou: medicina em Jacarta, só se deve confiar até gripe forte; passou daí, o melhor socorro médico é o avião para Cingapura, onde se chega em vôo de mais ou menos uma hora.

Atentos ao conselho, de fato sempre tivemos a preocupação de cuidar das medidas preventivas quando das viagens ao Brasil ou em rápidas idas a Cingapura. Tanto assim que mantínhamos em casa uma pequena farmácia, com muitos remédios fabricados no Brasil (estoque que atualizávamos em todas as viagens), tudo comprado conforme uma lista que me deu minha grande amiga Tânia, médica, que indicou o que seria apropriado para os primeiros socorros.

Assim íamos mantendo a vida, quando surgiram os primeiros sinais de problemas em minha perna direita. Receoso de algo mais sério e considerado o aspecto da perna, procuramos socorro em um centro médico dos mais credenciados em Cingapura. Depois de uma bateria de exames e de testes de laboratórios, ultra-som etc., veio a conclusão: eu sofrera uma trombose naquela perna. Medicado, voltei para Jacarta e periodicamente ia a Cingapura, em rápidas viagens para revisões médicas.

Tudo estava sob controle – pelo menos era o que eu pensava – até que, em uma certa tarde de sábado, recebi a visita de um amigo. Era um australiano, residente há muitos anos em Jacarta, casado com uma simpática e prestativa moça indonésia, com filhos nascidos na cidade indonésia. Conhecia tudo na cidade. Aliás, refiro-me a ele em outro ponto desta narrativa, quando falo do casa da empregada surpreendida com o namorado no quarto.

Eu estava em casa, apenas com os empregados, as filhas haviam saído e Iraci estava viajando.

Ao me ver sentado em frente ao compoutador, com a perna apoiada em um banco, como costumava mantê-la a maior parte do tempo, a conselho médico, o amigo pediu para ver como estava a aparência. Ficou alarmado com o inchaço e a vermelhidão. Embora relutasse, terminei por aceitar a pressão do amigo e fui levado a um dos melhores hospitais da cidade, que ficava não muito distante de nossa casa.

Lá chegando, somente graças à persistência e à insistência do meu amigo, consegui ser atendido. Passei por mais de um atendente, enfermeiro etc., até chegar a um médico, que me apresentaram como chefe de departamento daquele hospital. Ao ver o médico, olhei para o amigo e, certamente, eu tinha no rosto sinais tão evidentes de me encontrar apavorado que ele insistia em pedir calma, embora eu nada falasse nem fizesse nenhum movimento.

Inicialmente, assustou-me o gabinete onde o médico me atendeu: há muito tempo ali não era feita uma boa limpeza. Depois, a apresentação do médico não induzia ninguém de bom senso a ser por ele medicado. O médico trajava calças amarrotadas e jaleco branco sujo. Além disso, calçava sandálias do modelo das tão famosas "havaianas". Que nem eram novas. Eram daquelas que começam a apresentar os sinais evidentes de desgaste causado pelo uso intenso.

Contada a minha história, examinadas radiografias e outros laudos de exames que havia feito, relatei ao médico que havia tomado,

Jacarta, Indonésia

até a véspera, uma medicação que me fora prescrita pelo centro médico onde fora atendido em Cingapura, mas deveria esperar determinado número de dias, conforme a orientação médica, até o retorno para a revisão. A medicação que havia terminado consistia de injeções com anticoagulante, que eu mesmo me aplicava na barriga.

Era evidente, no entanto, que o estado da minha perna era preocupante: o inchaço aumentara, pressionando a pele fina, que dava a impressão que tudo iria se romper. O quadro amedrontava mais ainda com a vermelhidão em toda a coxa direita, além de estar com a temperatura um pouco elevada no local.

Apesar disso tudo, muito embora ele tenha dito que confirmava o diagnóstico no sentido de que eu sofrera uma trombose, informou que não podia me prescrever nenhuma medicação.

Por mais que eu insistisse, ele não cedia, dizendo que se tratava de uma questão de ética e não podia não interferir em um tratamento iniciado por outro médico. Não adiantou a argumentação de que se tratava de um caso de emergência, que, aliás, ele reconhecia.

Embora fosse uma situação que exigia medicação urgente e apesar de concordar que os remédios que eu tomara eram os corretamente indicados, não concordou em mandar me aplicar a injeção antes prescrita, nem fornecer-me uma prescrição para que eu pudesse comprar.

Em tudo e por tudo, conforme os comentários ouvidos, ficou evidente que havia uma única conclusão: o médico ficara com ciúmes por eu ter ido procurar ajuda médica em outro país e, no fundo, também mostrava insegurança.

Felizmente, o problema não se agravou. Conseguimos contato telefônico com o médico em Cingapura, que recomendou algumas compressas e outras providências domésticas, mas insistiu na necessidade de que na segunda-feira deveriam ser adquiridos os medicamentos que iria prescrever.

Josué Maranhão

De fato, como eu não tinha condições de viajar sozinho, conseguimos uma pessoa de confiança que, na segunda-feira pela manhã, embarcou para Cingapura, recebeu a prescrição, comprou lá as injeções e, no final da tarde, estava de volta. Pareceu rápido. Não para mim, que passei o dia inteiro contando minutos e horas até que tivesse o remédio nas minhas mãos.

De imediato, auto-apliquei as injeções, como sempre fazia, e a inflamação regrediu. Sim, regrediu, mas foi somente um intervalo. O pior estava para vir e, de fato, algum tempo depois, o problema da trombose quase que me leva desta para melhor.

A sociedade

Em mais de uma oportunidade referi-me à forma como os indonésios, principalmente as pessoas do povo, nos tratavam. Eram sempre gentis e prestativos, de convívio fácil e amigável. Passados alguns anos, relembrando fatos e situações, algumas dúvidas surgiram, principalmente quando tudo é submetido a uma análise mais fria.

A propósito, lembro-me bem de comentários feitos pela amiga Flávia, brasileira que residiu em Jacarta na mesma época em que lá estávamos e que hoje reside em Washington. Certa vez, ela me disse que tinha dúvidas se aquele comportamento sempre gentil e sorridente seria uma prova de submissão, da qual, nós expatriados, nos aproveitávamos, ou se, pelo contrário, seria uma forma de procurar nos controlar. Sempre próximos, sempre atenciosos, acompanhavam tudo em nossa vida, ficavam conhecendo detalhes íntimos das famílias.

É provável que, como Flávia admitiu, a segunda hipótese seja a mais viável. Até porque, como ela falava o idioma indonésio melhor do que eu, em mais de uma oportunidade escutou comentários a respeito de estrangeiros, patrões etc.

Jacarta, Indonésia

Ainda a propósito de convivência, hábitos e costumes, resta relatar como era o comportamento da elite, da burguesia indonésia.

A separação de classes na Indonésia, como na grande maioria dos países asiáticos, é muito maior do que entre nós ocidentais. Não existe apenas um desnível social e econômico muito grande, mas a elite e o governo (pelo menos a ditadura que conhecemos) não têm a menor preocupação em esconder e, como é óbvio em tais situações, ninguém procura eliminar o abismo.

Não chega a ser uma separação em castas, reconhecida oficialmente, como ocorre na Índia, tema cultural secular, mas nitidamente se percebe a separação e até a discriminação.

Por último, outro ponto a relatar – e aqui, mais uma vez agradeço o lembrete de Flávia – é a respeito do comportamento da burguesia em relação a nós expatriados.

Em nenhum momento, a elite indonésia procurou aproximar-se dos estrangeiros, principalmente no que se refere ao convívio social. Não apenas conosco em particular, mas também nunca vi nenhum contato da elite com quaisquer estrangeiro, que morava na Indonésia. Os contatos restringiam-se apenas aos negócios ou sempre que havia algum tipo de interesse.

Resume-se a convivência, apenas, aos encontros profissionais e econômicos, apenas excepcionalmente resvalando para o lado pessoal.

Negócios são negócios, o resto não se mistura.

TEMPLOS SAGRADOS

Para os olhos dos brasileiros, inclusive daqueles habituados à suntuosidade das igrejas históricas de Ouro Preto, Mariana, Salvador e Olinda, a descoberta dos templos históricos de Yogyakarta, os mais famosos da Indonésia é um deslumbramento.

É uma beleza totalmente diferente. Na região histórica da Indonésia, área central da Ilha de Java, a principal do arquipélago, estão três dos mais famosos templos da Antigüidade.

O contraste com as igrejas históricas do Brasil é total: nas igrejas brasileiras, além do belíssimo trabalho artesanal da construção, os detalhes, as imagens de santos, impressiona o luxo, o ouro e a prata, a ostentação de riqueza da época da colonização. Impressionam pelo barroco. É arte, luxo e riqueza, enfim. Na Indonésia, o que se destaca é a imponência, a grandiosidade, a sensação de imensidão que se tem ao observar os templos construídos em pedra, com alturas impressionantes, ainda conservados, embora sejam de época tão antiga, aproximadamente quinze séculos atrás.

Semelhantes a outros templos que conhecemos na Ásia, principalmente no sudeste asiático, a proximidade maior que se poderia

Josué Maranhão

apontar seria com os monumentos e as ruínas dos templos das civilizações maia e asteca, encontrados no México, na área de Chichen-Itza e na Cidade do México, que visitei há mais de vinte anos. Embora construídos no descampado, a céu aberto, o estilo dos templos asiáticos difere daqueles que vi no Egito e na Grécia. Embora não conheça Machu Pichu, pelo que se observa de fotografias, poderia haver algo que lembre também com as ruínas dos incas, existentes no Peru.

As mesmas dúvidas que até hoje intrigam os estudiosos quanto aos métodos utilizados para construção das pirâmides do Egito, à forma de colocação de pedras imensas, pesando toneladas a alturas impressionantes, também tive quando me vi diante dos templos da Indonésia e relembrei o que observara naquelas pirâmides. De fato, é um mistério o método adotado por povos primitivos, que permitiu transportar as imensas pedras e ainda colocá-las nas alturas, sobrepondo-as umas às outras. O mistério é tanto que alguns chegaram a aventar a hipótese de que povos detentores de altíssimo desenvolvi-mento tecnológico, oriundos de outros planetas, teriam estado na Terra há muitos séculos. Fica o mistério para ospreocupados desvendarem.

O sítio arqueológico onde estão os grandes templos indonésios situa-se numa região seca, de vegetação rasteira, com vestígios vulcânicos, certamente decorrência da erupção do vulcão do Monte Merapi, localizado ao norte da cidade de Yogyakarta, enquanto os templos localizam-se a leste da cidade, mas não muito distantes uns dos outros. Existe, ainda, uma corrente de arqueólogos que admite que muitas das pedras usadas nos templos seriam de origem vulcânica.

Baseados nas inscrições encontradas nas pedras das construções, pesquisadores apontam que o conjunto de templos foi construído entre os séculos V e X da era cristã. Acredita-se também que, afora os

Jacarta, Indonésia

locais destinados às orações, os monumentos seriam ao mesmo tempo residências dos reis e das famílias da corte.

As pesquisas arqueológicas indicam que os templos e toda aquela região teriam sido abandonados pelos povos que ali moravam, por volta do século X, ou logo depois. Não há convergência, no entanto, nas opiniões a respeito dos motivos que teriam determinado a mudança da população, que seria muito grande.

Dominada a região, há séculos, pelo reinado hindu de Mataram, a população transferiu-se do Centro da Ilha de Java em direção ao leste da ilha, segundo a corrente mais antiga, em busca de terras mais férteis para exploração da agricultura. A dedicação à construção dos templos e à adoração religiosa, negligenciando os trabalhos na agricultura, teria causado ameaça de fome, daí a movimentação para as terras férteis do leste da ilha. Outra corrente defende que a migração do povo, abandonando os templos que haviam construído com imensos sacrifícios, deixando para trás terras que ocupavam havia séculos, teria sido decorrência da necessidade de estabelecerem o reino mais próximo do grande Rio Brantas, no leste. Isso permitiria o desenvolvimento do comércio com outros povos de nações vizinhas.

A tese mais apoiada, no entanto, é que, vivendo em uma região vulcânica, a corrida para o Leste teria sido a fuga de uma grande erupção do Vulcão Merapi, ocorrência que outros registros da época confirmam.

São três os templos, situados relativamente próximos, sendo o mais famoso o Borobudur, dedicado à religião budista, que alguns chegam a classificar entre as maravilhas da humanidade. A localização do templo, na chamada Região Especial de Yogyakarta, é o Distrito de Borobudur, ao sul da área maior chamada Magelang.

O segundo em importância é o Prambanan, um verdadeiro complexo, com sete templos menores, denominados Ciwa, Wisnu, Brahma,

Nandi, Apit, Kelir e Sudud. Há divergências quanto à divisão do templo maior em outros menores: alguns pesquisadores afirmam que cada um seria dedicado a um deus diferente, enquanto a maioria entende que os nomes seriam de filhos do rei que o construiu. São templos dedicados à religião hindu e a localização oficial é Bokohardjo Village, Prambanan.

O terceiro templo, denominado Rata Buka, também está situado no distrito de Bokohardjo, bem ao sul do templo Prambanan, no alto de um monte. Descoberto depois do templo Prambanan, em 1790, são grandes as dúvidas e divergências a respeito de sua origem. Prevalece a corrente que entende que teria sido inicialmente um templo budista, mais tarde mudado para hindu, quando o rei que o construiu, depois de entregá-lo ao filho príncipe, converteu-se ao hinduísmo e obrigou o filho a trocar de religião. O príncipe teria se casado com uma princesa de religião diferente, daí a mudança. O certo é que o templo tem características das duas religiões, budista e hindu, com prevalência de vestígios do hinduísmo. O nome do templo poderia ser uma homenagem à rainha Buka.

Inegavelmente, o templo Borobudur impressiona e é singular em sua imponência. Tanto assim que um dos estudiosos do tema disse que o "Borobudur é único em seu caminho próprio". Mas a beleza diferente também inspira poesia, daí um artista famoso que o visitou ter dito que o templo "é uma grande flor de lírio, pronta para abrir". Segundo estudiosos, no local do templo existiu um grande lago, a uma altitude de 235 metros acima do nível do mar. Embora não se tenha idéia precisa quanto à data de sua construção, foram encontradas inscrições no Borobudur datadas do ano 842 da era cristã. Tudo indica, no entanto, que o templo teve a edificação concluída somente no século X e que se trata de uma homenagem ao Buda Mahayana. Foi descoberto em 1814. O templo tinha 42 metros de altura, mas só foi possível recuperar peças de até 34,5

Jacarta, Indonésia

metros de altura. Ocupa uma área total de 15.129 m², em forma de quadrado. Foi construído com dez pisos; do primeiro ao sexto, os pisos tem formato quadrado; e, do sétimo ao décimo, são redondos. O templo está ornado com 504 estátuas de Buda, além de 1.460 painéis lavrados na pedra, com motivos religiosos. Foi restaurado pela primeira vez entre 1905 e 1910, tendo sido feita a última restauração no período de 1973 a 1983. Existem informações indicando que o formato e alguns outros detalhes do Borobudur são muito parecidos com um templo budista descoberto no Camboja. Em todos os pontos, existem inscrições e gravuras contando a história dos povos que viveram na região.

O templo Prambanan, ou o complexo de templos com esse nome, é um templo hindu. Existem provas de que na época de sua construção ainda não teria ocorrido nenhum contato dos povos da região com os povos naturais da Índia. Daí a conclusão de alguns estudiosos de que o hinduísmo, como religião, teria existido em várias partes da Ásia, antes mesmo que os indianos o tivessem expandido a partir do território atual da Índia. Na grande parte da Indonésia, ela teria chegado depois do século XII. Não existe uma conclusão exata quanto à época em que teria sido construído o Prambanan, mas inscrições indicam que já estaria edificado no ano 732 da era cristã. Também não há um entendimento a respeito dos povos que teriam construído o templo, divergindo os estudiosos entre as dinastias Cailendra, de religião budista, e Sanyaya, de fé hindu, que teriam existido na área. Alguns apontam que os diversos pequenos templos foram construídos depois do casamento entre um príncipe e uma princesa de religiões diferentes, mas teria prevalecido a orientação hindu, que é, na realidade, o que mais se verifica nos desenhos e inscrições. Com o casamento e a junção das duas dinastias, que teriam existido simultaneamente e que seriam de áreas vizinhas e não de épocas diferentes, teria sido construído no alto

– 157 –

do monte o outro templo, Ratu Baka, onde se encontram vestígios das duas religiões. O Prambanan foi descoberto, em toda a sua extensão, em 1733, estando parte destruída ou danificada. Iniciaramse os trabalhos de restauração em 1885, mas o projeto de recuperação final foi concluído em 1919. Uma restauração mais recente terminou em 1953.

O templo Ratu Baka tem muito de sua história envolta em mistério. O certo é que se encontram vestígios hindus, em maior número, e também inscrições budistas. Existem estudos indicando que originariamente o templo teria pertencido ao rei Rakai Pikatan, que era budista, mas teria sido convertido para o hinduísmo em 856. A principal corrente indica que a mudança foi decorrência de outro casamento entre nobres de religiões diferentes, prevalecendo a da rainha que professava o hinduísmo. Outros acreditam que o rei Rakai Pikatan, suposto construtor do templo Rata Baka, teria sido vencido em guerra por um rei de religião hindu e rebatizado o templo com o nome da rainha, Rata Baka. Uma característica diferente do Rata Baka em relação aos templos da região é a presença de grandes áreas subterrâneas. No subsolo foram encontrados vestígios de um primitivo sistema de irrigação.

NA INDONÉSIA
AINDA EXISTE SULTÃO

Quando alguém fala em sultão, de imediato vem-nos à mente a idéia de histórias antigas, das *Mil e Uma Noites*, ou lembra-se de uma figura mais recente, o sultão do Brunei, até à década passada conhecido como o homem mais rico do mundo. Perdeu o título com o crescimento da fortuna de Bill Gates.

Na Indonésia, no entanto, ainda é possível visitar o palácio de um sultão, pagando-se uma pequena taxa. Se o visitante tiver sorte, poderá encontrá-lo. É até possível que os mais persistentes e dispostos a conseguir uma foto tenham a chance de ver pessoalmente o atual dono do palácio, cujo nome de nobreza é Sri Sultan Hamengku Buwono X.

O sultão Buwono X não tem, todavia, mais o poder e a riqueza que os sultões da Antigüidade possuía. Também não é mais chamado de Sua Majestade, mas é conhecido oficialmente como "Sri" que, em linguagem indonésia, indica um título de nobreza. Convém, no entanto, salientar que a designação parece "democratizada", pois uma de nossas empregadas também tinha o nome de Sri.

O sultão Buwono X mora no palácio que sempre foi de propriedade da dinastia à qual ele pertence. Está situado na cidade de Yogyakarta, capital da Província Especial do mesmo nome e que se localiza na área central da Ilha de Java.

Destituído de quase todos os poderes que já possuiu, atualmente o sultão é governador da Província Especial. E, cúmulo das ironias, o Sultão foi eleito em votação direta em 1998.

Yogyakarta foi fundada em 1755. Está na região conhecida como Mataran. O Vulcão Merapi está próximo à cidade e é motivo de medo para alguns dos moradores, embora a maioria acredite que ele é "pacato" e "manso". A região tem uma população de dez milhões de habitantes, o que dá uma densidade de mil pessoas por quilômetro quadrado. Mas a cidade de Yogyakarta tem quinhentos mil habitantes.

O sultão Homengkubuwono I (escrevia-se, como consta nos livros históricos, um nome só, embora atualmente seja dividido em duas palavras) fundou a cidade e construiu o palácio Kraton no século XVIII. Diz a lenda que, terminada a construção do palácio, o sultão mandou matar o arquiteto que o planejou, para evitar que ele revelasse os segredos da construção, como passagens secretas, túneis, quartos escondidos etc. Quando esse sultão morreu, seu filho rebelou-se contra a dinastia e contra os colonizadores holandeses, tendo sido exilado na Europa e substituído por um de seus filhos. No princípio do século XIX, houve uma grande rebelião, liderada pelo príncipe Diponegoro, que foi dominada pelos holandeses. Como conseqüência, o reinado perdeu quase todos os poderes.

No período entre 1946 e 1949, quando já fora proclamada a independência pelo presidente Sukarno, mas a Indonésia ainda era mantida como uma espécie de protetorado pela Holanda, a capital do país funcionou em Yogyakarta, com a proteção do Sultão de então, Homengku Buwono IX, pai do atual. Ele resistiu bravamen-

Jacarta, Indonésia

te às pressões dos holandeses, sendo mantido preso no palácio até a independência tornar-se uma realidade.

O sultão atual, que teve cargos políticos na ditadura Suharto, rompeu com este e, usando de autoridade moral, teria intermediado as negociações entre os revoltosos e Suharto, em 1998, até que fosse alcançada a renúncia do ditador. No mesmo ano, foi eleito governador.

O palácio do sultão tem muitas atrações, que podem ser vistas em um "tour" de aproximadamente duas horas. Chama a atenção pelos pavilhões revestidos em ouro, além de uma luxuosa e opulenta carruagem, que era transportada por quarenta escravos. O quarto do tesouro conta com artefatos em ouro e uma galeria com fotografias daqueles que mais recentemente tiveram o título de sultão.

A SECULAR TRADIÇÃO DAS MARIONETES

Pelas manifestações culturais ou artísticas dos diversos povos ou nações é possível ter uma noção quanto às suas origens e raízes históricas. Nas visitas a países da Ásia é possível encontrar traços de antiguidade ou manifestações artísticas que revelam antecedentes culturais que datam de muitos séculos, até de antes da era cristã. Da Indonésia, são mundialmente famosos os teatros de marionetes e a dança folclórica. No bairro histórico de Jacarta e também nos museus mais importantes, estão o teatro e museu de marionetes, que é uma das atrações entre as manifestações culturais de origem javanesa.

Em tudo o teatro de marionetes, lá chamado Wayang, assemelha-se ao tradicional "mamulengo", muito conhecido no nordeste do Brasil. O grande diferencial é o período histórico que revivem. Enquanto no teatro de marionetes de Jacarta tanto as figuras como as histórias remontam a períodos anteriores à era cristã, no nosso mamulengo, ou "João Redondo", como é também conhecido, o teatro de fantoches revive episódios da nossa história pós-descobrimento, do colonizador português, ou, ainda, de fatos e lendas a respeito dos povos trazidos para o Brasil no período da escravidão.

No teatro de marionetes de Jacarta, os bonecos representam personagens que teriam vivido por volta do século II antes de Cristo, havendo, ainda, a mistura com animais. Os bonecos são confeccionados com grande esmero.

Na Indonésia existem dois tipos de espetáculos de marionetes: o tradicional, com bonecos semelhantes aos que conhecemos no Ocidente, e o tipicamente javanês, o "wayang kulit", ou "marionetes das sombras", em que os bonecos são movimentados por trás de um pano branco semitransparente, iluminado também por trás, de forma que a platéia vê somente as sombras e não as próprias marionetes. Estudiosos dos costumes indonésios costumam apontar essa forma de arte como representativa do caráter javanês, em que quase tudo é insinuado e nunca dito clara e abertamente.

Além dos bonecos, são elementos fundamentais o artista que manipula e faz os movimentos dos bonecos, conhecido como "Dalang", e a orquestra "Gamelam". Além de movimentar os bonecos, o Dalang narra as histórias em voz pausada, sendo ainda o responsável pelo acionamento da orquestra. Assim, conforme o andamento da história, por meio de aplausos, ele indica para a orquestra qual melodia deve ser tocada.

Trabalhando atrás das cortinas, o Dalang exerce as suas três funções, durante horas seguidas, em posição incômoda, sentado no chão com as pernas cruzadas. A narrativa das histórias, a manipulação dos bonecos e o controle da orquestra são ensinamentos transmitidos hereditariamente há séculos, não existindo escola especializada para formação do maestro. Também não há livros para ensinar a arte e a técnica.

A orquestra Gamelan é composta de vários instrumentos de percussão, de tamanhos e tipos os mais diferentes, que emitem vários sons, com melodias de beleza impressionante. Das histórias contadas no teatro de marionetes, duas são mais tradicionais: a *Ramayana*

Jacarta, Indonésia

e *Mahabharata*. Ambas contam a vida de príncipes, princesas, raptos, lutas e, sempre no final, a vitória do bem.

A *Ramayana,* um dos mais importantes textos literários da Índia, transmitido oralmente através dos séculos, é um poema épico que conta histórias da origem do hinduísmo, cultuado na ilha de Java antes do surgimento do islamismo, e que até hoje tem influência sobre a política, a religião e a arte da moderna Índia.

O *Mahabharata*, o épico nacional da Índia, conta a história de uma grande guerra que estabeleceu o fim de uma era – a "dvapara yuga", era dos heróis e valores nobres – e o início de outra – a atual "kali yuga", era em que os valores são diminuídos, a lei torna-se fragmentada e perde poder, e o mal ganha força.

Como também era comum nas apresentações teatrais da Idade Média, a narrativa dos fantoches procura transmitir regras de moral. O que impressiona no *Mahabharata* é que o enredo revela princípios de ética e até de direito natural que as civilizações modernas somente alcançaram e colocaram em práticas séculos depois, já na era cristã.

O museu de marionetes de Jacarta, junto com os espetáculos de dança e exibições de orquestras Gamelan em Bali, trazem para a atualidade faces da história do povo, em suas origens mais primitivas. São espetáculos que merecem ser vistos.

Parte V

Vulcões e outros passeios pela Ásia

OS VULCÕES DA INDONÉSIA

A Indonésia é um dos países com o maior número de vulcões no mundo. Pelo menos no que diz respeito aos chamados "vulcões ativos" – como são considerados aqueles que se movimentaram ou que tiveram erupções nos últimos cinco anos –, a Indonésia está em primeiro lugar no mundo.

Vulcão é, portanto, mais uma atração turística, principalmente para aquele turista com espírito mais aventureiro, explorador. Sempre atraem muitos fotógrafos e cinegrafistas em busca de imagens diferentes. Nas diversas ilhas do arquipélago da Indonésia, existem 25 vulcões, alguns em locais remotos, ilhas distantes.

Para se ter idéia do que é ali a movimentação dos vulcões, somente nos três primeiros anos deste século ocorreram erupções em doze dos vulcões. Embora provoquem medo permanente para os que moram em suas proximidades, os vulcões permanecem silenciosos e calmos. O pânico, no entanto, vem rápido quando se ouvem os primeiros barulhos e se sentem os movimentos iniciais. É quando a maioria foge.

No perímetro de Jacarta, onde residimos, não existem vulcões, mas eles não estão muito distantes. Dos muitos vulcões existentes, conheci apenas três, dois a uma distância relativa e apenas um bem mais próximo: o Krakatau, o Merapi e o Tangkubanparahu. Afinal nunca fui pesquisador de vulcões, tarefa do meu amigo Luiz Mazzon, excelente fotógrafo amador, que sempre admirei pela coragem de, a cada folga maior no trabalho, viajar para lugares remotos, alguns com acesso muito difícil, para ver de perto e fotografar esses fenômenos naturais. A recompensa é que, além do imenso arquivo, teve algumas de suas fotografias publicadas em importantes revistas internacionais. Dele tenho com orgulho em uma das paredes de casa uma bela fotografia do Vulcão Merapi expelindo uma nuvem de fumaça, mostrando um camponês indonésio caminhando descalço, à frente do vulcão, fumando placidamente o seu cigarro.

KRAKATAU

Dos vulcões que conheci, o mais próximo de Jacarta é o Krakatau, famoso mundialmente. Está localizado no Estreito de Sunda, entre as ilhas de Java (onde se localiza a cidade de Jacarta, a capital) e Sumatra (a maior ilha do arquipelago indonésio), visível a olho nu da praia de Anyer. Essa localidade está distante aproximadamente quarenta quilômetros de Jacarta e é de onde partem barcos com turistas que vão ver de perto o imenso vulcão. Passam o dia inteiro expostos ao sol, retornam parecendo pimentões vermelhos, reclamando das queimaduras. Dizem que, além da exposição, o próprio ar em torno do vulcão favorece o aumento dos efeitos do sol na pele humana.

Os especialistas dizem que, por volta do ano 416 da era cristã, uma grande erupção teria dividido a grande Ilha Krakatau – onde está situado o vulcão – em três outras, sendo uma delas a própria Krakatau e as duas outras chamadas Verlaten e Lang. Desde 1927, seguidas explosões formaram uma ilhota, chamada Anak Krakatau

Jacarta, Indonésia

(Krakatau criança), que hoje serve de apoio para os pequenos barcos de turistas que por lá passeiam.

O Estreito de Sunda, onde está situado o Krakatau, é uma das mais importantes rotas marítimas comerciais do mundo, além de ser local de freqüentes pesquisas marinhas e geológicas. O Krakatau ficou famoso mundialmente em decorrência da grande erupção ocorrida em 27 de agosto de 1883, que, segundo alguns, teria sido a maior já verificada no planeta. A grande erupção matou mais de trinta mil pessoas e provocou alterações no clima mundial, com efeitos nos mais longínquos pontos do planeta. Ondas oceânicas de até quarenta metros de altura foram também uma conseqüência. A explosão de 1883 chegou a ser ouvida em locais distantes, como nas Filipinas e em Madagascar. Estudos científicos dizem que o poder da grande explosão teria sido equivalente ao de uma bomba atômica de mais de 21 mil toneladas.

O Krakatau ficou também conhecido pelo nome de Krakatoa, em decorrência de um erro de transmissão de um telegrama. Quando ocorreu a grande erupção em 1883, no primeiro telegrama recebido por um jornal em Londres, dando conta do evento, houve troca das letras finais e, em vez da sílaba "au", constou "oa". O erro tem provocado confusões e muitos conhecem o vulcão pelo nome errado. Aliás, "Krakatoa" foi o título usado no famoso filme de Hollywood que conta a história da erupção, considerada uma das grandes hecatombes da humanidade.

O Krakatau nunca permaneceu muito tempo inativo. Os estudos geológicos indicam que, desde o ano 250, quando teria ocorrido a primeira erupção registrada, até o ano de 2002, já teriam ocorrido 59 erupções, considerando-se apenas aquelas das quais existem registros confiáveis.

Há uma lenda na região que diz que o Krakatau acorda a cada três anos, pelo menos, mas há muitos registros de explosões ocorridas em anos seguidos.

Permanentemente vêem-se nas proximidades ou ao pé do vulcão, equipes de cientistas que ali realizam estudos os mais diversos. Em decorrência, existe uma farta literatura a respeito, seja de caráter científico, seja de ficção.

MERAPI

O Vulcão Merapi está localizado próximo à cidade de Yogyakarta, onde estive mais de uma vez, e perto também da área onde estão os famosos templos históricos.

Na classificação científica, o Merapi é um vulcão sempre ativo, mas nunca teve erupções gigantescas, como a ocorrida no Krakatau. As erupções são quase que permanentes. Por exemplo: a explosão iniciada em 1987 durou pelo menos quinze anos. De forma contínua expele fumaça branca, ocorrendo pequenos movimentos e barulhos esporádicos, o que não chega mais a assustar a população.

Apesar do seu aspecto pacato, o Merapi tem 68 erupções registradas desde 1548, onze delas com vítimas fatais. É também um ponto de atração turística e parada obrigatória para os turistas que viajam para conhecer os templos históricos ou para visitar o palácio do sultão. Apesar da atividade permanente, não provoca medo entre os moradores da região.

TANGKUBANPARAHU

"Navio virado" é o nome pelo qual é conhecido popularmente o vulcão Tangkubanparahu, também chamado de "Xícara". Foi o único dos famosos vulcões da Indonésia que cheguei a visitar de perto, em 1997. Tanto um apelido quanto o outro retratam a

Jacarta, Indonésia

forma do vulcão, que é totalmente diferente da figura tradicional dos vulcões, geralmente situados em montes, com a cratera no ponto mais alto.

Pelo que observei, o nome "Navio virado" seria o mais apropriado para definir a imagem do vulcão. Basta imaginar-se um navio com o fundo para cima, com uma grande abertura, que é a cratera principal do Tangkubanparahu. Próximo à cidade de Bandung, cerca de 130 km de Jacarta e uma das maiores da Ilha de Java, o vulcão tornou-se atração turística, com visitação permanente. Está situado em um buraco, uma espécie de vale, próximo a uma área de serra, bem mais alta.

No local mais próximo possível do Tangkubanparahu, foi construído um mirante de onde se pode ver, de cima para baixo, a olho nu, a cratera principal, a uma distância de não mais do que cinqüenta metros. É um espetáculo impressionante olhar para aquela abertura na terra e ver lá dentro aquela pasta fervendo. Na realidade, para melhor definir o que é a cratera, imagine-se olhando um grande caldeirão no qual se cozinha uma feijoada. É a imagem que ficou em minha memória.

A cratera a que me refiro é somente uma delas, a maior. Existem ao redor da elevação, ou seja, do corpo do que seria o "navio", diversas outras crateras menores. Somente quatro delas têm tamanho razoável, com cerca de três metros de diâmetro.

Uma das atrações turísticas é que, no mirante, existem minúsculas crateras, pequenos buracos no solo, de onde sai fumaça muito quente, e, para chamar a atenção, garotos fazem exibições fritando ovos em pequenas e rudimentares panelas. De fato, o ovo frita em menos tempo do que em um fogão convencional. O mais importante para os garotos é que, chamando a atenção dos turistas, eles conseguem vender melhor as suas bugigangas. Como em todo ponto turístico, no mirante foram construídas diversas barracas onde

– 173 –

são vendidas lembranças, inclusive bijuterias feitas com lava do vulcão, sem falar em camisetas, broches, chapéus e muita coisa mais.

Segundo os registros científicos, o "Navio virado" já teve dezessete erupções, desde 1826, mas não existe nenhuma informação sobre vítimas fatais.

O TIMOR LESTE E SEU POVO

Confesso que, ao mudar para a Indonésia, conhecia muito pouco a respeito de Timor Leste. Sabia apenas que era uma ex-colônia de Portugal e que estava situado próximo à Indonésia.

Na época em que chegamos a Jacarta, Timor Leste ainda era uma província da Indonésia, governada com mão de ferro pela ditadura. Seu povo era mantido subjugado, sem nenhum respeito aos direitos humanos, num regime de quase escravidão. Na época, todos foram surpreendidos pela concessão do Prêmio Nobel da Paz de 1996 a dois defensores da causa da independência de Timor: o bispo católico Carlos Felipe Ximenes Belo e o professor José Manuel Ramos-Horta.

O episódio provocou a ira do ditador Suharto, que passou a explorar ainda mais o povo de Timor, além de ameaçar de prisão o bispo, o que não ocorreu graças à interferência de importantes líderes mundiais e organismos internacionais, inclusive do Vaticano. Enquanto isso, Ramos-Horta, que já residia havia anos no exterior, continuou longe do Timor, atuando em prol da causa da libertação do seu povo.

Josué Maranhão

A concessão do prêmio despertou em mim a tal curiosidade de jornalista e me fez pesquisar mais sobre a história da região hoje independente.

O Timor Leste ocupa a metade de uma ilha situada entre a Indonésia e a Austrália, com área de aproximadamente vinte e quatro mil quilômetros quadrados. Na época, não se tinha idéia exata a respeito de sua população, calculada em torno de quinhentas mil pessoas; hoje se sabe que são oitocentas mil pessoas. A outra metade da ilha, chamada simplesmente Timor, era e ainda é parte da Indonésia. A capital de Timor Leste é a cidade de Dili.

Historicamente, o que se sabe é que a ilha, desde os primeiros tempos, era habitada por povos primitivos típicos, como aqueles existentes no sudeste da Ásia, na Indonésia, Malásia e em países vizinhos. Quando foi "descoberta", seu povo já trabalhava com minério de ferro e desenvolvia sistema de agricultura considerado sofisticado para a época.

Os portugueses foram os primeiros a chegar ao Timor, no século XVI, mas ocuparam somente a metade da ilha, enquanto a outra metade foi ocupada pela Holanda, por meio da Companhia das Índias Orientais. Durante a Segunda Guerra Mundial, a ilha do Timor foi ocupada pelos japoneses, o que, aliás, aconteceu também com a Indonésia e a maioria das ilhas e países da região. Os invasores nipônicos permaneceram no Timor até o fim da guerra, em 1945.

Encerrado o conflito, Portugal reassumiu o controle do Timor e assim continuou até 1975. Com o fim da ditadura em Portugal, na famosa Revolução dos Cravos, e considerando uma série de circunstâncias que aqui não cabe discutir, o governo português afastou-se da administração do Timor, como ocorreu com outras ex-colônias, principalmente aquelas localizadas na África. O Timor Leste teve, então, um curto período de total independência. Desaparecendo a figura do colonizador português, o povo considerou-se

– 176 –

Jacarta, Indonésia

independente e constituiu até um governo provisório. Mas a felicidade durou pouco, pois rapidamente a Indonésia invadiu a ilha e transformou-a em sua 27ª província, em 1976.

Houve forte resistência do grupo rebelde Frente Revolucionária pela Independência do Timor Leste (Fretilin), que já vinha lutando contra a ocupação portuguesa desde o início da década de 1970. As forças da Indonésia, porém, derrotaram a resistência da Fretilin e consolidaram a ocupação. O líder dos rebeldes, conhecido como Xanana Gusmão, que esteve foragido após a derrota na luta travada nos anos 70, foi capturado pelos indonésios em 1992 e permaneceu preso até 1999, quando ocorreu a independência do Timor Leste. O governo timorense, hoje, estima que a dominação indonésia resultou na morte de 200 mil pessoas, enquanto Jacarta admitia um número quase insignicante.

Após anos de resistência à violenta dominação indonésia e forte pressão internacional, o Timor Leste libertou-se da Indonésia em 1999, mas só depois de viver um grande massacre, realizado por milicianos armados pelo governo indonésio, na época em que se realizou um plebiscito que aprovou a independência. O massacre teve grande repercussão internacional. Nesse período, eu já não me encontrava na Indonésia, de onde havia saído em 1998. Ocupado por forças internacionais da ONU, o Timor Leste ficou sob administração do organismo internacional, representado pelo brasileiro Sérgio Vieira de Melo, depois morto em um incidente terrorista no Iraque. Em 2000, tornou-se, finalmente, um novo país, tendo como presidente da República o líder rebelde Xanana Gusmão.

Na busca por informações a respeito do que ocorria no Timor Leste, fiz contatos, nas festas de brasileiros que ocorriam mensalmente, com um casal timorense, ele advogado, e ela, antropóloga. Ambos residiam em Jacarta. Ele era funcionário de um órgão do governo da Indonésia, e ela prestava serviços em uma organização

– 177 –

não-governamental. Nos primeiros contatos, eles foram muito arredios, sempre evitando conversar a respeito do que ocorria no Timor, recusando-se, sobretudo, a comentar se havia algum movimento subterrâneo em favor da independência. Afinal, não sabiam quem eu era e poderiam desconfiar que fosse alguém a serviço da ditadura. Além do mais, eles tinham família ainda residindo no Timor Leste. Mas, aos poucos, fui ganhando a confiança (ajudado por alguns goles a mais de uísque que servia ao colega advogado) e passei a ouvir os relatos sobre a vida naquela ilha.

Na época em que estava na Indonésia, não ocorreram grandes conflitos ou lutas no Timor. Havia paz, mas aquela imposta pela Indonésia, que massacrava o povo timorense, explorado e perseguido pelas forças da ditadura de Suharto, sem que houvesse nenhuma possibilidade de manifestação efetiva da resistência. Em um dos encontros com o meu amigo advogado, mostrei-lhe textos de mensagens que havia recebido do Brasil, via e-mail, a respeito de combates, lutas e massacres que estariam ocorrendo no Timor Leste. Para ele, foi uma surpresa total. Embora morasse em Jacarta, meu amigo mantinha contatos permanentes com a família na ilha. Pelos relatos que recebia, o povo era mantido totalmente sob controle, sem condições de se levantar contra as forças de ocupação da Indonésia nas dimensões do que era descrito. Foi o que ele me disse, o que sua esposa confirmou e o que me parecia bastante coerente.

De tal forma, convenceu-me que era até impossível que estivessem ocorrendo os fatos narrados, até porque nem haveria líderes no Timor Leste para que houvesse tal manifestação. Os líderes ou tinham sido mortos ou estavam presos.

Cheguei a falar sobre a situação do Timor Leste com representantes diplomáticos do Brasil em Jacarta, que, como eu esperava, disseram-me da total impossibilidade de qualquer intervenção junto ao governo da Indonésia, em respeito às leis internacionais e às

Jacarta, Indonésia

regras da diplomacia. Além disso, alertaram-me para não dar tanta atenção a relatos que circulavam na internet a respeito de supostos combates. Aqueles relatos não seriam novos e, há anos, estariam se repetindo, aparecendo durante alguns meses, depois sumindo, para ressurgirem adiante.

Aliás, na época, procurei informar-me com outros membros da comunidade brasileira na Indonésia sobre o que sabiam ou o que pensavam a respeito do Timor Leste. Resultado: ninguém sabia de nada, ninguém apresentava nenhum interesse especial.

Inicialmente, fiquei sabendo que somente uma minoria insignificante, menos de 5% da população, falava português, especialmente os mais velhos. Revelou-me meu amigo que ele e sua mulher tinham apenas rudimentos de português, que era falado por seus avós, e que só depois de adultos eles interessaram-se pelo idioma e vieram a aprendê-lo, quando estudaram na Europa, onde haviam se formado. Na época, tomando conhecimento de que a ditadura da Indonésia havia proibido que se falasse português no Timor Leste e, mais ainda, vetado o ensino da língua, procurei saber se o pequeno percentual de pessoas que falavam português não seria uma decorrência da perseguição do governo indonésio.

Para esse amigo, na realidade, o desinteresse do povo do Timor Leste pelo idioma português existia muito antes da dominação da ilha pela Indonésia. Tanto assim – deixou bem claro – que ele e sua mulher não conheciam pessoas com menos idade do que a dos seus avós, ou seja, gente com menos de sessenta anos, que falasse português. O povo – adiantou – preferia falar os diversos dialetos existentes nas comunidades, alguns muito antigos, anteriores à ocupação da ilha pelos portugueses. Disse ainda que o desinteresse pelo nosso idioma, segundo ele entendia, poderia ser uma forma silenciosa de demonstrar a animosidade que o povo tinha com relação ao colonizador.

– 179 –

Josué Maranhão

A imagem de Portugal não era boa entre o povo do Timor Leste, tanto assim que a luta pela independência, liderada por Xanana Gusmão, havia começado quando a ilha ainda era colônia de Portugal (um dos motivos que impulsionaram a Revolução dos Cravos foi, justamente, o fortalecimento dos movimentos rebeldes nas colônias, especialmente nas mais importantes, ou seja, as africanas). No geral, explicou, o povo entendia que Portugal sugara tudo o que fora possível e muito pouco deixara em troca na colônia. Falou ainda da reclamação do povo quanto aos minérios que permanentemente eram levados do Timor para Portugal, principalmente ferro. Segundo esse amigo, inexistiam no Timor benfeitorias deixadas pelos portugueses. Tudo que lá havia tinha sido construído pelos próprios timorenses, principalmente antes da dominação pela Indonésia.

Quanto ao Brasil, disse-me que muito pouca gente no Timor tinha idéia do que era o nosso país, onde ficava ou o que representava de vínculo com eles. Descontentes com os portugueses, chegou a raciocinar o amigo, perguntando, por qual motivo o povo do Timor se sentiria vinculado com o Brasil? Aliás, foi uma grande surpresa para ele saber, por meu intermédio, que no Brasil fazia-se campanha em favor do Timor Leste, que era chamado de "país irmão", como eu já escutara e havia lido. "Irmão em quê?", perguntou, arrematando: "O único vínculo é o colonizador". São as palavras dele que guardei. Aliás, que anotei, pensando em usá-las depois e levando em conta que naquela época não confiava muito na memória.

Assim, parece-me que o apoio que Portugal, especialmente, Brasil e outros países de língua portuguesa deram à causa da independência do Timor Leste, sobretudo na década de 1990, não tinha, na região, o mesmo peso que parecia ter na comunidade internacional. De alguma forma, no entanto, isso pode ter mudado, desde a independência, com a forte presença de portugueses e brasileiros, muitos deles voluntários, na administração do novo país.

Jacarta, Indonésia

Outra revelação foi em torno do laureado Ramos-Horta. Não era boa a sua imagem junto ao povo do Timor , segundo me disse o casal. Agraciado com o Prêmio Nobel em 1996, ele vivia no exterior, viajando e fazendo palestras e contatos a respeito do Timor. Funciona como uma espécie de "embaixador *ad-hoc*", procurando divulgar no exterior a causa da independência.

No Timor Leste, no entanto, esse papel era entendido com uma fuga da luta real. Dizia-se, por exemplo, que, enquanto o verdadeiro líder, José Alexandre Gusmão, o Xanana Gusmão, ou Kay Rala Xanana, seu nome no dialeto local, permanecia na prisão da ditadura de Suharto, estava Ramos-Horta cruzando os ares em viagens de avião. Os timorenses – pelo menos foi isso que pude depreender das conversas – gostariam que o Nobel tivesse sido concedido somente a Xanana ou, no máximo, dividido entre ele o bispo, a quem respeitavam muitíssimo. Belo, que dividiu o prêmio com Ramos-Horta, voltou para sua diocese em Dili e ali permaneceu, ao lado do seu povo, enfrentando a ira e as ameaças de prisão que se repetiam a cada dia. Isso explica o imenso prestígio do religioso junto ao povo do Timor Leste, superado apenas pela verdadeira adoração devotada ao líder Xanana Gusmão.

Desde o primeiro momento, após a Independência, nunca houve nenhuma dúvida, quer internamente quer no restante do mundo, de que o líder do povo timorense era Xanana Gusmão. Tanto assim que foi eleito o primeiro presidente da República, em eleição em que praticamente não teve competidor.

BALI, O PARAÍSO NA TERRA. SERÁ?

A Ilha de Bali é o melhor exemplo que se conhece para confirmar que, quando a ação do homem completa o que a natureza fez de bom, o resultado é a formação de algo excepcional. No caso, é a construção do verdadeiro paraíso na terra. De fato, a natureza foi muito pródiga em favorecer a Ilha de Bali com inúmeras paisagens muito bonitas. Uma combinação de praias e montanhas, tudo contribuiu para dotar o lugar do prestígio que desfruta internacionalmente e que o transformou num dos maiores pontos de atração turística do mundo.

Como amostra do que é o prestígio da ilha, quase todas as vezes que ouvi alguém fazendo comentários a respeito de Bali, em várias partes do mundo, tive a preocupação de perguntar onde estava situado o "paraíso" tão cantado em prosa e verso. As respostas que escutei vêm comprovar que, na realidade, Bali adquiriu prestígio de forma inteiramente autônoma.

Bali é Bali, e pronto!

Poucas pessoas sabem que Bali faz parte da Indonésia. Ouvi respostas as mais descabidas, desde quem disse que Bali era uma praia

Josué Maranhão

famosa da Riviera francesa, outros que a situaram na África e até quem afirmasse que a Ilha de Bali está situada na Argentina. Mas assim também já é demais: logo na Argentina!

Para deixar tudo acertado a respeito de Bali, aí vão algumas referências.

A Ilha de Bali, que pertence ao arquipélago da Indonésia, está situada a somente oito graus da linha do Equador, o que garante um clima bem tropical, com temperatura sempre beirando os trinta graus Celsius, com poucas variações.

Está localizada no Oceano Índico, muito próximo e a leste da Ilha de Java, a principal da Indonésia. A área total da Ilha de Bali é de 5.632 km².

A proximidade com centros muito populosos é um fator que contribui para o grande afluxo de turistas. Está a apenas uma hora e quarenta minutos de vôo de Jacarta, duas horas e cinco minutos de Cingapura, três horas de Perth, na Austrália, e quatro horas de Hong Kong.

Consideradas as populações imensas de alguns desses lugares, pode-se calcular como é grande o número de turistas que vai para Bali. Além de atrair turistas do mundo inteiro, durante todo o ano, a proximidade da Austrália determina que dali venha a grande maioria dos turistas.

E haja cerveja para tantos australianos.

Com uma área territorial relativamente pequena, a população de três milhões de habitantes fixos e mais o grande número de turistas fazem com que seja muito alta a densidade demográfica. Os vestígios mais antigos encontrados na ilha indicam que era habitada desde a Idade da Pedra.

Em Bali, como na maioria das ilhas da Indonésia, nos primeiros tempos os povos eram de religião hindu, disso havendo vestígios desde épocas muito antigas. No entanto, ao contrário do restante

—184—

Jacarta, Indonésia

do país, onde a religião com mais adeptos, atualmente e já há muitos anos, é o islamismo, em Bali o hinduísmo sempre foi e continua sendo a religião da maioria da população. A explicação histórica é que, quando alguns povos indianos, de religião diferente do hinduismo, invadiram a Ilha de Java e a maioria das outras ilhas da Indonésia, implantando quase que compulsoriamente a religião muçulmana, encontraram forte resistência do povo de Bali e desistiram. Ocorreu, então, que além de ser mantido o hinduismo, aumentou ainda o número de seus adeptos, de modo que a maioria dos artistas, artesãos e outras pessoas com maior desenvolvimento intelectual fugiram de outras ilhas da Indonésia para a Ilha de Bali, recusando-se a adotar o islamismo.

No século XVI os holandeses ocuparam toda a Indonésia, invadiram Bali e ali pretendiam manter um importante porto comercial. Houve forte resistência, mas prevaleceu a colonização da Holanda.

Concentrada a maior parte da população nas praias, ali começou a ser explorado o turismo. No entanto, no centro da ilha existe exploração agrícola, com o cultivo, principalmente, de arroz, chá e café. Existe pecuária apenas para o consumo local, e a pesca é muito desenvolvida, em escala maior do que em outras ilhas da Indonésia.

Os balineses mantêm muitos e belíssimos jardins. Ao que se diz, o hábito seria um pouco de herança dos holandeses, mas as flores são usadas principalmente para as oferendas religiosas, costume muito arraigado na população, sendo comum a todo tempo encontrar mulheres caminhando em fila indiana carregando grandes e bonitos arranjos de flores na cabeça, que serão depositados nos milhares de templos que existem na ilha. Além disso, é muito comum se encontrar nas calçadas e nas entradas das casas pequenos cestos contendo comidas e arranjos de pequenas flores, como oferendas para os deuses. O interessante é que, certa vez, observamos que em muitos locais havia os tais cestos colocados no alto de pequenas

Josué Maranhão

muretas divisórias e outros embaixo, no chão, um pouco mais feios. A explicação que nos deu o guia turístico foi que os cestos que estão em local mais alto são oferendas para os deuses do bem e os que estão embaixo são para os deuses do mal, e todos merecem receber oferendas, aqueles porque são bons e estes para que não façam o mal.

O que mais chama a atenção em Bali são os espetáculos de dança. Existem os mais diversos tipos, alguns muito conhecidos, como a dança das sombras e as orquestras Gamelan, expressões artísticas muito semelhantes ao que já havia assistido no Teatro de Marionetes, em Jacarta.

As cerimônias do casamento, como ocorrem em todos os lugares de prevalência da religião hindu, são muito bonitas e, em Bali, como tudo gira em torno do turismo, os rituais foram aperfeiçoados, ficando mais interessantes e suntuosos. Os mais radicais reclamam que a prática deturpou as regras do típico casamento pelo rito hindu, que é mantido pelos fiéis de outros locais, inclusive fora da Índia. O certo é que, normalmente, a cerimônia do casamento demora, com todas as festas, em torno de três dias.

Outra atração para os turistas são as cerimônias dos funerais. O mais comum, como ocorre em todos os lugares de culto hindu, é a cremação. Grande número de pessoas sai do local do falecimento levando o caixão em cortejos coloridos e ruidosos com muita música típica. Como a crença popular ensina que o corpo humano é composto de três partes, física, mental e espiritual, o cortejo vai até o local apropriado, onde o corpo é sepultado. Este permanece enterrado somente por um tempo, contado conforme as fases da Lua, que varia conforme os anos do morto. Quanto mais velho, mais tempo enterrado. Vencido o tempo, quando o espírito e os poderes mentais já tiverem abandonado o corpo, conforme a crença popular, ocorre a cremação. O caixão é colocado em uma armação feita com galhos de árvores, aproximadamente da altura de um homem,

Jacarta, Indonésia

e depois, seguindo longo e alegre ritual, com muita dança e música, é ateado fogo. Aliás, quando abordei a diferença do ritual com o que é seguido pelos hindus indianos, na própria Índia, onde a cremação do corpo é praticamente imediata, pouco depois do falecimento, no máximo após um velório de um ou dois dias, explicaram-me: o que é feito em Bali seria a regra do ritual antigo do puro hinduísmo, enquanto na Índia, ante a impossibilidade de manter o corpo insepulto, foi abreviado o tempo entre o falecimento e a cremação.

Em toda a Ilha de Bali, ao que se calcula, existem mais de vinte mil templos. A grande maioria são minúsculos, apenas um pequeno altar montado no fundo do quintal de casa, ou de grupos de casas mas, existem templos grandes e muito bonitos, alguns construídos em torno do Século X, inclusive um deles que está localizado no alto de um morro e que é uma das maiores atrações turísticas da ilha, no local denominado Tanah Lot.

A língua predominante em Bali, oficial e falada por todos, é o indonésio. Mas uma pequena minoria fala também o dialeto balinês.

Bali tem ainda um grande número de museus. Existem em torno de dez, de porte médio para grande, com exposições permanentes as mais variadas, sejam históricas, de pinturas de diversas espécies, de arte em geral. De todo tipo, enfim.

Além da capital, Denpasar, onde está localizado o aeroporto, de grande movimento com vôos internacionais, são, claro, pontos de destaque na Ilha de Bali as praias, em especial Kuta e Nusa Dua. Em Bali estão os maiores, os melhores, os mais luxuosos hotéis e resorts do mundo e, naturalmente, também os mais caros. Mas, é possívem também encontrar hospedagens dos mais diversos tipos e preços. A maioria dos hotéis concentra-se nas praias de Jimbaran Bay e Sanur, que também são belíssimas.

A ilha possui grande número de artistas e artesãos. Certamente como estratégia para facilitar a vida dos turistas, o que é mais uma

Josué Maranhão

forma inteligente de atração, há distritos específicos para cada tipo de trabalho. Assim, existem os locais de concentração de pintores, com exposições de todo tamanho e gosto, e, obviamente, com os preços mais variados concentrados no distrito de Ubud. No distrito de *Mas* estão os trabalhos em madeira, setor em que existem coisas belíssimas, completamente diferentes, com detalhes somente encontrados nos trabalhos em madeira feitos na própria Indonésia, mundialmente conhecidos. Em outro ponto, misturando arte, artesanato e artigos inteiramente comerciais, estão concentrados os trabalhos em prata e ouro. A grande maioria é em prata, com imensa variedade, seja de qualidade, novidades, originalidade, criatividade, e, mais uma vez, preços. Kuta é o centro da ilha. Ali estão grandes lojas, muitos *nigthclubs*, o comércio em geral, principalmente milhares de barracas, onde são vendidos os artigos mais comuns em todos os pontos de atração turística.

Resumindo, numa pergunta: Bali é, de fato, o lugar mais bonito do mundo?

Tenho a audácia de responder: se o que se classifica como bonito for apenas o quesito beleza natural, tranqüilamente a resposta é não. Para tanto, lastro-me em milhares de lugares que já vi em minhas andanças pelo mundo afora, mais de vinte países e quase a totalidade dos Estados do Brasil, exceção apenas de Roraima e Amapá.

Beleza natural existe igual ou mais do que em Bali, em muitos lugares, inclusive e principalmente no Brasil. O que explica, então, a classificação de Bali como o "Paraíso Terrestre?" Nada mais, nada menos, do que a junção daquilo que a natureza proporcionou e a ação eficaz do homem. O que se fez em Bali na realidade foi um trabalho intenso e eficaz de elaboração, preparação, construção, tudo enfim, para atrair turistas, e que deu o resultado que é conhecido. Além disso tudo, uma intensa divulgação a respeito de Bali fez-se permanentemente em todo o mundo.

Jacarta, Indonésia

A preocupação do povo e do Poder Público com a imagem de tudo em Bali é tanta que existe uma regra, rigidamente obedecida, que não permite que nenhuma construção nas praias tenha altura maior do que a dos muitos coqueiros existentes na região. Dessa forma, além de ter sido preservada a paisagem, não foi permitido que lá acontecesse o que ocorreu em muitos lugares do mundo, onde os espigões de imensos edifícios enfeiaram e esconderam belíssimas praias.

PRESENÇA DE PORTUGAL NA ÁSIA

Quem sabe, levado por um atavismo um tanto enviesado, logo quando cheguei pela primeira vez à Indonésia e descobri que os portugueses haviam ajudado a "descobrir" a região, a presença de Portugal, historicamente, naquele distante lado do mundo, despertou-me imensa curiosidade.

Ainda antes da mudança, procurei informar-me melhor e descobrir as respostas para as perguntas básicas que todo repórter novo aprende que deve responder, quando se propõe a escrever uma reportagem. Ou seja, nesse caso precisava saber tudo que estivesse relacionado à presença dos irmãos portugueses naquela região.

Instalados em Jacarta, começamos a planejar as viagens que pretendíamos fazer pela região, e procurei incluir nos roteiros os três lugares que os portugueses haviam"descoberto" ou, pelo menos, colonizado: Malaca, na Malásia, Goa, na Índia, e Macau, na península ao sul da China. Embora fosse muito mais próximo de Jacarta, não podia incluir o Timor Leste no roteiro, pois, naquela época, era, ainda, uma das províncias integrantes da Indonésia e sabia das dificuldades de acesso que o governo impunha aos estrangeiros.

Josué Maranhão

Consegui cumprir o objetivo: visitei as três ex-colônias de Portugal. Satisfeita a curiosidade, muita coisa interessante descobri e algumas confirmei.

Comprovei, por exemplo, que não foi muito o que os portugueses deixaram de herança nas ex-colônias asiáticas, mas observei também que alguns traços da arquitetura de muitos lugares é muito semelhante àquela que se encontra no Brasil, principalmente em alguns Estados do Nordeste, como Maranhão, Pernambuco e Bahia.

A ausência de herança não me surpreendeu, conhecendo, como já conhecia bem, o sistema de colonização adotado pelos portugueses no Brasil: a colonização de exploração das riquezas e dos recursos que podiam ser transferidos para a corte.

A surpresa maior que tive, no entanto, foi comprovar que o Brasil, comparativamente com aquelas três colônias, foi quem mais guardou as lembranças de Portugal. A herança que Portugal deixou no Brasil é marcante. No entanto, é evidente que, afora o aspecto material, a herança de Portugal no Brasil é acentuada culturalmente, o que diferencia o nosso país das ex-colônias de Portugal na Ásia. Para tanto, foi de fundamental importância a transferência da corte de Lisboa para o Rio de Janeiro, com a fuga de D. João VI, escapando às pressas da "terrinha" ante a ameaça de invasão pelas tropas de Napoleão. Ao retornar à Europa, D. João VI deixou o seu filho Pedro I, que, logo depois, proclamou a Independência e instituiu um Império no Brasil. Tenho ainda uma simpatia pela figura de D. Pedro II e o que fez pelo desenvolvimento cultural do país, e por sua filha, Isabel, que, sensível às justas e cada vez mais poderosas pressões populares, aboliu formalmente a escravidão. Tudo isso fazia de D. Pedro II merecedor de um tratamento mais humano do que aquele que recebeu dos generais que proclamaram a República e o escorraçaram.

Entre as quatro ex-colônias, o Brasil é a única onde a língua portuguesa é a predominante e é o idioma falado em todos os qua-

– 192 –

Jacarta, Indonésia

drantes do país. É até batizado como idioma oficial, inovação do sistema cartorial brasileiro, de vez que, na maioria dos países, não existe "língua oficial". Oficial é a língua mais falada, independentemente de uma lei, um decreto ou um regulamento que o diga.

Na realidade, na minha cabeça não encontrei uma explicação lógica e racional para o fenômeno ocorrido com o Brasil. Apesar das invasões de franceses e holandeses, da proximidade com as outras nações sul-americanas, onde, em quase todas, fala-se o espanhol, e considerando outras características, pareceu-me surpreendente que tenha continuado a falar o português em um país tão grande e com a diversidade de cultura que identifica povos de regiões tão distintas.

Não se pode usar como justificativa o tempo diversificado de permanência dos portugueses nas diversas colônias. Pelo contrário, se o Brasil proclamou a sua independência em 1822 e, oficialmente, se desligou de Portugal naquela época, vai longe a saída dos lusos da "terra pátria". Goa foi colônia dos portugueses até 1961 e Macau teve o regime colonial, embora mascarado de "administração especial" pelos portugueses, até 20 de dezembro de 1999. Logo, somente de Malaca os portugueses saíram primeiro do que do Brasil.

A explicação para o fenômeno fica, portanto, para os antropólogos, sociólogos e outros estudiosos. Coisa para cientista, o que não é o meu caso.

Satisfazer a minha curiosidade a respeito daqueles lugares onde os portugueses também estiveram presentes, além do mais, foi para mim motivo de orgulho. Isso porque nas visitas a Malaca e a Goa pude descobrir que um dos primeiros representantes de Portugal naqueles locais foi aquele que, certamente, é o mais antigo ancestral da família Albuquerque que a história revela. Afonso (ou Alphonso) de Albuquerque é a mais antiga referência histórica de pessoa que usou o nome da família que, no Brasil, transformou-se em Albuquerque Maranhão. O nome foi trazido para o Brasil, na época das

– 193 –

capitanias hereditárias, por Jerônimo Albuquerque, como que um representante do cunhado Duarte Coelho, como donatário da capitania de Pernambuco. Depois, o seu filho, também Jerônimo, como reconhecimento pela atuação no comando das tropas que expulsaram os franceses do Maranhão, recebeu a autorização real para acrescer ao nome de família, o Albuquerque, o nome do Estado do Maranhão. Daí os "Albuquerque Maranhão" que se espalharam pelo Brasil, presentes principalmente no Nordeste.

Notadamente na história de Malaca e Goa é marcante a presença de Afonso de Albuquerque, certamente o primeiro europeu que chegou àqueles lugares remotos, pouco depois de Vasco da Gama descobrir, em 1492, o famoso "caminho das Índias". Chefiou as expedições que colonizaram Malaca e Goa e, inclusive, nesta última colônia, chegou a receber do rei de Portugal o título de vice-rei da Índia.

Antes de minha primeira visita a Malaca, quem da minha família ali primeiro esteve foi Iraci. Em uma de suas viagens a serviço a Kuala Lumpur, na Malásia, conheceu a ex-colônia e chegou a fotografar um pequeno monumento em homenagem a Afonso de Albuquerque.

Vamos, portanto, fazer uma rápida visita às três ex-colônias de Portugal no sudeste da Ásia.

MALACA

> Nem tu menos fugir poderás deste,
> posto que rica e posto que assentada
> lá no grêmio da Aurora, onde nasceste
> Opulenta Malaca nomeada.
> As setas venenosas que fizeste,
> As crises com que já te vejo armada,
> Malaios namorados, Jaus valentes,
> Todos faras ao luso obediente
> (Camões, *Os Lusíadas*)

Jacarta, Indonésia

A pequena amostra da mais famosa obra literária da língua portuguesa bem marca a presença de Portugal em Malaca.

Malaca fica na Malásia, às margens de um estreito que divide o Oceano Índico e o Mar da China. Aliás, muitos confundem o nome com aquele de uma localidade da Espanha, Málaga.

Na atualidade, Malaca é somente uma cidade, distante não mais que duas horas de Kuala Lumpur, a capital da Malásia. Na cidade inteira, poucos vestígios existem que possam marcar a presença ou a passagem longa dos portugueses pelo lugar, mas há um bairro conhecido como "bairro português" ou, em malaio, "kampong".

Afonso de Albuquerque conquistou aquela ponta da península malaia no início do século XVI, em 1509. Logo construiu, para defesa de sua expedição, uma fortaleza, à qual deu o nome de "Famosa". E realmente o foi, pois ajudou Afonso Albuquerque e sua gente a resistirem a vários ataques, inclusive seis meses de cerco por uma grande expedição da Holanda. Diz a história que, descoberto o caminho para as Índias, a coroa de Portugal despachou para aquela região a expedição de Afonso de Albuquerque, com o objetivo de colonizar toda a Ásia.

A presença de Portugal em Malaca prolongou-se até 1641, quando a região foi conquistada pelos holandeses, e, a partir de então, os portugueses que ficaram passaram a ser vítimas da perseguição religiosa calvinista.

Afonso de Albuquerque construiu em Malaca uma igreja, à qual deu o nome de São Paulo, a qual é, atualmente, o mais antigo marco da arquitetura colonial de Portugal na Ásia e possivelmente em todo o mundo.

Aliás, a igreja foi e está preservada graças à garra dos descendentes dos portugueses, que ali mantiveram a chama do catolicismo. Tanto assim que conseguiram impedir, alguns séculos depois, que os vestígios dos antigos colonizadores fossem apagados. Era o que pretendiam fazer os ingleses, que haviam conquistado Malaca,

– 195 –

expulsando os holandeses. Houve grande resistência do povo de origem portuguesa, e os ingleses só conseguiram destruir, quase totalmente, a velha fortaleza "Famosa", construída por Afonso de Albuquerque, mas não conseguiram derrubar a igreja, que também tornou-se famosa com a passagem pelo local do frade que viria a ser São Francisco Xavier, em suas missões em que tentava converter para o catolicismo os povos da região, inclusive da Índia e da China.

Na minha visita a Malaca, em 1997, em companhia de Iraci e de um simpático motorista de táxi, passamos um domingo no chamado "bairro português".

Poucos falam o nosso idioma, apenas uma minoria insignificante, principalmente, os avós, geralmente pessoas com mais de cinqüenta anos. As duas gerações mais novas praticamente desconhecem o vernáculo. O que descobri foi que o português que ainda poucos falam é muito parecido com o português dos séculos XVI e XVII. Quase um dialeto, o português dali é conhecido como "kristang". Ao que parece, a palavra seria uma corruptela de cristão, uma decorrência do fato de serem cristãos quase todos os moradores do lugar, de origem portuguesa.

Vivem em Malaca, ainda, cerca de três mil descendentes dos portugueses. Na maioria, os homens são pescadores, muito pobres, mas que subsistem sem maiores reclamações, como é comum entre os povos mais pobres do sudeste da Ásia que conheci. Mas a pobreza tem levado as gerações mais novas a imigrar, numa espécie de diáspora, principalmente, para a capital, Kuala Lumpur, para Cingapura e para a ilha indonésia de Sumatra, dois lugares que ficam muito próximos. Estaria havendo uma diáspora.

Dizem que, entre os descendentes de portugueses, aprender a falar inglês é não apenas uma forma de conseguir melhores empregos, mas uma prova de *status*.

Jacarta, Indonésia

Na nossa visita, deu para matar um pouco as saudades do idioma. No almoço, em uma roda de descendentes de portugueses como nós, ouvi e vi escritas algumas palavras, na língua malaia, mas que mostram a origem no português, como "bola", "kantar", "tambor", "sabatu" (sábado), "sabuu" (sabão), "meja" (mesa). Li em algum lugar que no idioma malaio falado na região ainda existem aproximadamente quatrocentas palavras de origem portuguesa.

Do restaurante, que tem o nome de Lisboa, de propriedade de George Alcantra, de 54 anos na época, 1997, é possível avistar o que restou da Fortaleza "Famosa".

Nas conversas, aqueles poucos que ainda falam o português, como o Alcantra, dizem ter vergonha dos descendentes mais novos que esque-ceram o idioma dos antepassados, preferindo falar somente o malaio ou o inglês. Ainda se nota, nos locais, principalmente no restaurante Lisboa, que a música que se escuta tem origem no português.

Formalmente, Portugal ainda manteve uma missão oficial em Malaca até 1995. Na época, em razão dos atritos ocorridos, o governo conseguiu que a missão fosse fechada. Ao que se comentou, a exigência do fechamento da missão teria começado ainda na década de 1980, por pressão da ditadura da vizinha Indonésia, que, na época, já tinha acirrados os ânimos na disputa com Portugal em torno da independência do Timor Leste.

MACAU

Cronologicamente, Macau foi a última colônia que Portugal perdeu. Desvinculou-se oficialmente de Portugal, passando a ser considerada como "Especial Administração Regional" – SAR, em inglês – da China em 20 de dezembro de 1999.

Josué Maranhão

Melancolicamente terminava o que foi o imenso "Território de ultramar", como os portugueses chamavam o verdadeiro império que mantiveram entre os séculos XVI e XIX e que desapareceu totalmente no correr do século XX. No último século, Portugal perdeu as colônias que ainda mantinha na África – que eram as mais numerosas e significativas que restavam –, principalmente depois da Revolução dos Cravos, em 1974. Perdeu, ainda, as ex-colônias de Goa, Timor Leste e, finalmente, Macau. Era o que restava na Ásia.

Desapareceu, "sem choro nem velas", o Império que, em certa época histórica, somente tinha como competidor, em número de colônias, o Império Britânico. Sem falar que, no apogeu, os portugueses até pode-riam alardear que "o Império português nunca dorme", como o faziam os súditos do Reino Unido, como forma de demonstrar que o Império Britânico estava tão espalhado e eram tantas as suas colônias ao redor do mundo que, não importa a hora, sempre era dia em alguma delas.

Localizada no sul da China, a antiga possessão lusa é constituída por uma península – ligada à área de terra contínua da China, como se parte integrante fosse do território chinês – e ainda, por duas ilhas, Taipa e Coloane, ligadas por pontes à área continental.

A ligação mais fácil com o resto do mundo e freqüentemente usada pelos turistas é a travessia em barco, de um trecho do mar da China, que separa Macau de Hong Kong. Foi em um desses barcos que fizemos as viagens de ida e volta, demorando cada uma pouco mais de uma hora. São barcos muito grandes, modernos, dotados de ar condicionado, lanchonete e outros confortos.

Colonizada por Portugal na mesma época em que as expedições marítimas lusitanas atingiram a Ásia, após a descoberta do caminho marítimo das Índias por Vasco da Gama, durante séculos Macau foi mantida em regime de colônia. Nos últimos anos, era, juridicamente, considerada sob administração do governo de Portugal.

– 198 –

Jacarta, Indonésia

Os vínculos, as lembranças e as heranças de Portugal, visíveis em Macau, são muito poucos, totalmente insignificantes. Até no que diz respeito às marcas da arquitetura colonial portuguesa, mais visíveis no Brasil, em Goa e em Malaca, pouco restou em Macau. A rigor, a maior lembrança de Portugal em Macau, certamente, é a moeda: a *pataca*. Vale lembrar que, no Brasil, ainda na época anterior à Independência, a *pataca* também existiu, trazida por Portugal. Circulou e, historicamente, a sua última cotação, no Brasil, foi o valor de 320 réis. Na linguagem popular, principalmente no Nordeste dos meus tempos de infância, "pataca" era a expressão que se usava para menosprezar o valor de qualquer coisa. "Isto não vale uma pataca", era o que se dizia para demonstrar que algo não tinha maior valor, ou quando o eventual comprador pretendia depreciar o valor.

Para comprovar que a influência dos portugueses desapareceu quase totalmente em Macau, na época em que lá estivemos, em 1997, somente 2% da população falava português, enquanto 96% falavam chinês (mandarim) e os outros 2%, outras línguas, com prevalência do inglês.

No que se refere à religião, também não foi grande a herança de Portugal. Embora pela região, inclusive em Macau, tenham trabalhado durante muitos anos as missões religiosas mandadas pelos portugueses, notadamente formadas pelos famosos jesuítas, somente 7% da população são constituídos por cristãos. A grande maioria professa o budismo. Em terceiro e quarto lugares, quase em condições de igualdade, situam-se o hinduísmo e o islamismo.

Na época em que visitamos Macau, a população local era de 442 mil pessoas, distribuídas em uma área total de pouco mais de 25 quilômetros quadrados.

Chamou a atenção que muito raramente se encontrava alguém com traços ocidentais, quase todos tinham traços típicos orientais, a imensa maioria de chineses, mas também japoneses e oriundos da

– 199 –

Josué Maranhão

sudeste da Ásia, como Indonésia e Malásia. Etnicamente, a população, conforme dados estatísticos, era formada por 95% de chineses, distribuídos os restantes 5% entre os chamados macaneses (descentes da mistura de portugueses e asiáticos), portugueses e outros. Causou-me surpresa constatar que, já naquela época, enquanto no Brasil a expectativa de vida não passava dos 65 anos, em Macau era de 81,87 anos, sendo 79,05 para homens e 84,82 para mulheres. Os índices de nascimento e de morte, por mil pessoas, eram de 12,07 e 3,85, e o índice de mortalidade infantil era de 4,42 por mil nascidos vivos, um dado estatístico surpreendente. Na época da nossa visita, 1997, a administração de Macau orgulhava-se e fazia divulgação quanto à inexistência de registro de pessoas portadoras do vírus HIV na região.

É inegável que, certamente, a proximidade geográfica, contribuiu em muito para que os chineses tivessem influência exageradamente predominante em tudo em Macau.

Em anexo ao hotel em que nos hospedamos, existia um imenso cassino, que funcionava de forma ininterrupta, com movimento durante as 24 horas. Depois de anexada à China, Macau tornou-se o paraíso da jogatina naquela região da Ásia. É uma "Las Vegas" asiática, como alguns chamam.

Um fato, sem dúvida, serviu para marcar que havia, sim, alguma presença de Portugal: enquanto estávamos no restaurante do hotel e, entre nós quatro, conversávamos em português a respeito do cardápio, um simpático maître aproximou-se e, de forma muito gentil, passou a nos atender em fluente português, com fortíssimo sotaque de Portugal continental. Foi ele quem nos contou muitas histórias sobre Macau. Lembrar a nossa língua sempre é bom, para matar um pouco as saudades de casa. Outra marca da presença portuguesa em Macau – e esta não se pode esconder de nenhuma forma – são os nomes de ruas, estabelecimentos comerciais, praças etc. Tudo está

– 200 –

Jacarta, Indonésia

escrito em português, mas quase tudo tem, em letras menores, o nome também em chinês e, alguns poucos, em inglês.

A ligação umbilical de Macau com a China, para mim, tornou-se um fato incontestável, ante tudo que vi no lugar, mas principalmente por um episódio que presenciei.

Certa manhã, saímos nós quatro caminhando pelas ruas próximas à procura de um estabelecimento comercial que nos haviam indicado como o único ponto onde era possível comprar bacalhau, e também para comprar algumas lembranças do lugar. A certa altura, forçado pelos meus problemas de saúde, tive de parar para repousar. Enquanto o restante da família prosseguiu com o passeio, fiquei sentado em um banco, à beira de uma larga calçada, na avenida principal da cidade. Observei, durante muito tempo, o imenso fluxo de pessoas que ingressavam em uma área toda cercada com um muro pintado de amarelo, com mais de dois metros de altura. O ingresso era através de um portão muito grande, tipo portal de parque, como os existentes no Brasil, e, um pouco adiante, verifiquei que todos os que passavam pelo portão mostravam documentos em um guichê. Curioso, procurei saber para onde estava indo tanta gente, tão cedo (eram aproximadamente nove horas da manhã) e logo tive uma surpresa. O grande muro separava fisicamente Macau da China. A partir daquele portão, era território chinês e o guichê era, na realidade, um posto da imigração. Aliás, considerando tudo que se fala a respeito da China, sobretudo quanto ao rigor relativo ao ingresso de estrangeiros no território nacional, chamou-me a atenção o fato de que ninguém era parado nos guichês. Ninguém se demorava ali. Todos apenas mostravam um documento, como que uma cédula de identidade, prosseguindo em seguida, sem qualquer interrupção.

Tudo me despertou grande curiosidade e, embora se tentasse um contato, a diferença de língua não permitiu nenhum diálogo com as pessoas que atravessavam o portão e ingressavam na China.

Observando melhor o comportamento de todos, pareceu-me que aquelas pessoas – o fluxo era contínuo, com muita gente passando – estavam dirigindo-se ao trabalho, no interior da China. Nessa hipótese, era provável que Macau fosse uma espécie de cidade-dormitório, onde as pessoas apenas vinham passar a noite, depois de trabalharem o dia inteiro na China. Poderia ser também o contrário, mas era improvável, dada a ausência flagrante de qualquer estabelecimento industrial ou alguma atividade em Macau que pudesse empregar tanta gente.

De tanto ver gente entrar tão facilmente e ingressar na China, eu, que sempre tive muita curiosidade em conhecer o país, com meus botões disse: "Um dia ainda vou lá!" E fui. Mas, isto é outra história, contada separadamente.

GOA

Situada em território contíguo à Índia, Goa está localizada no lado ocidental do território indiano, às margens do chamado Mar das Arábias.

Foi colônia de Portugal de 1510 até 19 de dezembro de 1961 quando, na linguagem do governo local, foi "libertada". Em 30 de maio de 1987, passou a constituir um Estado da Índia.

É marcante e inusitado um fato, relativo às colônias de Portugal pelo mundo afora: Goa foi conquistada por Portugal pela guerra, com sangrentas batalhas, e, para ocorrer a chamada "libertação", também houve uma pequena guerra entre tropas portuguesas e indianas.

Goa foi conquistada por Afonso de Albuquerque, pouco depois de ele haver conquistado e colonizado Malaca, na Malásia. Deixou de ser oficialmente colônia de Portugal poucos anos depois da Independência da Índia, ocorrida em 1947. A partir de então e até à data

Jacarta, Indonésia

da "libertação", continuou sendo administrada por Portugal, por meio de um regime especial.

Conquistada a área do porto de Goa pela guerra, Afonso de Albuquerque, que ali chegou a ser chamado de vice-rei da Índia, avançou nas áreas vizinhas, incorporando outros territórios pertencentes à Índia, que foram adquiridospor meio de "negócios" não muito bem explicados com os "paxás" que dominaram a região. O domínio da área ficou um tanto indefinido até 1642, quando Portugal e Inglaterra assinaram um tratado que determinou os limites e fronteiras entre Índia e Goa.

Aliás, alguns relatos históricos indicam que Vasco da Gama, depois de atravessar o chamado Cabo da Boa Esperança, na época conhecido como Cabo das Tormentas, por ter sido um dos pontos onde mais naufragaram navios e esquadras inteiras que tentavam contornar o sul da África, em busca de novas terras, teria aportado logo em Goa, antes de prosseguir viagem e chegar a outros pontos da Índia.

Goa tem um clima mais agradável do que a maioria dos países daquela região, onde o calor é muito forte e a umidade incomoda. Situada em uma região de planalto e de serras, a temperatura, normalmente, durante todo o ano, gira em torno da média de 21 graus Celsius, elevando-se, no verão, até o máximo de 35 graus, em média. Ocupando uma área total de 3.702 km², tinha em 1997 uma população em torno de um milhão e cem mil pessoas.

Entre as três ex-colônias de Portugal, naquela região, Goa é a que ainda apresenta maior número de construções que lembram muito bem a arquitetura portuguesa dos séculos XVII a XIX, em muito semelhante ao que se encontra, ainda hoje, no Brasil. Em Goa, a população de origem portuguesa ainda é mais marcante do que em Malaca e Macau. Os traços fisionômicos são inconfundíveis, cor da pele, cabelos e outras coisas mais.

– 203 –

Essa característica, no entanto, não se revela no uso da língua. Em Goa falam-se o konkani e o marathi, idiomas de origem indiana, o inglês e, por último, o português, falado apenas por um percentual muito pequeno (algo em torno de 5%) da população. Os traços mais marcantes da arquitetura portuguesa em Goa, pelo que observei em um giro pela cidade, são as igrejas e um grande convento, anexo à Catedral da Sé.

Durante a nossa permanência em Goa, ficamos hospedados em um hotel situado à beira-mar, em uma enseada, distante aproximadamente dez quilômetros do centro da cidade. Bem ao lado do hotel, ainda existem partes substanciais de um antigo forte, construído pelos portugueses.

Curioso, procurei observar detalhes do forte, comparando-o com o Forte dos Reis Magos, ainda existente na Praia do Forte, em Natal, o qual é um marco da fundação da cidade, em 1599, e que também foi construído por portugueses. Quando criança, visitei muitas vezes o Forte dos Reis Magos e guardo bem na memória detalhes e características da construção, localização etc. Na minha época, as visitas ao Forte dos Reis Magos, salvo para aqueles que fossem bons nadadores, ainda ficava condicionada ao movimento da maré. De tal forma, as visitas, ida e volta, sempre eram feitas na maré baixa. Fazer a travessia entre a praia e o forte, com a maré alta, além de exigir experiência em nado com ondas revoltas, representava riscos de acidentes na subida da entrada do forte, escalando pedras. Infelizmente, há quarenta anos, mais exatamente no início da década de 1960, a vaidade e o instinto de exibicionismo de um governante descaracterizaram totalmente a paisagem, com a construção de uma passarela para pedestres que dá acesso ao forte. O monstrengo, além de ter enfeiado a paisagem, retirou do local todo o charme e o espírito de aventura que as crianças e adolescentes "curtiam", tendo de atravessar o pequeno canal que separava o forte da praia, geralmente com água pela cintura.

Jacarta, Indonésia

Na fortaleza que conheci em Goa, as características básicas da construção não são muito diferentes do Forte dos Reis Magos. No entanto, se a memória não estiver me traindo, o Forte dos Reis Magos tem formato hexagonal e, em cada um dos seus ângulos, existia um canhão. O forte de Goa, no entanto, era semelhante ao Forte existente no centro do Recife, onde até pouco tempo existia um quartel do Exército, conhecido por "Forte das Cinco Pontas", exatamente por possuir apenas cinco ângulos.

Outra diferenciação chamou-me a atenção: enquanto, na maioria, os fortes históricos portugueses que conheço foram construídos próximos à foz de rios ou em outros pontos próximos ao canal de acesso ao porto do lugar – como o é o Forte dos Reis Magos, junto à foz do Rio Potengi –, o Forte de Goa está construído à beira-mar, em uma grande enseada, com três de seus ângulos – certamente onde antigamente havia canhões – voltados para o mar aberto e os dois restantes para a terra.

No bairro onde se situava o nosso hotel, é mais marcante a presença de indianos do que no centro da cidade. Depois, tive condições de observar que, certamente atraídos pelos turistas que freqüentam o hotel, nas proximidades existiam muitas lojas de indianos onde eram vendidos belíssimos tapetes, das mais diversas origens, principalmente, da própria Índia, da região contestada de Caxemira, do Paquistão e do Irã. No centro da cidade, destaca-se a presença dos portugueses, notadamente com as antigas construções, bem ao estilo colonial lusitano, tão nosso conhecido.

Nossa primeira visita ao centro ocorreu em um domingo. E, fiéis aos ensinamentos, Iraci e eu, como filhos de duas verdadeiras carolas, assistimos a uma missa, não tanto por obrigação religiosa, mas para ter oportunidade de observar o interior da igreja, seus altares, imagens e, principalmente, o comportamento dos fiéis. Diferentemente das igrejas brasileiras, normalmente cheias de bancos,

– 205 –

em toda a extensão da nave principal, na de Goa existiam somente poucos bancos na área central, próximo ao altar-mor, e, no restante, os fiéis assistiam à missa em pé.

Obviamente, o ritual da missa não difere. Apenas, não sei se por costume de todos os domingos, a missa das dez horas tinha o rito que, no Brasil, conheci como "missa solene": três celebrantes, assento para o celebrante principal, turíbulo aspergindo incenso para todos os lados e outras coisas mais. Não havia cânticos, no entanto. A região da igreja onde assistimos à missa, a Basílica do Bom Jesus, é conhecida como "Goa velha". A Basílica é, certamente, o principal ponto de atração turística da cidade. Em um altar colocado à direita de quem entra na igreja e um pouco antes do altar principal, está o corpo de São Francisco Xavier.

O missionário jesuíta foi um dos primeiros a chegar àquela região, ainda no início do século XVI, na época em que Afonso Albuquerque aportou em Malaca e, depois, em Goa. Conta a história que São Francisco Xavier recebera do fundador e chefe da sua ordem, Santo Ignácio de Loyola, a missão de levar a religião católica àqueles lugares desconhecidos e o seu propósito seria espalhar o cristianismo não somente na Malásia e na Índia, por onde andou, mas também na China e no Japão, que na época começavam a ser conhecidos pelos ocidentais europeus.

A história de São Francisco Xavier tem pontos desconhecidos, mas o que se sabe é que, depois de ter chegado à Ásia, primeiramente em Malaca, esteve em outros lugares, inclusive em Goa, onde teria construído a Basílica do Bom Jesus. Voltando a Malaca, lá veio a falecer, na época em que haviam se iniciado as lutas e o cerco da área pelos holandeses. Os portugueses, temendo que o corpo viesse a transformar-se em objeto de vinganças e outros atos de desrespeito ou profanação, por parte dos holandeses calvinistas, teriam enterrado o corpo coberto de cal virgem, o que

Jacarta, Indonésia

permitiria que o cadáver tivesse uma decomposição mais rápida. Para surpresa de todos, passados alguns meses, quando foram desenterrar o cadáver, com o propósito de transportar os ossos para a igreja existente na localidade, encontraram o corpo totalmente intacto. Diante do espanto geral, a autoridade portuguesa teria determinado que o cadáver fosse levado para Goa, conforme era desejo do falecido padre, que pretendia ser enterrado na Igreja do Bom Jesus por ele construída. No entanto, como o corpo aparentemente estava intacto, sem nenhum sinal de decomposição, ao chegar em Goa os religiosos locais colocaram o cadáver em um caixão feito em prata.

E, acredite quem quiser, eu vi: o corpo de São Francisco Xavier está, ainda, passados quase cinco séculos, colocado na parte superior do altar, em plano mais alto que as imagens dos santos. Pode ser visto de longe através de uma espécie de janela de vidro. Segundo se diz, até poucos anos atrás, o caixão era colocado em exposição para os fiéis, nas datas solenes. Ultimamente, no entanto, os músculos estariam apresentando já sinais de esfacelamento e, em conseqüência, as exposições do corpo inteiro foram suspensas. Mas, com o corpo coberto, o féretro é descido do alto e colocado em exposição. A cabeça continuaria intacta.

Na ocasião, como todo turista que se preza, fiz muitas fotografias da igreja, de detalhes do exterior e do interior, da missa, dos fiéis e muitas coisas mais. Obviamente, fotografei o altar, dirigindo o foco da câmera para o alto, procurando captar imagens da janela de vidro e do caixão de prata com o corpo de São Francisco Xavier.

Não sei qual a explicação, mas a realidade é que todas as demais fotos ficaram boas, ou pelo menos aproveitáveis. No entanto, aquelas que seriam as fotos do corpo de São Francisco Xavier nada mostram, a não ser uma mancha cinza. Não acredito em coisas do outro mundo, nem em bruxas, mas que elas existem, como diz o ditado, existem!

Na nossa peregrinação pela chamada Goa antiga, descobrimos um restaurante português. É dos poucos estabelecimentos comerciais que ainda mantêm características lusitanas. Do cardápio, ainda faziam parte alguns pratos típicos de Portugal e conhecidos com o mesmo nome, nos mais diferentes lugares, como Bacalhau a Gomes de Sá.

A visita a Goa foi marcada, ainda, por outro incidente que ficou presente para sempre na memória. Depois da visita à região das igrejas e conventos, ou seja, a região mais histórica e de origem típica de Portugal, fomos visitar outros pontos turísticos. Fomos conhecer o templo hinduísta, também por obrigação. Como o domingo é sagrado, dizem os mais crentes, e deve se assistir atos religiosos, o meu conceito é universal e se estende a todas as religiões. Assim como tínhamos assistido à missa católica, assistimos, contritos, à cerimônia no rito hinduísta, como se estivéssemos entendendo tudo. Todavia, como dizem, o que vale é a fé. Mas o que marcou esta visita foi nossa saída.

Antes, é preciso contar um pouco como era o templo. Espaçoso, com o pé direito muito alto, era rico, ostentando mais luxo do que é comum nos templos hindus. O piso é todo em mármore róseo e, do muro divisório, junto à calçada, até a entrada propriamente do templo, há como que uma passarela toda em granito, também de alta qualidade. No momento em que estávamos saindo, cruzamos com uma vaca que, placidamente, ia entrando, caminhando lentamente pela passarela. A impressão que sempre tive na Índia foi que as vacas de lá, como são sagradas e intocáveis, sabem do prestígio que têm. E abusam dele! Andam muito mais devagar do que as vacas que conheço no Brasil. Deitam onde querem, esparramam-se, até atrapalhando o trânsito, sem que ninguém tenha coragem de nelas tocar. Essa a que me refiro andava mais devagar ainda e passaram alguns minutos até que chegasse à porta do templo.

Jacarta, Indonésia

Assistimos a tudo, curiosos. Embora sabedores do respeito que os hindus e a maioria dos indianos têm pelas vacas, considerado animal sagrado, não tínhamos idéia exata até onde chegava a admiração e o respeito religioso. Pois bem. Quando a vaca entrou no templo, poucos metros antes dos fiéis, usou de todo o seu prestígio e de sua condição de animal sagrado. Placidamente, girando a cabeça para os lados, como se pretendesse chamar a atenção, levantou a cauda e colocou para fora aquilo que havia comido nos últimos dias. Sem se fazer de rogada, a vaca, ao terminar o serviço, caminhou alguns poucos passos e se deitou. E lá permaneceu, pelo menos durante os dez ou quinze minutos. Ninguém tomou conhecimento do que acontecera. Tudo era coisa muito natural. E o amontoado de fezes ficou enfeitando a entrada principal do templo bonito e luxuoso.

A nossa visita a Goa teve, ainda, um longo passeio, para conhecer todos os locais pitorescos. Para tanto, contamos com a agradável e gentil companhia de um casal natural de Goa. São pais de uma moça que se tornou amiga de minha filha Karla, que na época residia próximo a São Francisco, na Califórnia. Sabendo de nossa visita a Goa, a gentil moça avisou os seus país e eles nos encontraram no hotel. Fizeram conosco um verdadeiro *city-tour* (muito mais agradável do que aqueles com guias turísticos profissionais), passeio que terminou com um jantar em um restaurante típico do lugar.

UM GIRO PELA ÁSIA

Durante a nossa permanência na Indonésia, sempre que surgia uma oportunidade, um feriado prolongado ou simplesmente alguns dias de folga, logo fazíamos uma viagem. Uma das formas de passar o tempo era ler a respeito dos lugares mais interessantes da região e programar as viagens, avaliar custos, roteiros, vôos, hotéis, tentando enquadrar o passeio nas próximas oportunidades e nas nossas possibilidades.

Há uma diferença enorme, no que se refere a custos de viagem, entre o Brasil e qualquer outra parte do mundo. Na Ásia, são escandalosamente mais baixas as tarifas de vôos e as diárias de hotel, o que permite viajar com baixo custo. Por isso tivemos oportunidades de conhecer alguns lugares interessantes na Ásia. Além das melhores condições de preços e outras facilidades, muito ajudou ainda o fato de as distâncias não serem muito grandes. De Jacarta até Cingapura, por exemplo, ou de Honk Kong, Kuala Lumpur, Malaca, Goa, Mumbai e Beijing, as distâncias são equivalentes ao percurso entre São Paulo e Salvador e não mais do que entre São Paulo e Manaus. Exceto no que se refere a viagens fora da Ásia, à Austrália, por exem-

Josué Maranhão

plo, não há nenhum vôo que equivalha àquele interno no Brasil entre Porto Alegre e Manaus, em tempo de duração e distância. Do que vimos, guardei lembranças, anotações, detalhes que ficaram na memória. É o que procuro transmitir, separando cada um dos principais locais que visitamos.

CINGAPURA

Fiz questão de começar a narrativa deste giro pela Ásia, fora da Indonésia, por Cingapura. Primeiro, *sui generis,* como cidade-Estado, ou seja, um país constituído apenas por uma cidade, embora existam mais alguns na Europa; depois, porque é uma espécie de entroncamento aéreo no sudeste da Ásia, ou seja, todos ou quase todos os vôos para a região fazem escalas ou conexões no aeroporto local; e, finalmente, porque é o lugar onde fui mais vezes enquanto morei em Jacarta, por motivos diversos, mas principalmente em face de problemas de saúde.

Todavia, a razão principal para começar o relato através de Cingapura, vem do sentimento que sempre tive a respeito do lugar: o de opressão. De modo geral, tudo é bonito em Cingapura. Bonito e frio. A cidade não tem apenas o clima frio, mas o povo também o é. Possui edifícios edifícios bonitos, modernos, luxuosos. As ruas são limpas, tudo é imaculadamente limpo. No excesso de limpeza, Cingapura sempre me lembrou alguns ambientes em hospitais, centros cirúrgicos, por exemplo, onde se pode sentir o cheiro de assepsia. Como sempre tive uma aversão muito grande a hospitais, verdadeira paranóia que foi aumentando à medida que passei a freqüentar as salas de emergências e UTIs, nunca me senti à vontade em Cingapura. Sempre me pareceu que haviam acabado de derramar sobre a cidade um gigantesco vidro de detergente, ou algo assemelhado, que fica

– 212 –

Jacarta, Indonésia

soltando um insuportável cheiro de limpeza durante horas. A sensação de limpeza e a falta de calor humano não eram, no entanto, a única coisa que me incomodava em relação à cidade. Sempre me sentia como se estivesse sendo permanentemente vigiado, como se uma câmera acompanhasse os meus passos e, a qualquer momento, em face de um simples escorregão que desse, ou se olhasse feio para alguém, eu fosse ser multado ou preso.

Sim, desde antes de chegar a Cingapura pela primeira vez, tinha na memória a história divulgada na imprensa do mundo inteiro a respeito do caso de um jovem norte-americano que fora preso, acusado de haver riscado alguns carros. O moço foi condenado a uma pena comum, que deveria ter sido extinta desde a Idade Média, ou antes. Apesar de todos os apelos em seu favor, partidos do mundo inteiro, o americano foi condenado à pena de receber algumas dezenas de chicotadas. Não é para menos que eu tivesse pesadelos acordado quando chegava a Cingapura.

Além disso, em todos os lugares é comum encontrar placas com avisos a respeito das multas a que estarão sujeitos aqueles que descumprirem determinadas regras. Por exemplo: fumar em toaletes, multa de mil dólares; se for em toaletes de hospitais, dois mil dólares, e assim por diante. Jogar lixo na rua pode determinar uma multa de até 500 dólares. Meu maior espanto aconteceu quando vi, em um luxuoso edifício onde estava localizado um dos hotéis em que nos hospedamos em Cingapura, placas no interior de elevadores com o aviso: "É proibido urinar no elevador. Multa de mil dólares".

Deixando de lado o sentimento de opressão e a sensação de falta de calor humano, bem como o permanente cheiro de detergente, a famosa cidade-Estado tem muita coisa interessante: é um modelo em muitas coisas (umas boas, outras não) e um exemplo que poderia ser adotado em muitos lugares. Obviamente, sem os exageros.

– 213 –

Josué Maranhão

Cingapura é o portal de entrada do sudeste da Ásia, destacando-se dos demais países da região por uma série de fatores. Além de possuir uma infraestrutura excelente, pode ser considerada um padrão de eficiência, o que proporciona qualidade de vida muito melhor do que a média, sem falar que é a comprovação do que poderão ser as grandes cidades no futuro.

Tendo conquistado a independência somente em 1965, com um passado histórico conturbado, Cingapura é uma República, adotando o regime parlamentarista, muito embora o primeiro -ministro esteja no poder há muitos anos.

Em uma área de somente 641 km², viviam 3,6 milhões de pessoas, na época em estive por lá. A população é constituída de chineses (76%), malaios (15%), indianos (6%) e o restantes 3% são uma mistura de raças e etnias as mais diversas. A religião com maior número de adeptos é o budismo (considerada em conjunto com religiões tradicionais da China e Índia, inclusive o taoísmo), com 55% da população, seguindo em número os muçulmanos (15%) e os cristãos, com 12%. O hinduísmo agrega em torno de 4% dos moradores, ficando os restantes classificados como sem filiação ou preferências religiosas.

Cingapura possui altíssima densidade populacional (5.612 habitantes por quilômetro quadrado), tendo apresentado, entre 1995 e 1998, um crescimento demográfico de 1,4%, com uma expectativa de vida em torno de 79 anos. Destaco que estou sempre me reportando a números e dados estatísticos relativos ao período em que estive na Ásia.

Com o elevado desenvolvimento da tecnologia de ponta e serviços especializados de alto nível e em decorrência dos generosos incentivos fiscais concedidos pelo governo, Cingapura em 1998 tinha um PIB de 84,5 bilhões de dólares americanos, acusando um crescimento do PIB de 8,5% ao ano, no período de 1990 a 1998. Não é

– 214 –

Jacarta, Indonésia

de espantar, portanto, que em 1998 a renda *per capita* tenha sido de 30.170 dólares americanos. A moeda local é o dólar de Cingapura, que, à época em que estive lá, era cotado, na média, de 1,3 por 1 dólar americano.

Fui levado à Cingapura quando sofri uma trombose na perna direita. Lá fui atendido e voltei muitas vezes ao Mount Elizabeth Hospital, um moderníssimo centro médico, do qual guardo como lembrança a carteira de identidade Nº. 891096-azul, que me permitia acesso e atendimento. Naquele centro, embora tenha sido atendido por médicos das mais diversas especialidades, o meu médico assistente e responsável era o Dr. Robert Don. Atencioso, cuidadoso, competente e humilde. Tenho por ele um sentimento de gratidão e respeito.

A propósito do atendimento que recebi em Cingapura, merece relatar um episódio que bem ilustra alguns panoramas e permite comparações.

Depois que deixei a Ásia e enquanto tivemos uma parada na Espanha para pretensas férias, fui internado e permaneci duas semanas em um hospital em Barcelona, para onde fui levado em situação de emergência, direto para uma UTI. Na volta ao Brasil, fui diretamente para o Hospital Oswaldo Cruz, em São Paulo, onde fiquei internado pouco mais de uma semana, sem falar no mês de repouso que me forçou a permanecer "de molho" em um apart-hotel. Submetido a uma cirurgia naquele hospital, fui atendido por diversos médicos, inclusive um deles cirurgião especializado em sistema vascular periférico e meu médico responsável. Ele era muito atencioso, simples e parecia competente, o que se confirmou com os bons resultados. O médico, certo dia, levou ao meu quarto, certamente procurando solidificar a sua opinião a respeito do meu caso, um famoso colega, seu ex-professor. De manhã cedo, o professor-doutor entrou no meu quarto, olhando para o alto. Aliás, não me

– 215 –

Josué Maranhão

olhou. O meu médico mostrou-lhe toda a parafernália que conduzia, tais como radiografias, resultados de exames de ultra-sonografia, de laboratórios e tudo o mais. Depois de tudo olhar, permanecendo ainda algum tempo examinando detidamente as radiografias contra a luz, o professor disse: "Ele nunca sofreu uma trombose. Quem disse isso está errado". Olhando diretamente para mim perguntou-me onde eu havia sido atendido anteriormente. Ainda me contendo, depois de trocar alguns olhares com a minha filha Giovanna, informei que fora atendido inicialmente em Cingapura, onde a trombose fora diagnosticada, e confirmada depois em Barcelona, onde também fora submetido a uma primeira cirurgia, quando sofri uma embolia pulmonar, na seqüência do problema circulatório. Sem fazer qualquer outro comentário, o professor foi firme e grosso: "Logo vi. Em Cingapura não existe medicina. Lá eles sabem somente é plantar borracha". Diante de tais palavras, precisei conter-me com todas as forças, e então disse ao professor que deveria haver algum engano, já que Cingapura era apenas uma cidade que englobava todo o país, onde não havia nenhuma agricultura ou plantação, logo não havia lá nenhuma produção de borracha. Tive, ainda, a audácia de acrescentar: "Será que o senhor não está confundindo Cingapura com a Malásia, onde de fato se planta muita borracha, aliás, com o cultivo de seringueiras levadas do Brasil?" O professor não respondeu. Jogou todo o pacote de exames e assemelhados sobre o meu médico e saiu do quarto, olhando mais ainda para o alto, certamente sentindo-se somente um pouco abaixo de Deus. Enquanto ele saía, pisando firme, como se fosse forte, com passadas muito largas, como se fosse grande, pensei com os meus botões: "Se ele entender de medicina tanto quanto entende de geografia..." Mas, para completar o episódio, pouco tempo depois, já residindo em Boston, enquanto fazia uma ultra-sonografia daquela mesma perna, a certa altura a moça, uma simples técnica, indagou: "Isto aqui é o sinal de uma trombose muito grande que o

Jacarta, Indonésia

senhor sofreu?" Diante de tudo, não me restou outra alternativa a não ser pensar: "Deus tenha piedade dos pacientes do professor-doutor!"

HONG KONG

É muito difícil descrever o que é o burburinho, a aglomeração de pessoas, o vai-e-vem de Hong Kong. Embora em muitos lugares da Ásia seja comum encontrar multidões muito maiores do que estamos acostumados no Ocidente e no Brasil, o que ocorre em Hong Kong é diferente.

Hong Kong, cidade-província com cerca de 1.100 km², uma área muito menor do que muitas das cidades no Brasil, consegue acumular uma população em torno de sete milhões de habitantes, sem contar a imensa massa de viajantes, turistas ou pessoas em trânsito a negócio, que circulam em suas avenidas.

Situada às margens de uma grande baía, ou um braço do Mar da China, é constituída de quatro áreas principais: Kowloon, Ilha de Hong Kong, Novos Territórios e as chamadas Ilhas Externas. Kowloon e a região denominada Novos Territórios são a ponta da península que sempre fez parte do território da chamada China continental. Tais regiões estão situadas ao norte do grande Porto Victoria. A Ilha de Hong Kong, interligada por pontes à área continental, está ao lado de Kowloon, enquanto o que é denominado de Ilha Outlying ou Ilhas Externas, na realidade, é um conjunto de 234 ilhas. Os Novos Territórios têm vinte quilômetros de fronteiras secas com o território da China Continental.

A região que abriga a hoje chamada província-cidade de Hong Kong é habitada na região asiática, segundo os historiadores, desde a Idade da Pedra. Pertenceu à China durante a dinastia Qing, tendo tornado-se uma colônia, inicialmente, e depois uma espécie de pro-

– 217 –

Josué Maranhão

tetorado da Grã Bretanha, em 1839. Os ingleses adquiriram os direitos sobre Hong Kong em meio às batalhas e aos negócios envolvendo prata e outros metais preciosos, durante o que ficou conhecido como a Guerra do Ópio, em curso desde o início do século XVIII. No entanto, a presença de europeus na região é conhecida desde o século XVI, mesmo período em que portugueses, holandeses e ingleses começaram a explorar a Ásia.

A nossa visita a Hong Kong ocorreu poucos meses antes de a região voltar a integrar oficialmente a China, no final de 1997. A devolução de Hong Kong à China foi decorreu de um tratado assinado pela Inglaterra com o governo chinês em 1898, quando se estabeleceu que o domínio dos ingleses na área seria de 99 anos. No curso do período, os ingleses chegaram a denunciar o tratado e, de muitas formas, tentaram manter a soberania de Hong Kong sob seu controle. No entanto, a reaproximação da China com o Ocidente, a partir dos anos 70, permitiu que novas negociações fossem feitas, o que resultou no cumprimento, pela Grã Bretanha, do antigo tratado que limitava o seu domínio até 1997. No meio tempo, a soberania britância sobre Hong Kong esteve ameaçada algumas vezes, como, por exemplo, durante a Guerra Civil na China, em 1920, bem como quando a revolução comandada por Mao Tsé-Tung, a chamada Grande Marcha, transformou a China em um país comunista. Séria ameaça ocorreu, ainda, na década de 1960, quando os ultranacionalistas chineses, durante a chamada Revolução Cultural, pretendiam de toda forma reaver o rico pedaço de terra até então, como diziam, sob o "domínio dos capitalistas".

Na época de nossa visita a Hong Kong, quando já se aproximava a data da reincorporarão do território à China, iniciava-se um grande movimento de saída em massa de chineses da região, que procuravam proteção em outras terras menos "perigosas", principalmente no Ocidente e, em especial, Vancouver, no Canadá. A verdadeira

– 218 –

Jacarta, Indonésia

diáspora determinou a fuga principalmente das pessoas mais ricas, que não se contentaram com a promessa chinesa de manter o capitalismo na região (promessa que se expressava na fórmula "um país, dois sistemas") Não se tem uma idéia de quanto foi retirado de Hong Kong, na época que precedeu a reincorporação pela China. Vários fatores teriam contribuindo para a verdadeira avalanche de grandes fortunas e milhares de chineses que se mudaram para Vancouver. O fato de, habitualmente, o Canadá ser muito receptivo no que se refere a abrigar perseguidos políticos, facilitando a entrada e permitindo a residência de pessoas que se propõem a ingressar com grandes fortunas e investir na economia local, além da proximidade geográfica.

As ruas do centro de Hong Kong, principalmente aquelas de comércio varejista popular, fervilham de gente. É um verdadeiro caldeirão de raças. Para qualquer lado que se olhe encontram-se traços de fisionomias dos mais diversos lugares do mundo. E o movimento é contínuo, dando a impressão que dura, de forma ininterrupta, as 24 horas do dia.

Há anos eu ouvia falar a respeito dos alfaiates de Hong Kong. A fama não era apenas pelo corte perfeito e confecção aprimorada, mas também pela rapidez com que costuram um terno. Por isso, chegando a Hong Kong, resolvi testar. Caminhando pelo centro da cidade encontrei dezenas de placas indicando alfaiates. Os prazos de entrega dos ternos, anunciados em muitos pontos, variavam de três horas, os mais rápidos, a uma semana, os mais demorados. Entrei em uma das lojas, escolhi o tecido, discutimos os preços.

Aqui cabe um parêntese. Naquela região nada se compra sem uma boa pechincha, quando se conseguem reduções escandalosas, chegando até a mais de 50%, principalmente se a negociação for com um árabe ou com um indiano, como era o caso naquela ocasião. Como não tinha pressa e verifiquei que, quanto menor o prazo de entrega, maior o preço da confecção, decidi encomendar os ternos para receber em 24 horas. Deu tudo certo: quatro horas depois voltei lá para provar e, no dia seguinte, recebi os dois ternos. Ainda recebi, como brinde, uma decorrência da pechincha, duas camisas sociais confeccionadas sob medida e duas gravatas de seda pura chinesa.

Na realidade, Hong Kong, além de ser um dos maiores centros econômico-financeiros do mundo, com uma renda *per capita* geralmente entre as cinco maiores, é a sede de muitos bancos internacionais. O seu porto também é dos mais movimentados, dividindo com Cingapura e o Porto de Antuérpia os primeiros lugares no mundo, em movimento.

Em Hong Hong, não sei se em decorrência do excessivo movimento de gente nas ruas, a impressão que tive foi que ouvia sempre um ruído intermitente no ar, intercalado com momentos de silêncio que davam a sensação de calma, logo rompida pelo círculo interminável dos ruídos que voltavam.

Embora situada em uma região de clima tropical, ou semi-tropical, Hong Kong parece que assimilou dos ingleses não somente o idioma, que é o mais falado depois do chinês, como, se é que isso é possível, também o clima. Há uma permanente sensação de mistura de neblina e fumaça, como um fog londrino aquecido.

A cidade tem áreas distintas. De tal forma, na Ilha de Hong Kong propriamente dita, estão o centro de negócios, sedes de bancos, grandes empresas e multinacionais. Olhando a cidade do Porto Victoria, na região leste está a área de comércio. Wan Chai é o lugar dos grandes restaurantes e, em Causeway Bay, estão localizados os maiores shopping centers do mundo. Mon Kok é o bairro residencial rico, onde se encontram casas imensas, cercadas de verde e muros altos, bem como edifícios de luxo. A cidade é cheia de jardins públicos e parques. Os hotéis estão localizados, na maioria, em Yau Ma.

Jacarta, Indonésia

ÍNDIA

A Índia transmite a sensação permanente de mistério, de misticismo. Ao lado disso, sente-se no ar um cheiro acre que dá a impressão de sujeira. Pelo menos em Bombaim, onde estive. Isso acontece, principalmente, na periferia, mas a região central, a mais luxuosa, não está imune, sobretudo porque não existe uma divisão exata entre o que é região rica daquela dos bairros paupérrimos.

A sensação que tive não foi bem de sujeira, mas sentia o cheiro característico de regiões em que o esgoto corre a céu aberto e o lixo acumula-se pelas ruas. E, no caso da Índia, existe ainda o cheiro característico das fezes das vacas, que espalham seus dejetos por qualquer lugar. Animal sagrado, intocável, faz o que quer, como deitar no leito de qualquer rua ou avenida e ali permanecer, já que ninguém tem a audácia de chegar perto ou muito menos empurrá-la. A vaca também não escolhe lugar para fazer as suas necessidades. Sem falar que, nas calçadas, ou à beira delas, encontram-se grandes montes de capim. Ali as vacas encostam-se e alimentam-se placidamente, ou ficam paradas, olhando para todos com aquele olhar "pidão", enquanto pessoas aproximam-se e, retirando capim do monte, o colocam em pequenas porções na boca do animal.

Muito embora tenha começado os meus relatos de viagens falando do meu espírito nômade, um tanto aventureiro, do desejo maior de viajar, virar o mundo, conhecer gente e coisas diferentes, de todos os lugares que já visitei ou onde residi, dos mais de vinte países e certamente centenas de cidades, se convidado, ou se oportunidade me aparecer, não pensarei duas vezes em voltar a qualquer um deles. Exceto à Índia. Para voltar à Índia, pensaria duas vezes, ou mais. A sensação de uma certa repulsa eu senti desde a primeira viagem ao país, onde cheguei, por coincidência, no dia em que se comemorava o aniversário de cinqüenta anos de sua independência, ou seja, em 15 de agosto de 1997.

– 221 –

Chegamos ao aeroporto de Bombaim, na viagem em que iríamos conhecer Goa, ex-colônia portuguesa. Provavelmente a impressão negativa ficou marcada em minha cabeça, desde o aeroporto, que fica situado em um bairro pobre da cidade, até o hotel, também não muito afastado daquela região de periferia, apesar de ser um dos mais luxuosos que conheci.

No aeroporto, a bagunça era generalizada, com vendedores ambulantes importunando os viajantes, espremidos entre dezenas de pequenas lojas, abarrotadas de quinquilharias. Na rua em frente à estação de passageiros, mesmo para quem não é detalhista como eu, não dava para deixar de notar o lixo acumulado nas sarjetas e nas esquinas. No percurso para o hotel, em vários pontos do bairro mais pobre que se atravessa, lá estavam os esgotos a céu aberto.

Como já era noite, ficaram aí as primeiras impressões. No dia seguinte, no entanto, quando voltávamos ao aeroporto para nossa viagem de Bombaim a Goa, senti o choque maior, que certamente é a causa da quase aversão que demonstro. Tanto nessa viagem quanto nas seguintes, nos sinais de trânsito em que o táxi parava, como que saindo não sei de onde, surgiam de imediato grupos de mulheres maltrapilhas pedindo esmolas, trazendo nos braços crianças muito pequenas. Aquilo me chocou. A cena daquelas crianças macérrimas era na realidade algo novo para mim. É importante ressaltar que sou nordestino e, como jornalista, percorri quase todo o Nordeste, fazendo reportagens nos lugares mais afetados pelas secas periódicas que assolam a região e deixam rastros de miséria. Mas o espetáculo na Índia era dantesco: as mulheres corriam e amontoavam-se junto aos vidros laterais dos carros e, quando bem próximas dos passageiros, quase encostando nos vidros do carro, abriam os panos imundos que cobriam as crianças, que eram expostas totalmente nuas. Além de estarem, como se diz no Nordeste, "só o couro e o osso", com a pele do corpo que parecia transparente, algumas ainda tinham feridas à mostra.

Jacarta, Indonésia

De fato, o espetáculo marcou-me e, sem dúvida nenhuma, posso dizer que aquelas cenas, que se repetiram várias vezes em outras visitas a Bombaim, são das mais tristes a que já assisti. Certamente, a impressão que ficou é mais marcante ainda, por envolver crianças, usadas por adultos para mendigar. Sei que no Brasil há casos de mulheres que até alugam crianças de mães miseráveis, para ajudá-las na mendicância, expondo-as nas ruas. Mas nunca vi no Brasil crianças no estado em que vi na Índia, como que semimortas.

Na Índia não conheci outros lugares, a não ser Goa, que é bem diferenciada por ter sido colônia portuguesa até menos de meio século atrás, e Bombaim, onde estivemos em mais de uma oportunidade. Obviamente, não poderia cometer a leviandade de dizer que na Índia há somente miséria e pobreza, sujeira e cheiro ruim. Evidentemente, sei muito bem que existem lugares belíssimos e atraentes.

Reportei-me, no entanto, apenas àqueles que pessoalmente tive condições de ver, que escolhi. Poderia encontrar as coisas bonitas, ricas e luxuosa tanto em Bombaim como em dezenas de outros lugares da Índia. Bastaria, para tanto, que procurasse a ajuda de um bom guia turístico, que poderia me mostrar as mil maravilhas que sei que existem na Índia, e que me mostraria apenas o que de fato é bonito, limpo, cheira bem, é rico e luxuoso.

Como disse, na primeira vez que fui à Índia, tratou-se de uma passagem, na viagem para Goa. Na outra ficamos em Bombaim, onde nos demoramos aproximadamente uma semana.

Bombaim, hoje denominada pelos indianos Mumbai, com a nova grafia levando às origens da cidade, com o nome derivado de um peixe, é considerada a capital financeira da Índia. É uma cidade com 478 mil km² de área e abriga uma das maiores populações do mundo: quinze milhões de pessoas. Afinal, a Índia tem a segunda maior população do mundo, com um crescimento demográfico até

– 223 –

Josué Maranhão

certo ponto incontrolado, o que indica que, em pouco tempo, Bombaim e outras grandes cidades deverão figurar nos primeiros lugares na escala mundial.

Em Bombaim, como na maior parte da Índia, falam-se vários dialetos, mas os idiomas mais usados são três: o marathi, o hindi e o gujrati. Como herança de quase quatro séculos de dominação pelo Império britânico, o inglês também é falado pela grande maioria da população. É uma cidade quente: a temperatura no verão pode chegar a 38 graus Celsius e, no período mais frio, o inverno, não fica abaixo de 20 graus.

Para ser considerada a capital financeira do país, Bombaim sedia as maiores companhias nacionais e as multinacionais que operam na Índia. Além disso, através do seu porto marítimo e do seu aeroporto, transitam mais de 50% de todos os negócios internacionais em que o país está envolvido.

Bombaim destaca-se, ainda, pelos grandes parques que possui, como o Esselworld, um dos maiores do mundo, e o Waterworld, o maior parque aquático temático da Ásia.

Como na maioria dos lugares da Ásia, em Bombaim também é marcante a presença de Portugal em sua origem e história. Em 1534, em meio às guerras de conquista e negócios, Portugal recebeu Bombaim do sultão Bahadurshah de Gujarat. Em 1661, o rei de Portugal deu Bombaim ao rei Carlos II da Inglaterra, como parte do dote da princesa Catarina de Bragança, com quem o monarca inglês se casou.

Afora tudo que se diz a respeito da cidade, na realidade Bombaim ficou conhecida como o lugar onde Gandhi viveu a maior parte da vida e desenvolveu suas atividades, tornando-se, certamente, o indiano de maior fama em todo o mundo.

O maior ideólogo e pacifista de todos os tempos, Mohandas Karamchand Gandhi nasceu em 1869, em Porbandar, no norte da

– 224 –

Índia. Como era costume em sua região, ficou noivo, aos sete anos de idade, de Kasturbai, com quem se casou em 1883, ou seja, aos quatorze anos. Estudou na Inglaterra, formou-se em direito e em 10 de junho de 1891 conseguiu a sua inscrição no "Álbum dos Advogados", o equivalente à inscrição na Ordem dos Advogados do Brasil (OAB), no Brasil. Dois dias depois voltou para a Índia, onde iniciou a sua luta. E não parou mais.

Por princípio religioso e para ver-se totalmente livre de compromissos, embora casado, em 1906, Gandhi adotou o voto de castidade, que manteve pelo restante dos seus dias.

Gandhi morreu em 30 de janeiro de 1948, menos de um ano depois de conseguir a Independência, enquanto fazia orações com mais de quinhentas pessoas. Foi assassinado por um indiano hindu fanático, que não aceitava os sentimentos fraternos de Gandhi em relação aos muçulmanos.

Aliás, a revolta era muito grande, na época, entre os indianos, principalmente aqueles de fé hinduísta, já que, com a independência, a Índia acabou dividida em dois países. Na Índia propriamente dita, ficaram sobretudo os hindus e as pessoas de outras religiões importantes no país, enquanto os muçulmanos receberam a área onde hoje existe o Paquistão. No meio, ficou a região de Caxemira, faixa ainda hoje disputada pela Índia e pelo Paquistão.

A propósito de Gandhi, na segunda visita a Bombaim, consegui realizar um antigo sonho: visitei o pequeno sobrado onde ele viveu a maior parte de sua vida. Modesto, em uma rua estreita, semelhante a milhares de pequenos sobradinhos que existem em São Paulo, principalmente nas antigas vilas, a moradia de Gandhi é mantida como museu, uma espécie de museu vivo. No local, duas vezes ao dia, grupos de crianças participam de representações teatrais, nas quais são encenadas passagens da vida de Gandhi. Em uma delas, o que me deixou impressionado foi a semelhança do menino que re-

Josué Maranhão

presentava Gandhi com as dezenas de fotos, inclusive da sua infância, expostas no local.

Ainda são mantidos no sobrado o colchão em que Ganchi dormia – no chão, não costumava usar cama –, no pequeno quarto de frente para a rua, e, em outra dependência, o seu local de trabalho, com uma pequena e tosca mesa, montada em madeira bruta, o pequeno banco que usava para sentar e outros iguais para as visitas. Em outro cômodo, estão em exposição peças da vestimenta de Gandhi, sempre de cor branca.

Permaneci aproximadamente três horas no local, examinando detalhadamente tudo que lá existia, tanto que cheguei a ser advertido que, em algumas peças, conforme o aviso, era proibido tocar, mas a curiosidade era maior.

Na saída do local, ainda tive oportunidade de visitar dois templos hindus, um deles antigo, desativado, notável pela arquitetura e pela construção em pedra, de muitos séculos atrás. O outro é contemporâneo, onde assisti a um ritual religioso.

Impressionou-me ainda, no circuito que fiz em Bombaim, saber que existem na Índia milhares de pessoas que nascem, vivem a vida inteira e morrem sem que nunca tenham tido um teto. Não me refiro a ser proprietário de uma "casa própria", como é o sonho de todos, mas sim a pessoas que nunca viveram sob um teto, nunca puderam dizer: "estou indo para casa dormir".

Desde quando nascem, a casa deles é a rua. Nela vivem, mendigando ou vivendo de pequenos serviços avulsos. Enfim, nunca tiveram algo que pudessem chamar de lar. Da vida na rua, saem somente para o cemitério. A maioria das pessoas vive essa situação de miséria e de castas inferiores – na Índia perdura a divisão da população em castas –, mas há casos inúmeros de pessoas de castas superiores, que nasceram de famílias ricas, que abandonam tudo que possuem e, por motivos religiosos, fazem votos de pobreza e passam a viver nas ruas mendigando.

Jacarta, Indonésia

Tive oportunidade de ver alguns grupos dessas pessoas que nascem, vivem e morrem nas ruas, em uma região onde circulam com mais freqüência. E, ante o quadro, mais ainda se acentuou a minha impressão desfavorável a respeito do país. Principalmente porque, bem próximo, situa-se uma região rica do centro da cidade, onde está localizado o luxuosíssimo hotel para onde me encaminhei, depois do *tour*. Não era onde estavámos hospedados, mas era o local onde iria encontrar-me com os companheiros de viagem. Ali chegando, instintivamente, procurei o toalete e, mesmo somente usando uma pia, com suas ricas torneiras e outros apetrechos de luxo, procurei lavar-me, até onde era possível. Tinha comigo uma sensação de sujeira.

CHINA

A expectativa da visita à China, certamente, foi a maior entre todas as que ocorreram às vésperas das nossas viagens pela Ásia.

O país sempre me pareceu envolto em mistério. Para tanto, contribuíam alguns fatores. Em primeiro lugar, o fato de que a China é uma das mais antigas civilizações conhecidas, governado o país durante vários séculos por famosas dinastias, resistindo a guerras e invasões. Em segundo, a curiosidade era imensa em torno do que seria o país que havia conseguido atravessar a Segunda Guerra Mundial, ocupada e teve seu povo praticamente escravizado pelos japoneses, para, somente quatro anos depois do fim do conflito, ter sido o cenário de uma das mais espetaculares epopéias da humanidade: a chamada "Grande Marcha", comandada por Mao Tsé-Tung, que terminou com a tomada do poder e o estabelecimento de um regime comunista. Por último, impressionava-me, ainda, o fato de ter a China a maior população do mundo.

– 227 –

Josué Maranhão

Ademais, como todo o restante do mundo, principalmente no Ocidente, a curiosidade sobre a China havia aguçado-se nos últimos anos, com os primeiros sinais de abertura do regime comunista para o capitalismo, depois dos primeiros contatos com governos de países do Ocidente.

O que se via era a China mesclar o seu rígido regime comunista com a adoção de medidas típicas do capitalismo, atraindo capitais estrangeiros, permitindo a constituição de *joint-ventures* (obviamente com alguns limites, como a obrigatoriedade de participação substancial do governo) e facilitando a entrada de turistas, o que era impossível imaginar antes do início da década de 1990.

No nosso caso, optamos por visitar e conhecer três cidades de portes diferentes, o que nos permitiria uma melhor avaliação do país e de seu povo.

Começamos pela cidade de Guilin, a menor das três do nosso roteiro. Situada no nordeste da China, Guilin pertence à região denominada Guangxi Zhuang. O nome Guilin, em mandarim, significa "cássia" , que, em bom português, significa floresta de acácias. De fato, por toda a cidade, encontram-se árvores com aquelas bonitas flores.

A cidade, com aproximadamente trezentos mil habitantes na área urbana de 54 km², é conhecida pelas montanhas que a circundam e pelas famosas cavernas, além de sua maior atração turística, o Rio Li.

O nosso primeiro susto, principalmente para Cristina e Mariana, foi ler em placas colocadas às portas de restaurantes, escritas em inglês, entre os pratos constantes do cardápio, alguns preparados com carne de cachorro e em alguns outros até com carne de cobra. A reação imediata das meninas (com o que concordei, embora sem manifestar-me abertamente) foi solicitar ao guia que, quando nos levasse aos restaurantes, se possível, evitasse aqueles em que fossem servidos pratos preparados com os "estranhos" animais ou, se im-

– 228 –

Jacarta, Indonésia

possível, pelo menos que nos garantisse que os pratos que pedíssemos de nenhuma forma teriam cachorro ou cobra como ingredientes.

Tendo chegado pela manhã, já próximo à hora do almoço, à tarde fizemos o primeiro passeio pela cidade. Embora existam registros históricos sobre a cidade há mais de 2.500 anos, a arquitetura não demonstra que sejam tão antigos os prédios, assemelhando-se muito ao tipo de construção um tanto contemporânea que já conhecíamos de outros lugares da Ásia. O que, de fato, destacava-se eram os belíssimos jardins.

No primeiro contato com o povo chinês no território deles, o que observamos foi que, normalmente, cumprimentam as pessoas, mesmo não as conhecendo, com um sorriso e movimento da cabeça. Não vi sinais de pobreza, nem no vestuário do povo. De modo geral, vestiam os homens calças de brim e camisa comum, muitos vestiam camisetas de malha. As ruas eram limpas, não havia esgotos a céu aberto, como ocorre em muitas cidades da Ásia. Em nenhum lugar vimos pessoas pedindo esmolas ou alguém demonstrando sinais de extrema pobreza. Para não fugir à regra e manter o que sempre encontramos, havia num pequeno museu a informação de que os portugueses foram dos primeiros europeus a chegar ao lugar, por volta de 1550.

No dia seguinte à nossa chegada, fizemos um longo passeio de barco pelo Rio Li, a maior atração local, juntamente com as bonitas montanhas, que são vistas bem próximas, em quase todo o percurso. Apesar da proibição do governo quanto ao culto religioso, são mantidos os monumentos históricos, inclusive os tempos budistas.

No percurso, são avistados montes muito bonitos, dos quais se destaca o "Monte Elefante", que realmente é muito parecido com o animal, em tamanho gigantesco. O rio fica muito próximo aos morros, espremido, com muitas curvas, o que, em alguns casos, provoca medo.

Josué Maranhão

Em uma parada, em um local onde havia um museu histórico, com peças de artesanato da região, além daquelas tradicionais barracas que são encontradas em todos os pontos turísticos, vendendo "quinquilharias", um fato interessante ocorreu. Quando circulava pelo pátio em frente ao museu, vi conversando com mais três pessoas um famoso ex-piloto de corrida brasileiro. Mostrei-o para Cristina e Mariana e, embora ele tivesse me escutado falando português e quando falei o seu nome, simplesmente virou-se de costas, sem dar a menor atenção. O procedimento não é comum quando brasileiros encontram-se no exterior, principalmente em se tratando de pessoas famosas quando encontram crianças ou jovens, como era o caso das minhas filhas, que até pretendiam pedir autógrafos. De qualquer forma, o incidente serviu para confirmar a fama de arrogante, pernóstico e pouco atencioso daquele ex-piloto.

Depois de mais meio dia em Guilin, que gastamos em passeios livres pelas proximidades do nosso hotel, à tarde viajamos para a nossa segunda etapa.

Xi'am, ou mais simplesmente Xiam, já é uma cidade de maior porte, faz parte da província, ou região autônoma, como denominam, de Shaanxi, mais próxima da Mongólia e, como fazem questão de destacar, estaria nas proximidades, também, de uma das curvas do famoso Rio Amarelo, o Yellow River, nome em inglês que se vê em algumas placas, ou, em idioma local, Huanche. Na área total de pouco menos de 17.000 km², a cidade tem uma população urbana de aproximadamente quatro milhões de habitantes e mais de seis milhões e meio em toda a área, incluindo a rural.

Durante toda a história contemporânea, as atrações de Xian eram museus, parques, jardins e alguns templos budistas. Havia como atração os famosos Goose Pagoda, monumentos históricos do século VIII. É composto pelo Small Wild Goose Pagoda, que tem a altura de 43 metros, e pelo Great Wild Goose Pagoda, com uma altura de 73

Jacarta, Indonésia

metros (numa tradução um tanto literal, seriam Pequeno e Grande Pagode do Ganso Selvagem). Construído como se fossem vários andares de um edifício, com uma base quadrada muito larga, a cada andar superposto, a largura vai afinando até formar uma espécie de cilindro, no topo.

Em 1972, pessoas que trabalhavam em escavações nas proximidades do histórico palácio do imperador Qin Shi e do Museu Huanh's, não muito distantes da cidade de Xian, depararam com imensos fossos onde havia peças históricas moldadas em terracota.

Nos trabalhos seguintes, orientados já por professores e arqueólogos, reconhecidos internacionalmente e aceitos no local pelo governo da China, foi achado o que, certamente, pode ser considerado o mais significante acervo arqueológico descoberto durante o século XX. Haviam descoberto o que seria a "Cidade Imperial", cons-truída por Qin Shi Huang, o primeiro que recebeu o título de imperador e que reinou em todo território da China, no período entre 246 e 206 a.C. O sítio arqueológico está construído cerca de cinqüenta quilômetros ao sul de Xian.

Descobriram-se três grandes fossos, a uma profundidade de aproximadamente cinco metros, em uma área de duzentos metros quadrados, onde foram localizadas sete mil estátuas, construídas em terracota, representando um exército imperial completo, com soldados, seus cavalos, carroças (semelhantes às que séculos depois, foram usadas como carros dos soldados do Império Romano), armas e demais apetrechos que equipam uma tropa militar.

Todas as figuras têm a altura máxima do mais alto dos soldados, 1,80 m. Aliás, a altura máxima de 1,80 m é maior do que a um chinês médio atualmente, embora na própria China encontrem-se hoje homens chineses de altura igual à dos ocidentais do Hemisfério Norte. Proporcionalmente ao tamanho dos homens, construíram-se os cavalos, as carroças e todos os demais apetrechos.

– 231 –

Andar pelo local, onde se deve demorar pelo menos algumas horas, é realmente algo muito impressionante. Os detalhes nas estátuas são marcantes e uma observação mais meticulosa permite comprovar que, dificilmente, existem duas fisionomias de soldados absolutamente iguais, apesar de serem milhares. Há sempre detalhes que mostram as diferenças entre eles.

Com relação a achados arqueológicos, a "Cidade Imperial" e as figuras em terracota são das coisas mais impressionante que encontrei até hoje. Comparo-as apenas com as ruínas das antigas civilizações do México, principalmente aquelas que vi na região de Chichen-Itza, e também com as pirâmides do Egito e as construções antigas da Grécia, principalmente em Delphos. Em 2003 uma parte do que se encontra na "Cidade Imperial" foi exibida com enorme sucesso em São Paulo.

A nossa terceira e última etapa na China foi Beijing, a capital, até recentemente conhecida no Ocidente como Pequim. O nome Beijing, no entanto, na nova grafia, é o que mais se aproxima do som da palavra em chinês.

Beijing é bem uma mostra do que é ser a capital do país com a maior população no mundo. A cidade, com uma área de 6.500 km², tinha, na época de nossa visita, em 1997, uma população de quase onze milhões de habitantes, o que, considerado o crescimento natural – apesar dos rígidos controles impostos pelo governo da China – faz prever que, em poucos anos, deva ser a maior cidade do mundo em população.

No relato que fiz a respeito de Hong Kong, falei insistentemente das aglomerações, do burburinho, do vai-e-vai constante de gente na rua, ou seja, não foi apenas o número de pessoas que me impressionou em Hong Kong, mas o movimento das pessoas, a agitação constante. Tudo é diferente, no entanto, em Beijing. Não há a agitação, o empurra-empurra nas calçadas, o comércio com as portas nas calçadas e os vendedores chamando a freguesia. Não há dúvidas de

Jacarta, Indonésia

que em Beijing é a maior demonstração de quantidade de gente nas ruas. Principalmente nos horários de pico, para todos os lados que se olhe, observam-se as calçadas cheias de gente, que caminha lenta ou rapidamente, mas sem grande pressa, sempre sem agitação. É o caminhar tranqüilo. Muita gente caminhando, o que impressiona, principalmente porque Beijing é cortada, notadamente na área central, por imensas e muito largas avenidas.

O que se vê são milhares de pessoas caminhando nas calçadas e, nas grandes avenidas, mais um detalhe as diferencia de tudo o que se vê a respeito no restante do mundo. Nas grandes avenidas, diferentemente do que acontece nas demais metrópoles, não existem apenas uma pista para circulação dos veículos. Em Beijing, as avenidas maiores são divididas em pistas com três ou quatro faixas cada uma. Além das duas que são utilizadas para a circulação de automóveis e outros veículos motorizados, lá existem as faixas para bicicletas, em uma pista exclusiva. Uma faixa, em algumas avenidas, ou até duas, em algumas outras, é destinada à circulação de bicicletas. São faixas largas, do tipo e largura daquelas destinadas aos automóveis, não aquelas estreitas que se vêem em muitos lugares, tipo ciclovia. Mais de uma vez fizeram-me ficar parado, observando. Com os meus botões, pensava: de onde é possível sair tanta bicicleta, de onde vem tanta gente pedalando? Você pode ver bicicletas dos mais diversos tipos. Algumas muito sofisticadas, como não conhecia antes. A maioria, no entanto, eram bicicletas comuns, dessas que quase todos os brasileiros tiveram quando criança, menos eu, que nunca tive uma bicicleta e, talvez constituindo uma peça rara, nunca aprendi a andar nelas. Aliás, nem tão rara assim: descobri que a minha cunhada Toninha também nunca andou em bicicleta.

Também é grande a diversidade de pessoas que as usam as bicicletas. Você pode ver jovens, com aspecto de estudantes, nos trajes comuns que eles também usam no Ocidente, conduzindo nas costas,

– 233 –

Josué Maranhão

ou no bagageiro, uma mochila. Também pode ver homens de certa idade, circunspetos, trajando terno e gravata, alguns de cor escura, com as suas pastas de trabalho. Ou ainda ver mulheres, com aspecto de executivas, usando roupa fina, tipo saia e *tailleur*, pedalando a sua bicicleta e levando a sua bolsa de trabalho, até daquelas do tipo que, na década de 1970, ficaram conhecidas como 007.

Da cidade contemporânea, no entanto, pouca coisa mais há a destacar. Beijing, nesse aspecto, é uma cidade comum, igual a tantas outras que se pode encontrar tanto na Ásia como no Ocidente.

Todavia, nos vários passeios que fizemos pela cidade e pelas imediações, vimos muitas coisas históricas, o que diferencia uma visita a uma cidade de uma civilização existente há tantos séculos, como a China, de qualquer outra visita a uma cidade moderna. Nos Estados Unidos, por exemplo, algo do século XVIII é considerado antigüidade, enquanto na China vêem-se prédios e monumentos de um ou dois mil anos atrás.

De tudo que tivemos oportunidade de ver, destaco três : a "Cidade Proibida", Tianamen, nome oficial da Praça da Paz Celestial, e a Muralha da China.

A CIDADE PROIBIDA

A Cidade Proibida está localizada no centro de Beijing e ocupa uma área de 720 mil m². Uma muralha em torno de uma grande área foi construída nos primeiros séculos da era cristã e concluída em torno de 1420. Sua função era proteger os palácios e monumentos construídos pelas mais antigas dinastias chinesas.

No interior desta muralha está situada a chamada Cidade Proibida. Ali viveram nada menos do que 24 imperadores de duas dinastias, Ming e Ching, com suas famílias e centenas de eunucos.

– 234 –

Jacarta, Indonésia

Na Cidade Proibida, nos tempos em que viveram membros daquelas dinastias, não era permitida a presença de pessoas comuns. Os imperadores viveram na Cidade Proibida com suas cortes e suas famílias até 1911, quando a revolução republicana que derrubou o regime imperial apenas permitiu que o último imperador da dinastia Ching ali permanecesse. No entanto, em 1924, as tropas republicanas expulsaram o imperador e o local foi transformado em museu aberto à visitação pública.

A Cidade Proibida está dividida em Corte Interna e Corte Externa, e seus principais monumentos históricos são o Portão da Harmonia Suprema, o Hall da Purificação Celestial, o Hall do Poder Militar, o Hall da União dos Povos e o Hall da Tranqüilidade Terrestre e, o mais impressionante de todos, o Pavilhão da Alegria Constante. Todos os monumentos são de uma incrível beleza, quer pela sutileza das imagens, quer pelos detalhes de vida que apresentam, como figuras de pessoas, animais, rios, montanhas e muitos outros acidentes geográficos. A organização é perfeita, tudo muito arrumado e limpo, havendo sempre um guia para dar as explicações necessárias.

A Praça da Paz Celestial tornou-se mundialmente conhecida pela represão a milhares de pessoas, principalmente estudantes, nas manifestações que ali foram realizadas em prol da democracia, em junho de 1989. Ficou marcada no imaginário universal a cena tantas vezes transmitida na televisão do mundo inteiro mostrando um tanque avançando pelo centro da praça, tendo à sua frente, inteiramente solitário e indefeso, um único estudante, tentando barrar corajosamente o veículo militar. Não pude deixar de recordar-me dela lá estando.

Conforme os anúncios da China, Tiananmen, como é chamada a praça em chinês, é a maior praça do mundo, com 880 metros de norte ao sul e 500 metros de leste a oeste. Na face norte, nos

Josué Maranhão

fundos de quem avista a praça, olhando da avenida que fica em frente, está a Torre do Portão de Tiananmen, originariamente o único monumento existente no local e que dá acesso aos edifícios onde estão localizados o Monumento aos Heróis do Povo, o Museu da Revolução Chinesa e o Museu Histórico Chinês. Quando visitamos a praça, ao lado do portão, já fora construído o memorial em homenagem a Mao Tsé-Tung, impressionante construção, no local onde está o túmulo do fundador da República Popular da China.

A nossa visita à praça ocorreu em um dia de semana, numa tarde um tanto fria para os padrões locais da época e, ainda, um pouco chuvosa. Apesar disso, muito gente encontrava-se na praça, principalmente jovens, a maioria com uniformes escolares, e um grande número de turistas.

A GRANDE MURALHA

A Grande Muralha, ou a Muralha da China, como também é conhecida, é um dos motivos de orgulho para os chineses. Orgulho justificado quando se ufanam dizendo que a Muralha da China é, até hoje, a única construção existente na Terra, feita pelo homem, que pode ser avistada pelos astronautas, nas suas viagens espaciais. Considerada uma das maravilhas do mundo, foi declarada pela Unesco um patrimônio da humanidade em 1987.

Através de seus 6.700 km de extensão, a Muralha, em altos e baixos, atravessa desertos, montanhas, platôs e planícies, com o seu formato que, visto do alto, lembra um grande dragão.

A extensão da muralha, para que se possa fazer uma comparação, é bem próxima da extensão de todo o litoral brasileiro, que, sem considerar as reentrâncias e saliências, totaliza aproximadamente

– 236 –

Jacarta, Indonésia

7.400 km. Ou seja, com 6.700 km, a extensão da muralha correspondente a somente 700 km a menos do que toda a costa brasileira. Daria para ir do Rio Grande do Sul até aproximadamente o Maranhão, seguindo sempre a beira do mar.

A Muralha foi construída com o objetivo de defender algumas regiões da China, tendo sido o trabalho iniciado por volta do século V a.C. e concluído por volta do ano 220 da era cristã.

Tendo em vista o grande número de vidas que consumiu, é chamada, também, de Muralha das 10 Mil Vidas, que seria, pelo menos simbolicamente, o número aproximado de pessoas que morreram nos séculos em que durou a construção. Recentemente, as autoridades chinesas receberam informações sobre estudos realizados em toda a extensão da Muralha indicando que as forças da natureza, gradualmente, vêm deteriorando a grande obra, que hoje teria somente 30% da sua extensão em ótimas condições.

Chegamos à Muralha em um começo de tarde, depois de visitar outros sítios históricos, desde Beijing até lá. No ponto a que chegamos, o alto de montanha, o vento era bastante frio, e o ar úmido.

Infelizmente, minhas condições de saúde não me permitiram subir os degraus que dão acesso ao alto da Muralha. Iraci, Cristina e Mariana subiram e andaram uma razoável extensão, confirmando o que se encontra nos livros quanto à largura aproximada, no ponto em que estávamos, que varia entre dez e vinte metros.

Justifica-se o orgulho dos chineses: a Grande Muralha merece o título de uma Maravilhas do Mundo e, sem dúvida, dos grandes monumentos que conheci, em muitos países, está entre os cinco que mais me impressionaram.

No que se refere ao povo, não consegui observar, nas ruas, nenhuma expressão de alegria. O povo, em geral, tinha um semblante carregado, puxando para o triste. Isso, no entanto, poderia ser encarado como uma característica do oriental, até porque, nos contatos

– 237 –

Josué Maranhão

com pessoas como nós ocidentais, cumprimentavam com a cabeça e mostravam no rosto um sorriso como que controlado.

A idéia que ficou em minha cabeça, no entanto, foi que o povo demonstrava um certa tensão, uma preocupação controlada, uma sensação de que estava sendo vigiado e não poderia expandir-se, abrir-se, demonstrar tudo que ia ao íntimo. O sentimento de opressão que eu disse anteriormente que sentia, sempre, quando visitava Cingapura, como que se estivesse, permanentemente, controlado por câmeras instaladas em todos os lugares, pareceu-me que era o que sentia o povo chinês, nos três lugares que visitamos. Não era uma opressão igual à de Cingapura, que decorria do controle quanto à limpeza das ruas, o rigor nas regras de trânsito, a proibição de fumar na maioria dos lugares e até de fazer "xixi" em elevador. Na China, a impressão que tive foi que, apesar da aparente liberdade, de não haver avisos de proibições, sem regras expostas nas ruas, sem que fosse evidente a presença física de alguém observando, o povo parecia sentir-se controlado.

Evidentemente não seria viável tentar conseguir confidências das pessoas na rua a respeito do regime de governo, dos hábitos de vida etc. Apenas tentamos, convivendo com os guias, entabular conversas que pudessem servir de "ganchos" para uma ou outra revelação. Nas duas primeiras cidades visitadas, os guias (certamente por terem um pouco mais de idade) não caíram em nossa conversa e nada revelaram. Em Beijing, no entanto, a menina-moça simpática, muito novinha ainda, que nos acompanhou e conosco permaneceu mais tempo, contou-nos, certamente num impulso de jovem, que seu pai, professor, sempre ensinou em escolas públicas. Pouco tempo antes, em uma aula, teria feito comentários, sem malícia e sem propósito de crítica ou contestação, a respeito de regime de governo, teoricamente falando a respeito de democracia ou algo assemelhado. Denunciado, foi levado a uma espécie de julgamento e, como

– 238 –

Jacarta, Indonésia

punição, foi desterrado de sua casa, separado da família e obrigado a permanecer, durante seis meses, em uma cidade longínqua, no interior do país, sem o conforto habitual e submetido àquele tratamento que se poderia considerar como uma reeducação, uma punição corretiva, uma verdadeira lavagem cerebral.

Para mim, aquela revelação feita pela jovem, com aspecto triste, quase chorando e até demonstrando revolta, foi o bastante, uma amostra evidente da opressão no país.

MALÁSIA

A Malásia nunca me causou boa impressão. Certamente isso seria uma decorrência do fato de ter sido para lá, para a capital, Kuala Lumpur, que fomos quando saímos resgatados de Jacarta, em meio à rebelião popular.

Para mim, tanto a Malásia como um todo como a capital Kuala Lumpur, onde permanecemos algum tempo, sempre me pareceram um tanto "insossos". Ou melhor, como ensinava-me um professor de ciências, no meu quarto ano do curso ginasial, nos anos 1950, quando falou das características essenciais da água: tudo ali me pareceu "inodoro, incolor, insípido".

Na realidade, a Malásia sempre me deu a impressão de não ter personalidade própria. A povo da Indonésia tem origem idêntica ao povo da Malásia, ambos descendem do malaio. No entanto, o indonésio assumiu uma personalidade mais firme, certamente pelo fato de ter sido sede do reino javanês, culturalmente muito rico, e de ter hoje a maior população muçulmana do mundo. Como tal, assumiu postura bem inerente às regras do islamismo, com muita influência do javanês. E esse foi o norte que o povo deu à sua vida.

Na Malásia não. Lá há uma mistura muito maior de religiões e influências de etnias diferentes. Aí, talvez, uma explicação para a sensação de falta de personalidade.

A Malásia está localizada na chamada Península Malaia, tendo ao norte a Tailândia e, ao sul, Cingapura. Tem, ainda, uma parte separada, que é aproximadamente um quinto da área da Ilha de Borneo, que divide com a Indonésia e o Brunei. Está separada da Ilha de Sumatra, que é parte da Indonésia, pelo Estreito de Malaca, mas a distância é muito pequena e do porto de Cingapura é possível avistar construções à beira-mar na Ilha de Sumatra. Com uma área de 330 mil km² e uma população de pouco mais de 22 milhões de pessoas, a Malásia não tem índices de densidade demográfica tão altos como alguns dos vizinhos.

O povo da Malásia é o que se chama vulgarmente de "caldeirão de raças" e, não menos, uma Babel de línguas. Oficialmente, a divisão, quanto à etnia, é de 55% de malaios propriamente ditos, 30% de chineses, 10% de indianos e o restante uma mistura de gente de muitas outras origens. No que se refere às religiões, os muçulmanos têm o maior percentual, 38%, mas não é a religião majoritária, por causa da divisão. O cristianismo tem um percentual mais elevado do que nos demais países da região, 17%. Os hindus ocupam o terceiro lugar, com algo em torno de 16% e, quanto ao mais, a divisão é milimétrica entre budistas, confucionistas e algumas religiões de origens tribais.

Para efeitos oficiais, é uma monarquia constitucionalista. Na realidade, de monarca, o que existe é um sultão, que é trocado em determinados períodos, em regime de rodízio. Não reina, nem governa. Quem governava, na época em que lá estive, era um primeiro-ministro mantido no posto havia muitos anos, com poderes quase absolutos.

Kuala Lumpur, cidade nova, para os padrões da região, construída a partir do início do século XIX, tem uma população de 1,3 milhão de pessoas. Na capital é mais marcante a mistura étnica, destacan-

Jacarta, Indonésia

do-se em todos os pontos e setores da cidade a presença de indianos e chineses, cuja influência torna-se mais acentuada a cada dia. Daí haver o governo adotado medidas rigorosas no que se refere à imigração de pessoas desses lugares.

Com exceção da área de informática, que recebeu enorme impulso e incentivos nos últimos dez anos, a indústria é incipiente, com pouca coisa na área de petróleo e petroquímica, maior presença em refino de azeite de óleo de palma e exploração de alguns minérios, como o estanho. A agricultura é de pequena escala, insuficiente para o abastecimento da população. A maior participação é da cultura do arroz, básico na alimentação.

Há um detalhe interessante, ligando a Malásia ao Brasil. Na primeira metade do século XX, quando a região amazônica, principalmente nos Estados do Amazonas e Pará, viveu a época de riqueza da borracha, conta-se que os "barões da borracha" acendiam seus charutos com cédulas de "um conto de réis". Os malaios foram acusados de haver roubado seringueiras da região e plantado em seu território. No entanto, a produção de borracha hoje não chega a constar com destaque nos índices econômicos.

Durante a permanência na Malásia, nossa presença foi restrita à capital, Kuala Lumpur (KL, como é conhecida) e suas redondezas. Vivemos alguns dias em um hotel comum, de uma das redes internacionais, e, nos últimos tempos, em algo tipo apart-hotel, ou hotel-residência, o Mikasa. Em Kuala Lumpur, como mais uma prova de megalomania local, construíram as torres Petrona. Ainda hoje os dois edifícios gêmeos, erguidos lado a lado e interligados por uma passarela, são os mais altos do mundo, com 485 metros de altura. Na Ásia e sobretudo na América Latina, sempre há a preocupação de vangloriar-se de ter "o maior do mundo". Não interessa se essa grandeza significa algo ou não relevante para o povo. É, parece-me, uma desesperada forma de procurar aparecer no cenário mundial.

– 241 –

Parte VI

A queda da ditadura

ANTECEDENTES ECONÔMICOS

Para melhor entender o que ocorreu na Indonésia, a partir do início do ano de 1998 e que terminou com a queda da ditadura do general Suharto, parece-me importante conhecer alguns detalhes a respeito da situação econômica que o país havia alcançado, junto aos famosos Tigres Asiáticos. É fundamental, outrossim, estabelecer a vinculação direta e os reflexos da chamada crise asiática, que se iniciou no princípio do ano de 1997, com a eclosão da revolta popular que mudou uma es-trutura de autoritarismo que se arrastava no poder havia 32 anos.

Na realidade, além de alguns outros fatores – inclusive disputas entre militares e o envolvimento de familiares de Suharto –, o principal impulso determinante da derrubada da ditadura foi a crise econômica.

Parece-me necessário, portanto, mergulhar um pouco no panorama do país, desde que se iniciou o surto de desenvolvimento asiático e colocou a Indonésia nos trilhos que levaram a sua economia a ganhar destaque no cenário mundial.

Tudo começou quando a Coréia do Sul, Hong Kong, Taiwan e Cingapura, conhecidos como os Tigres Asiáticos, ficaram famosos mundialmente em decorrência do *boom* econômico ocorrido na década de 1990. Embora não se possa classificar a Indonésia como um tigre, incluía-se em um outro grupo, também muito forte nos anos 90, formado ainda por dois outros países próximos, a Tailândia e a Malásia. O grupo – que não ganhou um nome, mas andava a reboque dos tigres – estava situado em um patamar um pouco inferior daquele em que se firmavam os vizinhos famosos.

Anteriormente ao início do ciclo de intenso desenvolvimento econômico, o panorama da Indonésia era sombrio, com uma economia fraca, com um parque industrial incipiente, sem falar de uma agricultura basicamente de subsistência, mesmo assim tendo que importar grande quantidade dos alimentos básicos, como o arroz.

Especificamente quanto à Indonésia, o impulso econômico proporcionado pelos investimentos estrangeiros colocou o país no rumo do desenvolvimento. Para que isso fosse alcançado, foi de fundamental importância a correta aplicação de recursos na produção e no aproveitamento das amplas riquezas naturais do país. O subsolo da Indonésia, além de ser muito rico em petróleo, possui ainda gás natural, estanho, níquel, bauxita, cobre, ouro e prata. Afora isso, conta com um solo muito fértil e uma imensa floresta tropical, inferior apenas à Floresta Amazônica, o que tem permitido grande exploração madeireira.

A Indonésia destacou-se no chamado *boom* asiático por ter mantido uma média de crescimento econômico, nas décadas de 1980 e 1990, em torno de 7% ao ano, atingindo uma renda *per capita* de 3.100 dólares.

Todo o desenvolvimento econômico da Indonésia permitiu que o país pudesse registrar os maiores índices de redução de pobreza no mundo no período. Muito contribuiu para o salto econômico a participação da Indonésia em dois organismos internacionais que coordenaram e impulsionaram os esforços desenvolvimentistas: a

Jacarta, Indonésia

Apec, sigla em inglês da Associação de Cooperação Econômica do Pacífico, e a Asean, Associação das Nações do Sudeste Asiático.

Vale a pena destacar um fator de importância no desenvolvimento econômico do país, que funcionou qual um bumerangue: a presença dos chineses, que muito impulsionaram economia e que, na rebelião que derrubou a ditadura, tornaram-se o alvo preferido do povo revoltado nas ruas.

Inicialmente, os chineses fugiram da China para a Indonésia, antes do século XX, por causa da perseguição religiosa, e depois do término da Segunda Guerra Mundial, com o advento do regime comunista, quando Mao Tsé-Tung tomou o poder em 1949. A importância dos chineses na economia é tamanha que estimativas oficiais indicam que os chineses representam de 5% a 7% da população (não se conhece um número exato), mas que teriam controle absoluto em torno de até 78% da economia.

Curiosamente, e provavelmente como resultado de tal domínio econômico, as leis indonésias criaram obstáculos explícitos à participação dos chineses em alguns setores. Por exemplo, as pessoas de etnia chinesa, ainda que nascidas na Indonésia, não podem ter cargos acima de determinado nível no Poder Executivo e estão sujeitas a cotas para admissão nas universidades públicas. Isso levou as famílias de origem chinesa a mandarem seus filhos estudar em universidades na Austrália ou na Europa, os mais abastados, ou nas Filipinas, os de meios mais modestos, todas de qualidade muito superior às universidades indonésias. Criou-se assim o circulo vicioso, ou virtuoso do ponto de vista dos chineses, que faz com que os melhores empregos no setor privado na Indonésia, abaixo daqueles dos expatriados, sejam sempre ocupados pelos descendentes dos chineses.

Apesar de todos os resultados, dos elevados índices, a economia da Indonésia que parecia muito firme e sólida – como, aliás, tam-

– 247 –

Josué Maranhão

bém nos chamados Tigres Asiáticos – começou a ruir em 1997, gerando uma crise na economia mundial.

Os primeiros sinais da derrocada surgiram ao mesmo tempo que a chamada crise asiática começou a se espalhar, com grande impacto até em economias mais fortes, derrubando mitos como a Coréia, por exemplo. A crise asiática chegou e encontrou um solo fértil para crescer no ambiente de insatisfação do povo, que vinha sendo notado já há alguns anos. Afinal, ao que tudo indica, a população havia se cansado de ser mantida acomodada a troco de agrados do ditador, que distribuía afagos como quem vai dando balas e chocolate a uma criança inquieta e insatisfeita, tentando acomodá-la.

A história, entretanto, mostrou que a paciência do povo tem limites e o germe da revolta cresce rápido quando o terreno vem adubado com outros motivos de insatisfação.

OS PRENÚNCIOS DO FURACÃO

O calor era típico da época, e os ventos, embora constantes, não eram suficientes para reduzir a sensação de umidade. Tudo muito normal para um clima que pouco se alterava durante o ano, não se sentindo de forma mais forte as variações das quatro estações. Continuava abafado e o ar era quente, como sempre estava no correr do ano. Típico ambiente de país tropical, tão próximo do Equador, como é a Indonésia.

A mesma coisa não se podia dizer quanto ao clima político e econômico existente no país, do meio para o fim de 1997.

Surgiam no horizonte os primeiros sinais de inquietação. A paciência do povo sempre tem limites e, como que sinais de impaciência, os tremores vão se espalhando, aumentando.

Afinal já se vivia o 31º ano de ditadura. Os afagos, sutis como agrados de amante rejeitado que tenta se reaproximar, já não eram suficientes para acalmar o povo. As migalhas distribuídas à população pobre já não surtiam mais o efeito anterior, quando a maioria se conformava e considerava o general Suharto uma espécie de pai dos pobres.

Com a mudança do clima, começaram as reclamações. No início mais reservadas, elas aumentavam de tom à medida em que, por infeliz coincidência para o governo, ocorreu a quebra na safra de arroz, que é o alimento básico do indonésio, habituado a tê-lo no prato nas três refeições do dia. Ao primeiro sinal de escassez, provocada por uma prolongada seca, disparou o alarme. Veio então uma conjunção de fatores e uma série de coincidências, que serviram para aumentar a velocidade dos ventos. Ao mesmo tempo a famosa crise asiática tomava vulto, atingindo primeiro a Tailândia e depois os Tigres Asiáticos, notadamente a Coréia, e em seguida a Malásia. Foi espalhando-se pelos países vizinhos como dominó. Agravaram-se os problemas da Indonésia junto ao Fundo Monetário Internacional, que determinou o bloqueio de saques substanciais. Não parou aí, no entanto, o já quase ciclone: alguns dos maiores bancos privados do país entraram em crise, inclusive um que era controlado por dois dos filhos do ditador Suharto e que foi à falência, apesar de todos os esforços para salvá-lo.

Os dias foram passando, e, em dezembro de 1997, fomos passar as festas de final de ano em São Paulo. Já no retorno, fizemos uma parada para a passagem do Ano-Novo em Paris. Durante a viagem, as notícias que srecebemos sobre a Indonésia já eram preocupantes. A interrupção na Europa tinha até a motivação de melhor permitir auscultar o barulho e fazer algumas sondagens. No início de 1998 e já de volta ao país asiático, a velocidade dos ventos aumentara de forma espantosa, mas não surpreendente. O choque quanto à temperatura foi muito grande, não o choque decorrente da saída do frio do inverno parisiense para o calor tropical de Jacarta, mas a temperatura do ambiente político e econômico.

De um momento para outro a moeda nacional caiu verticalmente: um dólar, antes cotado em aproximadamente 2.500 rupias (a moeda local) e que vinha se valorizando, atingiu o ápice quando bateu em dezessete mil rupias, de forma brusca.

Jacarta, Indonésia

No ambiente já catastrófico, as importações de arroz encomendadas pelo governo sofreram atrasos na entrega. Tentando controlar a situação ou pelo menos contornar a crise, o governo mudou toda a equipe econômica, inclusive a diretoria do banco controlador da política monetária, o equivalente ao Banco Central no Brasil. De nada valeram as medidas adotadas para conter os ventos. No final de janeiro de 1998, espalhou-se o boato na cidade: dizia-se que iria faltar arroz e outros produtos alimentícios de primeira necessidade. De um momento para o outro, ocorreu a corrida aos supermercados. Lembro-me bem de que, ainda sem ter preocupação igual à da população local, já que o arroz não era o nosso principal alimento, fomos ao supermercado mais próximo de casa para comprar alguns outros produtos no início daquela noite. Foi impossível mesmo chegar perto do supermercado. Uma multidão aglomerava-se no interior e nas proximidades do estabelecimento, sem falar nos muitos que para lá se dirigiam. O trânsito na área estava totalmente congestionado.

Já um pouco assustados, começamos a pensar que a crise estava tomando vulto, mas ainda não nos alarmamos.

Procuramos, Iraci e eu, um outro supermercado, localizado em um bairro de população de maior poder aquisitivo, um dos chamados bairros de estrangeiros. Ficava dentro de um grande *shopping center* e, quando lá chegamos, a freguesia que encontramos no interior do estabelecimento era totalmente diferente daquela que ali normalmente se via. Lá dentro encontramos ainda nas prateleiras muitos dos produtos mais caros, aqueles não consumidos pela população mais pobre. O arroz, que é bom e o povo gosta, havia, no entanto, desaparecido, não se encontrava um quilo sequer. Sem falar no arroz derramado pelo chão, o que apontava sinais de disputas, que resultaram em sacos rasgados. Também não se encontravam mais óleo de cozinha, sal e outros produtos básicos.

Olhando-se para os caixas, viam-se filas imensas, carrinhos abarrotados, famílias inteiras levando compras em até três carrinhos, ou mais.

Da observação do quadro, junto com o que já se sabia quanto a outros elementos da crise na área econômica, não demorou para que o nosso sinal de alerta disparasse.

No quadro geral, pelo menos no que diz respeito ao povo, o horizonte estava cada dia mais escurecido, com nuvens baixas e o vento aumentando de velocidade. Afinal, os complicadores que cresciam eram justamente aqueles que mais afetam o povo: o bolso e o estômago.

A TERRA COMEÇOU A SE AGITAR

Ao mesmo tempo que o clima e o tempo alteravam-se no meio do povo, com os prenúncios de um furacão causado pelos problemas econômicos, um fator novo surgiu para fazer a terra se agitar, algo se mexia e dava os primeiros sinais no subsolo.

O indonésio muçulmano, até então, sempre dera a impressão de ser um povo extremamente pacato, calmo, sossegado até demais. A impressão geral era que o sentido religioso que era dado à vida segurava qualquer impulso de agitação. Até certo ponto, era uma realidade, mas o que funcionava como barreira, para evitar agitações, era o posicionamento dos principais imãs, alguns deles defensores de uma tolerância excessiva, em nome de uma paz que seria uma das essências da religião islâmica. Outros imãs, como são chamados os líderes espirituais dos muçulmanos, mantinham-se pacíficos, mas em decorrência de ação direta do general Suharto e seus acólitos. Dizem que os agrados que recebiam do governo podiam conter qualquer ímpeto de maior independência ou liberdade.

Mas, para complicar o quadro, surgiu em Jacarta um novo líder religioso islâmico.

Depois de ter estudado no exterior, retornou ao país um Imã totalmente diferente daqueles que controlavam o povo. Era jovem, enquanto todos os outros já eram bem mais idosos, acima dos 65 anos; conhecia o mundo, desbravara outros horizontes, enquanto os outros apenas haviam passado as fronteiras da Indonésia basicamente em peregrinações sagradas a Meca; era intelectualizado, havia estudado em boas escolas no exterior e não apenas em escolas voltadas para o ensino religioso, o que lhe dava uma visão mais ampla do mundo e o fazia sentir mais de perto o sofrimento do povo. Era o inverso dos líderes espirituais antigos, formados no tradicionalismo e na bitola estreita dos princípios do *Corão*. Para resumir: o principal líder religioso do país, além de velho, tinha problemas sérios de saúde, há pouco tinha escapado de um derrame cerebral grave e até a sua visão era quase nenhuma. O ambiente era o mais propício possível para que o novo líder pudesse abrir as suas asas, e foi o que ele fez.

Em poucas semanas fazia-se notar a sua presença. Até a imprensa, sempre sob censura, passou a dar cobertura tolerada às suas atividades, sobretudo fora da mesquita. Sim, ele começou a "pôr as mangas de fora", aparecendo em eventos políticos e outros acontecimentos não-religiosos.

Como era de esperar, surgiram os primeiros rumores sobre atritos internos entre os líderes muçulmanos. Ciumeira, era o que se dizia, mas tudo indica que já era mais do que isso.

Os muçulmanos sempre tiveram um partido político, com relativa penetração, dirigido por um dos líderes espirituais. No quadro político da ditadura, no entanto, ficava como que na esteira do partido do governo. Estava mais para riacho afluente do Golkar, do que para um rio independente. Não enfrentava o governo em confrontos, omitindo-se, aceitando benesses para manter-se calado. Mas, aos poucos, o novo líder espiritual começou a aparecer e a tomar posições de enfrentamento em relação à ditadura.

Jacarta, Indonésia

Num crescendo, o novo imã começou a tocar o interruptor do disparador da dinamite, quando surgiram dele os primeiros comentários e reclamações a respeito de direitos humanos. Mexer em direitos humanos na ditadura do general Suharto era nitroglicerina pura. Mas o povo, aos poucos, foi se aproximando das pregações do novo líder, e, obviamente, o que ele dizia passou a ser bem recebido, na medida em que ele levantava problemas que afetavam os direitos básicos da população. O despertar foi como se o povo, acordando de um sono letárgico, descobrisse que tinha mais direitos do que imaginava. Ou nunca imaginara que tivesse algum direito. Como de hábito, sob o regime de opressão, o povo se desacostumara a pensar.

Estava instalado o segundo complicador, como um incentivador para ebulição do vulcão latente.

A PANELA DE PRESSÃO COMEÇOU A TREMER

Na minha memória sempre ficou a imagem de uma panela de pressão que um dia eu vi tremendo. Foi na cozinha da casa da minha sogra. Eu estranhei, comentei, mas ela disse que era normal. Não sei se voltou a tremer, se a tremedeira aumentou, mas o que me lembro é que um dia encontrei a minha sogra "soltando fumaça pelo nariz", quando chegou em casa e viu o estrago na cozinha.

Aquela panela de pressão, que eu vira tremer e estranhara, simplesmente havia explodido, ou seja, a tampa havia voado pelos ares. Espalhou feijão para todos os lados e foi a primeira vez que eu vi restos de feijão grudados no teto.

A panela de pressão começou a tremer na Indonésia já no início de 1998. A experiência anterior, com a panela de pressão doméstica e verdadeira, deixou-me alerta. Hora ou outra, esta também poderia explodir.

Os estudantes começaram a agitar-se, incitados por colegas que tinham retornado do exterior, onde haviam estudado. Afinal, no exterior, haviam provado o "gostinho" de liberdade, gostaram e, na volta pra casa, espalharam a notícia de que ter independência, viver em uma tal de democracia, era bom. Os estudantes começaram fazendo passeatas toleradas, com pequenas reivindicações. Instalada a sessão legislativa daquele ano do Parlamento – estamos falando do início de 1998 –, os estudantes foram lá e fizeram as suas reivindicações, no entanto, os pedidos foram ignorados.

As passeatas aumentaram, o tumulto tomou conta, quando o trânsito já caótico ficou totalmente inviável. Com o emaranhado de vielas paralelas e transversais das grandes avenidas, nos dias de passeatas parava tudo. As avenidas ficavam ocupadas pelos estudantes e as vielas estreitas totalmente entupidas pelo grande número de veículos que não podiam circular nas avenidas e dirigiam-se para as ruas estreitas, tentando em vão fugir do caos. Mas o governo continuava insensível. Como sempre ocorre e é o que a história mostra, todos os ditadores tornam-se megalomaníacos e, no *status* de grandeza que encarnam, colocam-se acima do bem e do mal. No ápice, situam-se somente um pouco abaixo de Deus, quando não se julgam o próprio.

A ebulição aumentou e os estudantes começaram a pressionar os parlamentares. Fizeram piquetes na entrada do edifício do Parlamento e foram retirados pela polícia. Fizeram um cordão "abraçando" o prédio e aí já não foi suficiente a força da polícia, foi preciso a intervenção de tropas do Exército para conter os jovens.

Ocorreram os primeiros tumultos, houve feridos e os estudan-tes denunciaram que alguns deles haviam desaparecido. E, em tais circunstâncias, não era difícil imaginar onde poderiam estar os sumidos: nas masmorras do ditador. Ou já mortos, como não era incomum acontecer com quem desaparecia sem motivo ou explicação.

A agitação já não dava sossego, e, na realidade, a vida da cidade aos poucos transformava-se em um verdadeiro caos. Até que veio o elemento que faltava para romper as borrachas e a pressão levar para o alto a tampa da panela.

Jacarta, Indonésia

Foi criado o impasse quando os estudantes que pretendiam sair às ruas em mais uma passeata tiveram a manifestação proibida pelas forças militares que haviam chegado ao local.

Havia, naquela ocasião, um grande comício na frente de uma universidade privada, no centro da cidade. De repente ouviram-se tiros. Houve a correria normal, empurra-empurra, alguns caídos pelo chão, vários pisoteados, muitos feridos. Passado o tumulto, o resultado foi trágico: três estudantes estavam caídos no chão, mortos a tiros.

As primeiras notícias qrevelaram que os estudantes liderados por um professor haviam atendido ao ultimato do comandante militar das tropas, desistindo das manifestações, e estavam retornando para o interior do câmpus da universidade, quando foram disparados os tiros. De fato, quando tentaram socorrer os estudantes caídos, atingidos por balas, comprovou-se a dura realidade: os três mortos haviam sido atingidos com tiros pelas costas.

Dessa vez, ocorreu a ruptura das últimas borrachas que ainda seguravam a tampa da panela de pressão.

O NINHO DE COBRAS

Em ninho de cobras, de fato, não é aconselhável meter a mão. Muito menos quando for refúgio de cobras asiáticas, que, dizem os entendidos, são mais venenosas do que qualquer cascavel ou jararaca daquelas conhecidas nos sertões do Brasil. Quando os primeiros ventos fortes começaram a soprar na Indonésia, quando se ouviram os primeiros barulhos subterrâneos de vulcões muçulmanos e quando a panela de pressão começava a tremer, também começou a agitação no ninho de cobras.

Ninho de cobras venenosas e grandes, eram os meandros dos comandos das Forças Armadas na Indonésia. Levado ao poder na crista de um movimento militar de entranhas direitistas, que aplicou o golpe que derrubou o primeiro presidente da República da Indonésia, Sukarno, o ditador general Suharto equilibrava-se no trono, sempre observando os movimentos nas Forças Armadas. Des-sa forma, já estava no poder havia 32 anos.

Ao que se diz, o general-ditador mantinha sempre o apoio dos mais graduados oficiais das Forças Armadas, usando um tripé: 1) nunca deixava sumir por completo o fantasma de infiltração comunista no país, tema que mobilizara os militares no golpe que derrubou Sukarno, e que ele sabia ser um forte motivo para manter em torno de si os generais responsáveis pelo massacre ocorrido na época; 2) seguindo uma antiga técnica, procurava dividir, para melhor governar, sempre fomentando as ciumeiras entre militares mais graduados e mexendo com eles, nos postos de comando, como num verdadeiro jogo de xadrez; 3) e, por último, a tática mais eficiente era ter os principais líderes militares na palma da mão, corrompendo-os com benesses, como emprego para familiares ou participações em licitações, por meio de empresas fantasmas.

Durante anos o esquema funcionou. As coisas começaram a apresentar sinais de deterioração quando o general feriu os brios dos líderes do seu Exército, esquecendo o respeito a um princípio considerado sagrado pelos militares: antigüidade é posto e hierarquia é para ser respeitada. O ditador Suharto, deixando de lado todo o esquema montado até ali, tentou dar o salto mortal, na ânsia de beneficiar um genro, mas o trapézio estava muito distante e o salto não terminou bem.

O jovem general Prabowo, casado com uma das filhas de Suharto, era tido como um militar brilhante, que conseguiu posições de destaque em todos os cursos que freqüentara. Fora mandado para aperfeiçoamento no exterior e retornara com reconhecimento aos seus méritos nos estudos. Mas o brilhantismo nos estudos não era suficiente para impulsionar a carreira do jovem Prabowo. Na realidade, sua ascensão muito rápida na carreira militar, galgando aos pulos os postos mais altos, era puro nepotismo.

O general ditador, tão tarimbado que era, sucumbiu, certamente, aos apelos da filha e não mediu limites nos empurrões que deu na carreira do genro. Em poucos anos, o general-genro foi promovido de posição inferiores ao posto mais elevado de general. O equivalente ao "quatro Estrelas" no Brasil. E não ficou aí a ascensão. O

Jacarta, Indonésia

general ditador nomeou o general-genro para um posto do maior destaque nas Forças Armadas: comandante das Forças Especiais. Era a tropa de elite, altamente especializada, principalmente em técnicas para conter distúrbios de rua e manter a ordem. Para tanto, contava também com os melhores equipamentos.

Afinal, era a nata entre os militares. A ascensão do general-genro de forma tão rápida provocou ciumeira e começaram a circular os comentários e insinuações de desagrado.

A crise teria tomado vulto quando, no princípio de 1998, o general ocupante do mais alto posto nas Forças Armadas, o equivalente a ministro da Defesa em alguns países, o mais antigo no posto, teria manifestado o seu desagrado. A manifestação não foi bem recebida nos círculos palacianos, e, antes que algo mais sério fosse tramado, começaram os movimentos para sufocar qualquer insatisfação de maior vulto. Suharno reuniu os comandantes de tropas que lhe eram mais fiéis ou que estavam na palma de sua mão e a conseqüência foi um "convite" ao comandante supremo, aquele insatisfeito, para que aceitasse vestir o pijama e solicitasse a sua passagem para a reserva.

De fato, o "convite" foi aceito e tudo parecia contornado quando o ditador Suharto nomeou para o comando supremo o general Wiranto, conhecido como um legalista e infenso a fofocas e manobras de bastidores. Aparentemente tudo estaria resolvido, os ânimos acalmados, as queixas superadas e a paz teria voltado a reinar no "seio de Abraão", ou seja, nos círculos palacianos e governamentais.

Um olhar mais atento, no entanto, poderia ver que, na realidade, no ninho de cobras o movimento era intenso e algumas até já ameaçavam pular pelas beiradas.

PIMENTA NO ANGU

O panorama que se armava na Indonésia no início de 1998 já era um tanto sombrio, com prenúncio de furacão no horizonte, complicado, ainda, pelos tremores que indicavam erupções vulcânicas. No âmbito mais doméstico observavam-se os estranhos movimentos da panela de pressão, ao lado, das cobras que se remexiam no ninho.

Para complicar, como diz o mineiro, colocaram pimenta no angu. O que apimentou tudo foi a interferência externa, não identificada com exatidão. Dizem alguns que os comunistas, um tanto sufocados desde o início da ditadura Suharto, agindo muito cautelosamene, na clandestinidade, teriam se articulado e se infiltrado nos meios estudantis e nas camadas mais baixas da população, quando surgiram os primeiros prenúncios da crise, em finais de 1997. O Partido Comunista da Indonésia é dos mais antigos do país, tendo sido fundado no início da década de 1930, ainda quando o país era colônia da Holanda.

Sob a acusação de ter se infiltrado no governo do presidente Sukarno e estar manobrando para conduzir o país para os braços da

Josué Maranhão

então União Soviética, o Partido Comunista foi o alvo direto dos militares e o pretexto para o golpe que derrubou do poder o proclamador da independência e colocou no trono o ditador Suharto, em 1966. Dizimado, na época, com o massacre que provocou protestos e revolta no mundo inteiro, com milhares de mortos, ao que se dizia, aos poucos os comunistas teriam se reorganizado. Seria uma nova geração, até mais politizada, gente que havia estudado no exterior.

Apesar do regime fechado e dos rigores da ditadura, teriam se articulado nos bastidores, no que, aliás, são, até por necessidade, especialistas. Em meio à crise, com a ameaça de racionamento de alimentos e a alta vertiginosa dos índices de inflação, a partir de 1997 os comunistas encontraram terreno fértil no meio do povo para mobilizar forças contra a ditadura. Outro campo propício para semear idéias era o meio estudantil, sempre propenso a encampar o idealismo esquerdista. Afinal, os estudantes, por natureza, são sonhadores, são idealistas por princípio. Foi o que escutei, mas não posso endossar, nem atestar a veracidade.

Afora a alegada presença de elementos das esquerdas infiltrados no meio do povo e entre os estudantes, há informações que indicam, justamente, atuação oposta, ao mesmo tempo. Ao que se dizia na época, o governo dos Estados Unidos não estaria satisfeito com o comportamento do general-ditador, tanto que havia rompido alguns acordos com a Indonésia. No setor militar, fora anulado um tratado antigo, que regulava fornecimento de armamentos e treinamento de pessoal das Forças Armadas da Indonésia.

Não estava afastada, portanto, a hipótese de que os americanos tenham interferido e, agindo em outro campo do tabuleiro, contribuido para temperar o angu indonésio com muito mais pimenta.

No caso, a atuação americana teria se dado diretamente em setores das Forças Armadas e, mais uma vez vez, permitiria comprovar que os rumos da história não são retos. Mudam conforme as cir-

Jacarta, Indonésia

cunstâncias. Ora, não é nenhum segredo que os Estados Unidos foram o grande fomentador do movimento dos militares que, em 1966, terminou com a derrubada do governo de Sukarno e o início da ditadura de Suharto. Naquela época, a posição americana fazia parte do jogo de xadrez em que se transformara a Guerra Fria, americanos e soviéticos disputando palmo a palmo o comando em países que poderiam ser transformados em satélites.

Com base no que se disse depois, informações secretas teriam chegado aos americanos dando como iminente uma ação de alguns setores das Forças Armadas, para pôr em prática um plano de golpe no golpe de Suharto. Dessa forma, a ditadura não terminaria, apenas seria trocado o encarregado de controlar os cordões que manejam os bonecos do teatro de marionetes. Sairia Suharto e entraria ninguém menos do que o seu genro.

Os comentários finais, contudo, indicam que os americanos não teriam atuado de forma direta no imbróglio, apenas teriam repassado as informações a setores confiáveis, de forma a permitir "embolar o meio do campo". Foi com base nas informações recebidas dos americanos que o setor liderado pelo general Wiranto, então ministro da Defesa, teria articulado e preparado todo o esquema do contragolpe que surpreendeu os situacionistas, tanto aqueles que estavam no poder como os que pretendiam subir impulsionados pelo prestígio do general-genro.

O importante é que, por incrível que possa parecer, atuando em pontas diferentes, esquerda e direita, comunistas e americanos teriam contribuído para tornar mais conturbado o panorama na Indonésia, já por volta de abril de 1998.

E O CÉU CAIU NA INDONÉSIA

Não foi exatamente uma grande surpresa quando ocorreu tudo ao mesmo tempo, como que comandados os fenômenos por um maestro enlouquecido: o furacão chegou, os vulcões soltaram suas lavas, a panela explodiu e as cobras conseguiram sair do ninho, enquanto o angu apimentado conturbava alguns aparelhos digestivos.

O incidente em frente à universidade, ao qual me referi anteriormente, em que três estudantes foram mortos com tiros nas costas, ocorreu em 11 de maio de 1998.

O dia seguinte foi muito agitado, com focos de movimentos em diversos pontos da cidade, o que já era um fator de preocupação, já que, até então, os movimentos, liderados principalmente pelos estudantes, ocorriam em pontos localizados e já muito conhecidos, ou seja, próximo ao Parlamento, em torno das universidades e nas proximidades do palácio do governo.

Outro indício de anormalidade era a presença de gente do povo nos pontos de agitação. Eram pessoas até de mais idade, muito superior à média de idade dos estudantes. Já havia uma mistura bem maior entre os manifestantes.

Na manhã do dia 13 de maio, desde muito cedo já se observava movimento totalmente anormal. Havia muita gente nas ruas, pequenos grupos aglomeravam-se e tinha-se a sensação de que algo estava sendo organizado, embora fosse evidente que tudo era espontâneo. Não havia a presença de líderes ou "insufladores" entre o povo. A massa de gente ia convergindo para os pontos onde, normalmente, aconteciam as manifestações populares, principalmente aquelas últimas em que foram os estudantes os personagens principais.

Por volta das onze horas, chegaram as primeiras notícias a respeito de tumultos que estariam ocorrendo na periferia. Nas regiões mais centrais, zonas de comércio e de escritórios, os grupos formavam-se nas esquinas, para logo depois se juntarem, e, aos poucos, as ruas foram sendo tomadas. Enquanto isso, causava espanto a presença apenas de poucos policiais nas ruas e a total ausência de patrulhas das Forças Armadas, que tinham sido vistas nos dias anteriores, principalmente quando os estudantes ameaçaram invadir o prédio do Parlamento.

De um momento para o outro, nos grupos que se formavam e iniciavam marchas nas ruas, em direção ao centro, começaram a aparecer pessoas com pedaços de madeira e canos de ferro, além de outros apetrechos usados como armas improvisadas. Logo no início da tarde, as notícias que chegavam já eram alarmantes: notícias transmitidas boca a boca, por telefone ou outros meios particulares de contato. Rádios e emissoras de televisão, mantidas sob rigorosa censura, nada transmitiam.

No meio da tarde, muitas avenidas de grande porte estavam totalmente ocupadas, com verdadeiras multidões deslocando-se, principalmente em direção ao Parlamento e ao palácio do governo.

Corria o boato de que o presidente Suharto estava em local secreto, enquanto os principais edifícios governamentais estavam fortemente protegidos pelas Forças Armadas. Havia também a informação

Jacarta, Indonésia

de que Suharto não havia retornado de uma "reunião de cúpula" dos Chefes de Estado da região, realizada em um país vizinho. Aliás, dizem até que os interessados no movimento teriam aproveitado a sua ausência. Foi por volta das quinze horas que se escutaram ao longe as primeiras explosões. Ao que se dizia, bombas caseiras, tipo "coquetel molotov", surgiram no meio da massa e eram lançadas contra edifícios e estabelecimentos comerciais. Um posto policial, uma espécie de delegacia de polícia, foi invadido, depredado e incendiado, enquanto pessoas do povo saíam pelas ruas usando os veículos que ali estavam estacionados.

A partir daí, eram raras notícias, já que todos procuraram se proteger da melhor forma possível. Quem precisou sair às ruas já assistia, ainda no final da tarde e na noite do dia 13, aos primeiros incêndios, enquanto se observava que grande número dos belíssimos edifícios envidraçados tinham os vidros totalmente quebrados. Também já não eram incomuns os incêndios e era possível ver no horizonte, em todos os lados, colunas de fumaça.

Próximo ao bairro onde residíamos, território ocupado praticamente por residências de estrangeiros, vimos um grande supermercado ser ocupado e saqueado, e uma grande loja de discos, belíssimo prédio, todo construído com paredes de vidros coloridos, ser totalmente destruída. A necessidade que tivemos de procurar proteção não impediu que tivéssemos condições de assistir a muito do que ocorreu. Mas as notícias chegavam dando conta da destruição de muitos prédios e algumas de massacres de grupos de chineses.

A mais trágica foi a notícia de que um conhecido *shopping center* da colônia chinesa havia sido invadido. Conforme antes referido, o *shopping center* era constituído, principalmente, de lojas de venda de produtos eletrônicos, como computadores e seus periféricos, câmeras de todos os tipos e toda a parafernália que se pode imaginar. Além dos saques nas lojas e da destruição de tudo que encon-

Josué Maranhão

travam pela frente, aqueles chineses que tentaram se proteger, escondendo-se nas garagens do subsolo, tinham sido mortos de forma implacável. O povo trancou as portas de acesso à rua e incendiou o interior das garagens.

O resultado só veio a ser conhecido pelo menos cinco dias depois, quando os ânimos se acalmaram. No balanço, ficou comprovado que mais de 120 pessoas de origem chinesa foram encontradas carbonizadas.

No dia 15, chegaram as notícias de que grupos armados haviam ocupado o edifício do Parlamento e alguns outros prédios de órgãos públicos, onde também teriam ocorrido incêndios. Também chegaram informações a respeito de incidentes de toda ordem ocorridos em outras ilhas do arquipélago, mas nada com muita precisão. Enquanto isso, também se observava que grandes massas humanas chegavam à capital, usando caminhões e todo tipo de veículos.

No transcorrer de todos os tumultos, principalmente nos três dias em que foram mais intensos, ocorreram alguns confrontos entre o povo enfurecido e os policiais. No entanto, considerando a ferocidade da conhecida ação das forças policiais e militares em tumultos ou quaisquer movimentos de rua, a forma como vinham agindo estava surpreendendo a todos. Ao que tudo indica, a ordem era para tentar conter as ações mais violentas, mas evitando, até onde fosse possível, os confrontos de frente com a massa popular.

Também soubemos que delegacias de polícia e alguns pequenos postos militares espalhados pela cidade e nas proximidades haviam sido invadidos, ocupados, alguns incendiados, e saqueado todo o armamento encontrado, que fora distribuído ao povo.

Nos dias seguintes, a partir do dia 18 de maio, a primeira segunda-feira após o início da rebelião, o movimento perdeu a intensidade, mas ainda continuavam agindo focos e grupos armados, tanto na capital como em algumas das principais cidades do interior.

Jacarta, Indonésia

Não havia segurança, os órgãos governamentais não funcionavam e, conforme circulou, havia cadáveres espalhados por calçadas e em alguns prédios, já em início de decomposição, sem que fossem recolhidos pela polícia ou pelos órgãos públicos responsáveis.

O movimento aumentou de importância. Saiu das ruas para invadir os gabinetes, e, ao que se disse, surgiram mediadores dos mais diversos setores. Ao contrário da agitação do povo nas ruas, a cidade de Jacarta voltou à calma, mas uma calma aparente, um estado de tensão, como se todos estivessem alertas para entrar em ação ao primeiro sinal.

As pressões sobre o governo eram a cada dia mais intensas. Mas, Suharto, acolitado por alguns militares mais fiéis e pelos familiares, teimava em permanecer no poder. Sonhava com uma caça às bruxas, tão logo fosse possível colocar tropas e policiais nas ruas. Imaginava que seria viável repetir o massacre ocorrido na década de 1960, quando liderou o movimento militar que derrubou o presidente Sukarno, prendeu e torturou milhares de pessoas, principalmente aqueles tachados de comunistas, matando um número incalculável.

Surgiram os primeiros conselheiros insinuando a possibilidade de afastamento do poder. Da resistência intensa do princípio, aos poucos o general ditador começou a ceder. O golpe fatal foi dado pelo comandante das Forças Armadas, o general Wiranto.

As informações mais confiáveis dizem que, já depois de 25 de maio, o general Wiranto, que havia iniciado as conversas apenas aconselhando, acabara endurecendo e, por fim, dera um ultimato ao general ditador. A gota d'água que teria levado o velho ditador a se convencer e aceitar a renúncia teria sido a revelação de que, por trás da rebelião popular, estaria o seu genro, o general Prabowo.

Sem nenhuma confirmação, o que circulou sobre o suposto envolvimento do general Prabowo foi uma série de coincidências ocorridas, relacionadas com a rebelião, envolvendo o genro. Por exemplo, no incidente que funcionou como estopim e detonou a revolta popular, o assassinato de três estudantes com tiros pelas costas, em frente a uma universidade, o comando geral das Forças Armadas teria apurado que todos os policiais e soldados designados para conter os tumultos estariam conduzindo, apenas, balas de borracha. Mas, sem explicação, membros das Forças Especiais, comandadas pelo general-genro, teriam usado balas de verdade e deles teriam partido os tiros fatais.

Nos dias dos incidentes, conforme todos os planos existentes para conter tumultos, a presença das Forças Especiais nas ruas era certa. Mas, sem explicação, as tropas daquela força sumiram e ninguém apareceu nas ruas após o incidente que resultou na morte dos estudantes. Tropas fiéis ao comandante geral e ministro da Defesa, o general Wiranto, teriam descoberto e barrado, próximo a Jacarta, caminhões e outro veículos que conduziam populares que se dirigiam à capital. Nas investigações, apurou-se que o esquema do general-genro teria arregimentado aquelas pessoas e providenciado o transporte.

As articulações foram descobertas, envolvendo grupos militares, alguns liderados por militares de alta patente, arregimentados pelo general Prabowo, prontos para desencadear um golpe de Estado, depor o general Suharto e, de repente, surgiria como "Salvador da Pátria", o próprio genro do ditador.

Independentemente do fato de que nenhuma das versões tem cunho oficial, o que existe como realidade é que, ainda enquanto o general Suharto continuava na Presidência da República, o seu genro, o general Prabowo, foi destituído do comando pelo ministro da Defesa e designado para um comando de um pequeno colégio militar na cidade de Bandung, um pouco afastada da capital. Era a suprema humilhação. Dizem, ainda, os rumores que, no acerto feito na época, ficou garantido ao ditador Suharto que, com a renúncia dele, ficaria

Jacarta, Indonésia

assegurado que o general-genro não seria submetido à Corte Marcial, como deveria ocorrer e como pretendia o general Wiranto.

O certo é que em 28 de maio, enquanto me encontrava na antesala de um consultório médico, para submeter-me a mais um exame no centro médico de Cingapura, assisti na televisão ao comunicado oficial da renúncia do ditador general Suharto. Consegui ver no vídeo o antes todo-poderoso general demonstrando que estava alquebrado, fazer o pronunciamento curto em que comunicava a sua renúncia. Ao seu lado, sempre se via a figura do general Wiranto.

Surpreendeu a todos que, com a renúncia do ditador, o processo sucessório tivesse seguido o ritual legal, ou seja, assumiu a Presidência o então vice-presidente da República, o cientista B.J. Habbie, amigo de infância do general Suharto e seu homem de confiança.

Considerados os antecedentes, a expectativa geral era que o general Wiranto, em posse do controle total das Forças Armadas e do país, se tornasse um novo ditador. Como isso não aconteceu, pois passou o posto àquele legalmente designado, o general Wiranto ganhou no mundo inteiro a fama de legalista e democrata. Depois disso, na primeira eleição realizada após a ditadura, recusou convites para ser candidato à presidência da República. Na época, quando surgiu a candidatura quase unânime do líder religioso muçulmano Wahid, foi-lhe oferecida a vice-presidência, que também recusou.

Toda a sua fama, no entanto, desapareceu quando dos massacres ocorridos no Timor Leste, em 1999, logo após o plebiscito que decidiu pela independência da ilha. O general Wiranto teria tido participação decisiva, agindo, inicialmente, de forma oficial como ministro da Defesa, comandando as tropas indonésias responsáveis pelas mortes de centenas de timorenses. Depois, quando as tropas retiraram-se oficialmente, também ele teria tido participação decisiva na formação e na ação de milícias paramilitares que se encarregaram de terminar a chacina.

Josué Maranhão

O general-genro foi excluído das Forças Armadas da Indonésia, em agosto de 1998, três meses após a renúncia do sogro-ditador. Parece que hoje mantém negócios com os irmãos na Austrália.

A figura principal, o general Suharto, após cair do poder, sofreu graves problemas de saúde, inclusive um derrame cerebral, que teria deixado seqüelas irreversíveis. Reside em sua mansão em Jacarta, aos cuidados dos filhos.

O crepúsculo da família real, que dominou a Indonésia com mão de ferro durante 32 longos anos, não é dos mais interessantes e invejáveis. Passada a crise, aos poucos tudo voltou ao normal no país. O povo retomou suas atividades e o país iniciou a experiência de viver uma democracia. Como uma criança que dá os primeiros passos, não foi fácil a condução do país nos primeiros anos pós-ditadura.

O vice-presidente de Suharto, B.J. Habie, que assumiu a presidência depois da renúncia do ditador, procurou conter os ânimos, mas teve que ceder às pressões para realizar eleições antes da data cogitada a princípio. Realizado o pleito, o povo votou com liberdade.

O partido de oposição, liderado por Megawati, alcançou maioria no Parlamento, que deveria escolher indiretamente o novo presidente. No entanto, foi eleito presidente o líder do clero muçulmano Abdurahman Wahid, conhecido como por Gus Dur. Não concluiu o mandato, despejado do cargo por um *impeachment*, em meio às acusações de corrupção e uma seqüência de atos de improbidade.

Sucedido pela vice-presidente Megawati, o país finalmente voltou à calma, até que novamente se agitou depois que surgiram os primeiros protestos decorrentes do acirramento dos ânimos entre Ocidentais e muçulmanos, após o 11 de setembro. Na escalada, ocorreram os atentados terroristas, inicialmente em Bali e depois em outros pontos do país.

– 276 –

OS REFLEXOS DA REVOLTA

Na Indonésia, o povo foi às ruas, detonou uma rebelião popular e, com grandes sacrifícios para a nação, conseguiu o objetivo, que era derrubar a ditadura.

Os acontecimentos surpreenderam-me, mesmo considerando que, conforme se comentou, possa ter havido uma interferência estranha do general-genro na tentativa frustrada de dar um golpe no sogro e assumir o governo. Além de não haver nenhuma comprovação do que se comentou, se houve ou não a tal interferência, o general Prabowo teria apenas aproveitado o momento, as circunstâncias que se lhe mostraram propícias, mas o movimento popular já se desencadeara.

O que me surpreendeu foi a dinâmica de toda a revolta. De um povo acomodado, aparentemente iludido e mantido sob promessas e benesses do general-ditador, de repente surgiu uma massa humana nas ruas, hostil e aguerrida e que passou a lutar por seus direitos.

Não me parecia que existissem condições para o levante. Apesar de considerar que outros fatores favoreceram, como a súbita elevação dos índices de inflação, a falta repentina de alimentos básicos e, em seguida, a movimentação dos estudantes e o assassinato de três

Josué Maranhão

deles, eu achava que era pouco para tirar o povo da letargia em que vivia. Tudo isso, no entanto, serviu de estopim. O que de fato ocorreu foi uma explosão, como um monte de pólvora que está acumulado e no ponto para ir pelos ares.

As surpresas, no entanto, não se esgotaram com o fim da rebelião popular e da ditadura.

Recentemente, um acontecimento inusitado e em tudo surpreendente ocorreu. Apesar de o povo haver derrubado a ditadura somente há seis anos, na eleição para o Parlamento, realizada em abril de 2004, o Golkar, o partido fundado pelo general Suharto, o ditador derrubado, e mantido depois pelos seus partidários, conseguiu alcançar a maioria dos votos.

Na realidade, o resultado das eleições parlamentares, a primeira realizada depois que a filha do "fundador da pátria", Megawati Sukarnoputri, assumiu a Presidência, vem demonstrar que a falta de carisma e a posição de passividade que ela adotou, além de uma administração medíocre, permitiram que os herdeiros de Suharto se arregimentassem e alcançassem a maioria no Parlamento.

E, o que é mais sério e merece atenção, é o que ocorreu com o general Wiranto, que teve um comportamento elogiado, impecável – conforme já relatei – recusando-se a assumir o governo, como ditador, quando praticamente deu o empurrão final para a derrubada de Suharto. Voltou ao noticiário por conta do massacre da população do Timor Leste em 1999, acusado de genocídio em tribunais de Direitos Humanos do Timor. Wiranto também é acusado em tribunais internacionais por crime contra a humanidade. Pois bem, ele ressurgiu no ano de 2004, como candidato a presidente da República, na primeira eleição direta para o cargo desde a proclamação da independência do país. Apareceu com destaque nas pesquisas eleitorais e, na contagem dos votos, ficou em terceiro lugar, no primeiro turno. Foi superado por outro general, já na reserva há muito tempo, indicado pelo Golkar,

Jacarta, Indonésia

o antigo partido da ditadura, que alçandou o primeiro lugar, e pela presidente Megawati, que ficou em segundo lugar. No segundo turno de eleições, a presidente Megawati foi derrotada, alcançando somente 39,4% dos votos. O seu oponente, por ironia do destino, foi o seu ex-ministro da Defesa, o general Susilo Bambang Yudhoyono, que deixou o cargo para disputar a eleição, indicado pelo partido de oposição, dos partidários do ex-ditador Suharto. Susilo venceu o pleito com 60,6% do total de votos, o que representou um recorde mundial, até final de 2004, em eleições para presidente da República. Recebeu pouco menos de sessenta milhões de votos diretos.

Depois de tudo a que assisti na revolta popular de 1998 e considerando a posição que muitos muçulmanos assumiram após os atentados de 11 de setembro de 2001 nos Estados Unidos e, em seguida, as ações anti-terroristas dos americanos pelo mundo afora, ao que me parece, o povo da Indonésia está em ebulição, podendo servir de massa de manobra para qualquer líder que apareça.

Como exemplo, pode se observar que, logo após o início das ações dos norte-americanos contra a Al Qaeda, ocorreram os atentados terroristas em Bali, com centenas de mortos. Outros atos de terrorismo foram registrados e até um imã famoso chegou a ser preso, acusado de ligações com a turma de Bin Laden. Em meio a manobras jurídicas, o imã foi posto em liberdade, mas novamente foi levado à prisão por decisão da Suprema Corte.

O horizonte político da Indonésia parece-me bastante sombrio. Caso não surja uma liderança mais moderada, qualquer líder mais esperto poderá levantar a população e instalar no país um governo semelhante ao que já houve no Afeganistão, em que os radicais muçulmanos tomaram as rédeas para impor um esquema de terror, com base no fundamentalismo e no fanatismo.

Aí, sim, a situação mundial poderá tornar-se crítica, haja vista o peso do maior país muçulmano e o quarto em população no mundo.

– 279 –

De minha parte, resta, apenas, contar a saga que foi a nossa aventura em meio à revolta popular que derrubou o general Suharto até a nossa saída em definitivo da Indonésia.

É o que faço adiante.

E O CÉU CAIU EM NOSSAS CABEÇAS

Ainda durante o mês de fevereiro de 1998, em uma viagem a Cingapura, fomos aconselhados a deixar Jacarta. A idéia era providenciar a transferência da família toda para Kuala Lumpur, na Malásia, até que o ambiente na Indonésia voltasse ao normal.

Naquele mês, começaram a tomar vulto os tumultos de rua, as manifestações estudantis, as pressões sobre o Parlamento e os conflitos com a polícia. Como estávamos acompanhando a situação de perto, entendemos que era um exagero abandonar tudo e sair de Jacarta naquele momento. Todas as informações disponíveis indicavam que as confusões seriam passageiras.

Além disso, avaliamos os custos e os benefícios de uma mudança e chegamos à conclusão de que os prejuízos seriam demasiados com a saída de Jacarta. Enquanto isso, continuávamos entendendo que os riscos não eram tão grandes.

Pesou em nossa decisão, principalmente, o problema da escola das meninas. Estava em pleno andamento o ano letivo e qualquer mudança iria causar problemas consideráveis. Levamos em consideração, ainda, que, completados dois anos de nossa chegada à In-

Josué Maranhão

donésia, somente naquela época estava de fato completando-se a adaptação das meninas à nova escola, ao currículo escolar, aos métodos de ensino e a tudo mais.

Até as amizades estavam consolidando-se naquele momento. Afora isso, havia ainda um agravante quanto ao problema da escola. Cristina estava no último ano da High-School e preparava-se para os exames do International Baccalaureate, rigoroso teste de conhecimentos, aceito internacionalmente. Estava em plena fase de preparação, devendo submeter-se aos exames no mês de maio. Para dar conta do currículo regular da escola e da preparação para o teste do IB, Cristina vinha estudando muitas horas por dia, já havia algum tempo.

Foram fundamentais para nossa decisão de permanecer em Jacarta os informes que passamos a receber de uma empresa internacional de controle de riscos. Trata-se de uma companhia sediada na Inglaterra e que estava atendendo na Indonésia, por meio de sua filial da Austrália. Conceituada em todo o mundo, a empresa tinha em seus quadros especialistas em situações de risco, nas mais diversas localidades do mundo, avaliando diariamente, conforme os informes recebidos, as situações de instabilidade, ameaças de revoluções, revoltas populares e eventos semelhantes. No caso, os informes que estávamos recebendo não indicavam nenhum risco iminente.

Decididos a permanecer, passamos a acompanhar mais de perto a situação política. Mantínhamos freqüentes encontros com outras pessoas da comunidade brasileira, cada um coletando informações em seus respectivos setores de atuação e convivência.

Para complicar ainda mais, a minha situação de saúde pio-rou. Estando em plena recuperação da trombose que sofrera na perna direita, tudo agravado por uma neuropatia em ambas as pernas que, relativamente antiga, agravara-se naqueles dias. Necessitava, então, de constante atenção médica, o que me obrigava a fazer seguidas

Jacarta, Indonésia

viagens a Cingapura, onde estavam os médicos especialistas que me davam assistência.

Vendo os fatos à distância no tempo e no espaço e fazendo uma avaliação mais fria, é possível chegar à conclusão que nós, Iraci e eu, subestimamos a gravidade da situação. Contribuiu também para nossa decisão quanto à permanência o convívio que tínhamos com muitos indonésios e jamais poderíamos imaginar o grau de violência que alcançaria a rebelião daquele povo tão gentil.

O tempo foi passando, sem alterações em nosso modo de vida, mas, a partir do início de maio, surgiram os primeiros sinais de preocupação.

Também a embaixada do Brasil não tinha maiores informações sobre risco iminente. Cheguei a participar, convidado pelo embaixador, de reuniões com grupos de brasileiros, apreensivos. Na ocasião, observei que muito pouco eles sabiam sobre o rumo dos acontecimentos, inclusive o embaixador. Aí até ter sido de valia alguns informes que transmiti e que nos foram passados pela empresa de controle de riscos que nos dava assistência.

Na realidade, para nós, o alerta disparou mesmo no dia 12 de maio, quando tomamos conhecimento de detalhes sobre os incidentes da véspera, envolvendo estudantes, Forças Armadas e polícia, que resultaram no assassinato dos três jovens, com tiros pelas costas. Na manhã do dia 13 de maio, aumentou ainda mais o nível de preocupação.

Apesar de tudo, infelizmente, mais uma vez não dei a devida atenção àquilo que os mais íntimos dizem ser o dom da premonição de que eu seria dotado. Relembrando mais tarde, pude observar que, na realidade, como que me transmitindo sinais, praticamente tudo que tentara fazer na manhã daquele dia dava errado. Tentei falar por telefone com minha irmã Socorro, em Natal, para cumprimentá-la pelo aniversário, mas a ligação não completava, apesar

– 283 –

Josué Maranhão

das seguidas tentativas, o que não era habitual. Enquanto procurava transmitir, via internet, para o escritório em São Paulo, um trabalho de tamanho considerável e complicado, que me tomara muito tempo, quase perdi totalmente o arquivo. E assim por diante. Iraci havia ido para o escritório pela manhã, mas voltou aproximadamente ao meio dia e era fácil perceber que seu nível de preocupação atingira o ponto máximo.

Depois de analisar as informações que ela tivera no escritório e os contatos que eu havia feito por telefone com outros expatriados estrangeiros, inclusive com amigos na embaixada do Brasil, chegamos à conclusão de que era o momento de sair de casa. Além de tudo, deixava-nos alarmados o fato de nossa casa estar situada na esquina de uma avenida movimentada e de ser toda envidraçada, o que chamava a atenção. Em tais circunstâncias, sabendo dos antecedentes quanto à animosidade dos indonésios com relação aos estrangeiros, em ocasiões tensas anteriores, tudo aconselhava a nossa saída.

Seguindo plano de contingências desenvolvido com a empresa de segurança, o local ideal para nos refugiarmos e tentar proteção era o Hotel Hilton, que tinha uma localização privilegiada. Muito grande, situado em um terreno que ocupava um quarteirão inteiro, era totalmente cercado com grades de ferro e, o que era mais importante, localizado bem próximo de um grande quartel do Exército.

Nas primeiras tentativas por telefone, ficamos sabendo que seria muito difícil conseguir quartos no Hilton. Outros estrangeiros haviam se adiantado. Na ocasião lembramo-nos de um amigo nosso, americano, da mesma companhia a que estávamos vinculados, que estava hospedado nesse hotel com a mulher. Ele havia nos dito que naquele dia pretendia sair da Indonésia.

Conseguimos localizar Tim, que confirmou a sua disposição de deixar o hotel em poucos momentos. Com os contatos que ele e nós

— 284 —

Jacarta, Indonésia

tínhamos no hotel, montamos o esquema que foi a nossa salvação: Tim não devolveu o quarto em que estava hospedado e, ainda, conseguiu um outro, de um estrangeiro seu conhecido que estava também saindo para o aeroporto. Acertamos que tudo ficaria como se eles continuassem ocupando os seus respectivos quartos, nos entregariam as suas chaves e, somente quanto já estivéssemos instalados, comunicaríamos ao hotel a mudança de hóspedes. Haveria uma troca consentida de hóspedes e nós, obviamente, assumimos toda e qualquer responsabilidade quanto às despesas.

Às pressas, preparamos uma pequena mala para cada um, com poucas mudas de roupa, o essencial para nós quatro. Em meio ao movimento para sair de casa, surgiu um grande complicador: telefonaram da British Internacional School, onde Mariana se encontrava em aula, avisando que, em razão dos tumultos que estavam ocorrendo nas ruas próximas à escola, a diretoria havia decidido, por razões de segurança, manter os alunos no estabelecimento. A saída, que normalmente ocorria por volta de 14h30, ficaria adiada para 18h, se a situação se acalmasse. Por volta das 18h, em novo contato com a escola, ficamos sabendo que a saída dos alunos fora adiada para as 22h.

Saímos de casa, um tanto apavorados, mas procurando demonstrar calma, e fomos para o Hilton. O esquema dos quartos funcionou. Sobressaltados, ficamos impacientes no hotel, tentando comunicações com todos que pudessem nos dar informações. No começo da noite, circulando pelo hotel, já se podia observar que o movimento aumentara de forma assustadora. Já eram vistas pessoas agitadas conversando no saguão, outros discutindo na recepção, tentando conseguir acomodações. E a todo momento mais gente chegava carregando malas.

No final da tarde, em contato com a embaixada do Brasil, soubemos que os brasileiros que pretendessem deixar Jacarta pode-

Josué Maranhão

riam ser evacuados em um avião que estava saindo de Buenos Aires com destino a Jacarta, com a finalidade de retirar da Indonésia os poucos argentinos que ali residiam. Os brasileiros seriam acomodados nesse avião (o que, infelizmente, não foi possível, dadas as circunstâncias).

As notícias eram alarmantes. Nosso amigo Tim telefonou dizendo que, somente depois de muitas voltas e usando muitos caminhos alternativos, conseguira chegar ao aeroporto (onde se encontrava quando ligou). Ali, todas as dependências estavam totalmente superlotadas, não havendo mais lugares para os vôos com destino à Europa, aos Estados Unidos e à Austrália, os destinos mais procurados. A muito custo ele conseguira, com a mulher, um vôo para Hong Kong.

Sondando pelos corredores do hotel, ficamos sabendo ainda que o restaurante e a cozinha já estavam tendo problemas com o estoque de comida.

O grande susto, porém, aconteceu quando nos comunicamos, novamente, com a escola britânica para combinar a saída de Mariana. Fomos informados de que todas as crianças lá seriam mantidas, que já haviam jantado e iriam dormir em colchonetes que a diretoria providenciara com antecedência e espalhara pelas salas de aulas (depois ficamos sabendo que Mariana teve de passar a noite na sala de aula de matemática, logo matemática, matéria pela qual ela sempre teve alguma aversão, talvez uma herança do pai; até hoje ela comenta a manobra do destino). E mais: avisaram que todas as crianças deveriam ser retiradas da escola entre cinco e seis horas da manhã seguinte, quando o estabelecimento seria evacuado, em conseqüência da falta de segurança e da impossibilidade de conseguir garantias da polícia.

A noite seria complicada.

Enquanto eu mantinha-me em um telefone tentando contatos com todos, em busca de informações, Iraci, em outra linha, procurava organizar as providências para a nossa saída.

– 286 –

Jacarta, Indonésia

Nessa troca de informações, ainda fiquei sabendo que o aeroporto estava totalmente isolado. A população revoltada havia bloqueado todos os acessos. Quem estava por lá não poderia vir para Jacarta e, quem pretendesse viajar, teria de procurar outra alternativa. Foi assim que fiquei sabendo que a nossa amiga Fátima, uma natalense que residia em Jacarta e que viajara dias antes aos Estados Unidos, retornando naquela noite, não tivera condições de chegar em casa. Fora alojada a salvo em um hotel nas proximidades do aeroporto.

Só depois de meia-noite, totalmente esgotados, conseguimos pelo menos nos encostar, os três, na cama: Cristina não queria ficar sozinha no quarto que conseguimos para ela e Mariana. Por volta de 2h30, toca o telefone e eu atendo sobressaltado. Para surpresa, em um misto de alegria e de raiva pelo cochilo interrompido, verifico que estava no outro lado da linha o meu amigo Cândido, de São Paulo. Mais uma vez havia se enganado quanto ao fuso horário e me acordara para saber notícias a nosso respeito, já que as informações divulgadas na imprensa no Brasil eram alarmantes. Fiquei feliz. Como é bom, em uma hora de agonia, medo, insegurança, tudo enfim que atormenta, ouvir uma voz amiga. Mais ainda quando se trata de um amigo como o Cândido. Creio que nunca o agradeci, dizendo o quanto fora importante para mim ouvi-lo naquela madrugada.

Não mais consegui sequer me encostar em qualquer lugar. Saí do quarto e, circulando pelos corredores do hotel, verifiquei que não estava sozinho. Muitas pessoas haviam pensado da mesma forma e também caminhavam sem rumo. No saguão verifiquei que a situação atingira o ponto mais grave: o grande salão, com as áreas anexas, algo como 300 m², estava totalmente ocupado. Eram centenas de pessoas, homens, mulheres e crianças dormindo nos sofás, poltronas e no chão, alguns usando as malas como travesseiros.

Quando avisaram da escola que as crianças iriam passar a noite lá, já havia combinado com o nosso motorista Sonatam, que ficara

– 287 –

Josué Maranhão

encarregado da missão de ir comigo. Mais uma vez, seu grande conhecimento de todos os caminhos, vielas e becos do verdadeiro labirinto que é Jacarta iria comprovar-se essencial. Embora tivéssemos combinado para 5h, Sonatam chegou, como sempre, quinze minutos antes. Saímos para a escola ainda escuro. Esperto como era, ele já havia percorrido as principais ruas próximas às avenidas principais, para escolher o melhor caminho que deveríamos fazer. Aqui vale acrescentar um detalhe: quando me preparava para sair do quarto para ir buscar Mariana, quem eu vejo pronta? Cristina. Corajosa e elétrica, como sempre foi, amiga e solidária, dizia que não queria que eu fosse sozinho e que fazia questão de também ir buscar a irmã, a quem sempre foi muito apegada.

No percurso, fomos encontrando as marcas da destruição: edifícios ainda queimando, outros destruídos, dezenas de carros incendiados. Aqui e ali avistamos grupos hostis vagando pelas ruas. De imediato, Sonatam mudava o caminho.

Normalmente, o percurso entre o Hilton e a British International School seria feito em aproximadamente vinte e cinco minutos. Embora não houvesse os habituais congestionamentos, não era possível circular pelas avenidas, aparentemente desertas. Éramos, assim, forçados a procurar as ruas menores, os becos e vielas mais escondidos, para ter condições de chegar ao destino a salvo, alongando em muito o percurso. Foram certamente os quarenta e quatro minutos mais angustiantes que eu havia vivido até aquele momento. Impaciente, olhava para o relógio, olhava pra frente, olhava para os lados e depois olhava novamente para o relógio. Avistava grupos e avisava o motorista que, muitas vezes, teve de voltar às pressas e procurar outros caminhos. Contando os minutos, quando entrei no pátio da escola, eram exatamente 5h34 do dia 14 de maio.

Na véspera, pouco depois que a escola informara que as crianças iriam passar a noite lá, telefonou ao hotel um vizinho nosso, que

– 288 –

Jacarta, Indonésia

também tinha uma criança na escola. Estava temeroso de sair à rua para buscar a filha, já que o único carro disponível era um Mercedes Benz. Dessa forma, entendia, com muita razão, que seria um alvo fácil para os revoltosos se saísse à rua com aquele carro de luxo. Quando soube que eu iria com o motorista, usando um carro que chamava menos atenção, tipo jipão, apelou angustiado para que eu tentasse pegar sua filha.

Chegando à escola, logo que encontrei Mariana e a filha do vizinho. Soube, por intermédio de professores, que eles estavam com dificuldades com outras crianças, cujos pais não tinham tido condições buscá-las. Ante o sufoco, prontifiquei-me a resgatar, além de Mariana e a filha do vizinho, mais dois meninos e uma menina. Os dois meninos eram colegas e amigos de Cristina e Mariana e moravam na mesma região que nós, o que, naquela situação, era um problema, pois o nosso bairro de residência, Pondok Indah, ficava distante do Hilton e era um dos lugares em que havia mais tumultos, por ser um bairro onde moravam muitos expatriados e ter casas melhores e mais ricas. A menina morava em outro lugar, por sinal no mesmo hotel em que nós moramos logo que chegamos a Jacarta, o Kristal. Também estava localizado em um ponto diferente de todos os outros que teríamos de percorrer, distante do Hilton e do bairro Pandok Indah. Teríamos de rodar bastante.

Olhando para as crianças tristonhas e amedrontadas, apavoradas, engoli o medo que era grande e resolvi arriscar. Antes de sair, conversei com o Sonatam, traçando o caminho estratégico que deveríamos fazer. Lá fomos nós, eu e Cristina no banco da frente, Mariana e as outras crianças no de trás.

O risco era maior do que fora a nossa vinda, de vez que teríamos de atravessar uma região de classe média alta, com muitos estabelecimentos comerciais, onde, certamente, haveria maior aglomeração de revoltosos. Para complicar, já estava totalmente claro. Não havia

– 289 –

Josué Maranhão

mais a penumbra que nos ajudara na ida para a escola. Muito angustiado, temendo ser encontrado por algum grupo em levante, pensava nas conseqüências: estrangeiro, conduzindo em um carro em meio à rebelião seis crianças. Seria alvo fácil para um seqüestro ou algo semelhante. Era o que eu pensava, a todo o momento.

Felizmente, consegui cumprir a missão e entreguei em casa, sãs e salvas, todas as crianças que eu resgatara. Voltamos, então, para o hotel com Cristina e Mariana. O tempo que gastamos para cumprir todo o percurso, tendo de passar pela casa de cada uma das crianças, foi de uma angústia que não é possível descrever. Tinha a impressão de não chegar nunca de volta ao hotel. Foram momentos de muita tensão, tormento mesmo. Até porque, àquela altura, mais de sete horas da manhã, o movimento nas ruas era bem maior. Observamos que, além dos incêndios e destruições que havíamos encontrado na madrugada, na viagem de ida, quando do retorno ao hotel, certamente por ser uma região de classe econômica mais elevada, os estragos eram muito maiores. Ouvíamos a todo momento o barulho de bombas explodindo, e víamos a fumaça subindo.

Chegamos ao hotel sem qualquer problema. No café da manhã, o restaurante parecia uma feira de rua, tanta gente circulava. Filas formavam-se na entrada e outros postavam-se junto às mesas ocupadas, aguardando. Esperamos cerca de uma hora, mas finalmente chegava a nossa vez. Mas a aparente calmaria não demorou: quando ainda estávamos nos servindo, veio o aviso da cozinha, informando que a comida havia acabado. Somente teriam condições de prosseguir servindo o café para as pessoas que ainda aguardavam a vez, e eram muitas, se fosse possível chegar ao hotel um caminhão que fora tentar retirar mercadorias de um depósito não muito distante.

Já era manhã da quinta feira, dia 14 de maio. Até quando completamos as primeiras vinte e quatro horas fora de casa, nada mais de anormal aconteceu.

– 290 –

O DRAMA DO EXAME
DE CRISTINA

Em meio a toda a confusão, no segundo dia de refugiados no hotel, tivemos mais um sério problema a solucionar. Como disse, Cristina, há meses, vinha preparando-se, estudando intensamente, para os exames do International Baccalaureate. Foram meses de estudos contínuos, semelhante à maratona que é, no Brasil, a preparação para os exames vestibulares.

Quando a crise na Indonésia se agravou, começamos os contatos para garantir que ela tivesse condições de prestar o exame fora de Jacarta, na hipótese de tornar-se insustentável a permanência naquele país.

Conseguimos a garantia de que ela poderia fazer os testes em Kuala Lumpur, na Malásia ou em Cingapura, ou ainda, em última hipótese, por ser mais distante, em São Paulo. Mas as alternativas eram viáveis caso tivéssemos saído da Indonésia antes de iniciada a rebelião popular. Como tivemos de sair de casa às pressas, ruíram todos os planos, não havendo tempo, nem condições, para sair de Jacarta em meio àquela crise, com os aeroportos fechados e os vôos suspensos.

Josué Maranhão

O pior era que os exames já haviam se iniciado e Cristina já havia feito algumas provas, faltando somente a prova de física, que seria realizada na sexta-feira, dali a dois dias.

No semblante de Cristina, a expressão era de total frustração e desconsolo. Afinal, ela vinha dedicando-se havia meses. Eram não apenas muitas horas de trabalho que poderiam ser perdidas, mas frustração que teria se não fosse possível alcançar o almejado diploma do Internacional Baccalaureate, sem o qual não teria acesso à universidade americana.

O coordenador do IB em Jacarta era um dos professores da British International School, a quem conhecíamos e com quem tivéramos anteriormente contatos. Ante a situação crítica, Iraci tentou inicialmente um contato com o diretor da escola, que não apresentou nenhuma solução para o problema. Em seguida, procurou o professor/ coordenador e, depois de lhe explicar a situação, discutiram uma solução. O professor conhecia bem Cristina e sabia dos seus esforços. Dos entendimentos, surgiu uma solução absolutamente inusitada e extraordinária. Concordou o professor que Cristina fizesse o último exame no quarto do hotel, desde que conseguíssemos uma pessoa neutra, não pertencente à nossa família, em condições de supervisionar a aplicação dos testes, sob instruções que ele daria diretamente.

A pessoa que nos veio à mente foi uma jovem amiga canadense que vivera a maior parte de sua vida no Recife e que estava em Jacarta trabalhando na embaixada do Brasil.

Indicamos Anita ao professor, que a aceitou para supervisionar a aplicação do teste. Ficou combinado que, depois que fossem transmitidas para Anita, por telefone, as instruções necessárias, teríamos que mandar retirar na casa do professor, na manhã do dia previsto, o envelope com o teste, instruções e todo o material necessário. Tudo acertado, novamente tivemos que contar com a ajuda do nosso fiel motorista Sonatam.

– 292 –

Jacarta, Indonésia

Ele não criou nenhum obstáculo e concordou em ir à residência do professor, que ficava no outro lado da cidade, retirar o envelope. E lá se foi o nosso amigo, enquanto ficávamos torcendo angustiados, temendo que algo pudesse lhe acontecer, uma vez que a revolta popular continuava, com os tumultos nas ruas e tudo o mais. Caso ocorresse algum imprevisto, além de nos sentirmos culpados por qualquer problema que Sonatam tivesse, iria por água abaixo todo o nosso plano e ruiriam alguns dos castelos de Cristina.

Como sempre, Sonatam foi eficiente e, em pouco mais de duas horas, retornou com o envelope, lacrado, que foi entregue a Anita. Em separado, ela recebeu outro envelope com as instruções sobre a aplicação do teste, que teria tempo certo de duração.

Tudo acertado, na hora prevista ambas trancaram-se no quarto e lá permaneceram durante três horas. Terminado o teste, que transcorreu sem anormalidades, colocado todo o material em envelope lacrado, novamente Sonatam entregaria tudo na residência do professor. Lá se foi e, felizmente, conseguiu cumprir mais uma missão e nos prestar mais esse favor, que nunca teremos condições de pagar.

No final das contas, a prova de física, conduzida naquelas condições adversas, apesar de ter sido feita frente a uma janela com vista da bela piscina e jardins do hotel, foi aquela em que Cristina se saiu melhor, conseguindo nota maior do que esperava. A verdade é que, na tensão dos dias anteriores, ela, sem conseguir dormir com a preocupação, havia estudado com dedicação. Como já dizem os sábios, Deus escreve certo por linhas tortas...

Enquanto tudo isso transcorria, não tínhamos, de fato, tempo para descanso. Eu continuava mantendo os contatos, acompanhando os acontecimentos na cidade e no país, enquanto Iraci ficava permanentemente ao telefone, em contatos com os Estados Unidos, com Cingapura e Kuala Lumpur, em busca de uma solução para a nossa saída da Indonésia.

Finalmente, depois de conseguir superar muitos obstáculos, ficou acertado que a companhia fretaria um avião, que viria nos buscar, e mais outras famílias de empregados estrangeiros que se encontravam em Jacarta, e nos transportaria para fora do país. Nos dias que permanecemos presos no hotel, lá fora continuava a rebelião e as notícias que nos chegavam eram preocupantes. No hotel, continuava a balbúrdia, com muita gente sem acomodações, dormindo em sofás, poltronas e cadeiras, ou no chão duro. Mas o espírito de solidariedade valeu e muitos daqueles que haviam conseguido quarto concordaram em permitir que os outros desabrigados pudessem usar as dependências para banhos e outras necessidades, sem falar naqueles que abrigaram em seus quartos alguns outros estrangeiros amigos e outros até não conhecidos. Procurava-se abrigar, de melhor forma possível, quem estava mais necessitado, consideradas situações de idade, saúde precária e outras circunstâncias.

Em nossos dois quartos, acolhemos duas jovens amigas, no quarto de Cristina e Mariana, e também outras pessoas podiam usá-los para o que fosse necessário.

Felizmente, a gerência do hotel conseguira transportar gêneros alimentícios do depósito e a cozinha estava abastecida, o que garantia a alimentação para todos. Era uma preocupação a menos.

Ainda enquanto estávamos confinados no hotel, mais uma vez tive que arrancar lá de dentro mais alguma dose de coragem para ajudar o filho de outro amigo.

Ocorre que um brasileiro amigo nosso, gerente-geral na Indonésia de uma empresa multinacional européia, estava na fábrica no interior quando estourou a rebelião e ficou sem condições de acesso de volta a Jacarta, acomodando-se em um hotel na localidade onde estava. Todavia, sua esposa, também brasileira e nossa amiga, permanecera com o filho no flat em que moravam, em um anexo do Hilton Hotel. Ela nos procurou para pedir ajuda. O filho deles, que

Jacarta, Indonésia

residia em São Paulo, havia ido a Jacarta visitá-los, de passagem para a Austrália, onde iria fazer um curso de inglês, durante alguns meses. Tão logo chegara, fora à embaixada da Austrália, em Jacarta, preenchera a papelada que era necessária para o visto e deixara o seu passaporte para que fosse concedido o visto para permanência na Austrália durante o curso.

Aí estava o problema grave: a família pretendia deixar a Indonésia assim que fosse possível, mas ele precisaria de seu passaporte, que estava retido na embaixada australiana.

Tentamos de todas as maneiras contato com a embaixada da Austrália e, depois de muito esforço, foi-nos transmitida a informação, por telefone, de que a embaixada estava fechada e não deveria reabrir enquanto não fosse normalizada a situação em Jacarta.

A angústia dos amigos sensibilizou-nos e tentamos também uma solução. Depois de vários contatos, consegui com a embaixada do Brasil que fosse mantido um entendimento direto com a embaixada da Austrália, o que resultou numa possível solução: em caráter absolutamente excepcional, a chancelaria da Austrália, embora oficialmente fechada, devolveria o passaporte ao jovem amigo brasileiro, com o visto que já estava carimbado. Aí apareceu mais um obstáculo: o jovem e sua mãe, apesar da angústia, vacilavam em enfrentar a idéia de sair do hotel e atravessar parte da cidade até a embaixada da Austrália. Além disso, para complicar, o carro da família estava com o pai, no interior, onde ele ficara retido. Mais uma vez o espírito de solidariedade superou o meu medo e o da minha família. Lá fui eu falar novamente com o Sonatam. Saímos do hotel, ele, eu e o jovem brasileiro. Era o final de tarde da sexta-feira. Tendo combinado com a embaixada da Austrália, por telefone, lá fomos nós, aproveitando o lusco-fusco do entardecer e seguindo um roteiro preparado com muito cuidado pelo Sonatam, quanto às ruas e vielas que poderíamos tentar seguir.

Foram mais duas horas de angústia e quase pânico, mas felizmente conseguimos fazer o percurso de ida e volta, trazendo o jovem com o seu passaporte. Solucionado esse problema, tínhamos ainda muita coisa a resolver, sobretudo em relação aos preparativos para a nossa saída de Jacarta.

Como sempre em tais momentos, a angústia aumentava à medida que o tempo demorava a passar, com os telefones que sempre davam sinal de ocupados, com o desencontro com as pessoas que se precisava encontrar.

Para complicar, havia ainda a diferença de quase doze horas, no fuso horário, entre Jacarta e os Estados Unidos, de onde deveriam partir algumas ordens e acertos a respeito de nossa saída. Em meio a tudo isso, terminou mais um dia.

A ÚLTIMA VEZ QUE VI NOSSA CASA

No sábado, a situação nas ruas continuava inalterada. Os informes eram ainda sobre tumultos, atritos entre o povo e algumas tropas da polícia e Forças Armadas que estavam nas ruas e tentavam conter os excessos. Mas ainda havia bombas explodindo e as notícias eram sobre novos incêndios provocados. Continuava o caos!

No transcorrer do sábado, finalmente Iraci conseguiu acertar os detalhes para a nossa saída.

Contratado o fretamento de um avião de uma empresa de Cingapura, que se comprometia a nos resgatar e a nos transportar de Jacarta para outro país, havia, ainda, problemas a superar.

Em primeiro lugar, o avião não poderia usar o aeroporto internacional de Jacarta, que continuava interditado, além de ser impossível para nós o acesso por terra até lá, desde a quarta-feira, dia 13. O outro complicador era que, por causa dos problemas técnicos, registros e outras formalidades, o avião não poderia nos levar para os dois aeroportos conhecidos mais próximos, ou seja, de Cingapura e de Kuala Lumpur, que era o nosso destino.

Depois de muito vai-e-vem, ficou decidido: o avião, se conseguisse chegar a Jacarta, desceria em um aeroporto alternativo, em uma base aérea desativada e, se nos retirasse dali, iria nos levar até o aeroporto de Johor Baru, cidade no interior da Malásia. Dali para Kuala Lumpur, teria de ser providenciado transporte por terra.

Novos contatos e acertos foram feitos por Iraci e ficou combinado que um ônibus seria fretado e nos esperaria no aeroporto de nosso destino na cidade do interior da Malásia. Faltavam as providências finais em Jacarta. Teriam de ser planejados os traslados de todos os demais estrangeiros da empresa a que estávamos vinculados, que deveriam ser também levados de onde se encontravam até o Hilton Hotel em Jacarta. Vários deles estavam no interior, próximos às fábricas, enquanto outros estavam em suas casas, em Jacarta, mas em locais distantes.

Para todos os acertos, foi de muita importância a ajuda que recebemos de Mahadip Singh, que era chefe de serviços gerais das fábricas e responsável pela área de segurança. Mahadip, a quem me refiro no início deste livro, é indiano, funcionário antigo da companhia na Indonésia, residia próximo à fábrica principal na cidade de Cilegon, com a esposa, uma indonésia de origem chinesa, e os filhos. Ele ficou encarregado de todo o planejamento estratégico para o nosso resgate. Iria providenciar não somente um microônibus, que nos levaria do hotel até o local onde embarcaríamos, mas teria que conseguir um forte esquema de segurança, que garantisse o nosso traslado entre o hotel e o local do nosso embarque, reduzindo os riscos.

Um dos bons amigos que fizemos em Jacarta foi Mahadip. Além do emprego na companhia, era proprietário de uma barraca-restaurante na praia de Anyer. Daquele tipo de barraca localizada na areia da praia, na faixa entre a avenida e a beira-mar. A sua esposa cuidava do restaurante, durante a semana, mas, nos fins de semana, ele também era sempre encontrado por lá.

Jacarta, Indonésia

Ele, inicialmente, conquistou a minha amizade, posso dizer, com comida. Ele e a mulher eram ótimos cozinheiros, no preparo de comida indiana, uma das minhas favoritas, entre as exóticas da Ásia. Por conta disso, estávamos sempre fazendo "intercâmbio" de comidas: eles forneciam pratos indianos, e nós, os pratos brasileiros ou ocidentais. Além disso, como ele sabia de minha preferência por frutos do mar, tornou-se nosso fornecedor. Quando adquiria a mercadoria para abastecer o seu restaurante, também comprava alguma coisa para nós. Não fosse tudo isso suficiente, sabendo dos meus problemas de saúde, trombose e outras coisas mais, providenciou um massagista (e lá existem muito e bons) que me atendia em uma pequena barraca, armada à beira-mar. A regalia era tanta que eu adormecia em meio à massagem, deitado na mesa de madeira, coberta apenas com um fino colchonete. E o que é melhor: ouvindo o barulho das ondas.

No final do dia, enquanto Iraci acertava os detalhes finais para a nossa saída da Indonésia e Mahadip confirmava estar tudo providenciado para o traslado para o aeroporto, tivemos de tomar outra decisão um tanto arriscada.

Nós havíamos saído de casa, cada um, somente com uma pequena maleta, bagagem de mão com o essencial para ficar poucos dias no hotel. Isso era o que pensávamos quando saímos. Mas, pelo visto, a permanência fora de casa teria de ser prolongada.

Dessa forma, havia necessidade de providenciar mais roupas e outras coisas de uso pessoal para nós quatro. Lá fomos procurar novamente o Sonatam. Mais uma vez, ele planejou um roteiro e, na noite do sábado fui com Cristina e Mariana até nossa casa, onde, às pressas, preparamos malas com artigos pessoais suficientes para permanecer fora de casa durante período mais longo.

Foi também uma angústia o percurso de ida e volta do hotel para a casa. Felizmente, conseguimos fazer tudo sem problemas.

Ao sair de casa, evitei qualquer despedida do pessoal que ficava: as empregadas, Sri, Lili, os guardas, o motorista Supriatna, além do Zeca, o dálmata de Mariana, que lá ficou e somente voltamos a ver quando foi levado de Jacarta para Boston, mais de cinco meses depois. Eu ainda tinha a ilusão de que tudo voltaria ao normal, os ânimos acalmariam-se e nós voltaríamos para a nossa vida tranqüila em Jacarta.

Doce ilusão. Mas, certamente por conta da minha tão apregoada premonição (se é que isto existe), ao me afastar de casa voltando para o hotel, olhei tudo com muito vagar, procurando guardar na memória cada detalhe. Antes de sair, percorri todos os recantos. Fui ao meu escritório, sentei junto à escrivaninha onde durante mais de dois anos tinha trabalhado muitas e muitas horas. Fui à área de trás, olhei a piscina, onde três vezes por semana fazia hidroterapia, com uma enfermeira, desde que sofrera a trombose na perna.

De fato, era uma vistoria de despedida. Embora planejasse voltar, sentia no íntimo que isso seria muito difícil.

VOANDO PARA O DESCONHECIDO

Vividos os momentos de apreensão, de medo, com a verdadeira operação de resgate que foi a nossa saída do hotel, até a base desativada, depois das horas intermináveis, sem que o relógio concordasse em movimentar-se, muita ansiedade e angústia, às vezes sem conta olhando para os céus em busca de qualquer sinal, finalmente o avião fretado que nos retiraria da Indonésia chegou.

Um detalhe interessante foi possível observar quando se iniciou o embarque. Normalmente, isso sempre aconteceu e ocorre nos mais diversos lugares do mundo, sempre que se anuncia um embarque e, principalmente, quando não têm os passageiros os assentos reservados, há uma verdadeira debandada. O que se vê é uma correria, quando cada um procura chegar à frente, não importando quem é atropelado, quem ficou pelo caminho. O importante é entrar logo na aeronave e conseguir os melhores lugares.

No nosso caso, não sei o que aconteceu. O medo e o clima de ajuda mútua tornaram-nos tão solidários que, apesar de haver crianças e jovens no grupo, o embarque ocorreu sem atropelos. Apesar de não haver controle de atendentes ou funcionários de companhias

Josué Maranhão

aéreas que normalmente dirigem o fluxo dos passageiros e avisam que deve ser dada preferência a idosos, mulheres gestantes e crianças, ali tudo transcorreu tranqüilamente.

A entrada no avião fretado que nos retiraria da Indonésia foi mais um choque a nos lembrar que aquela era uma viagem diferente. O interior da cabine em nada se parecia com o que estávamos acostumados a ver em nossos milhares de quilômetros voados mundo afora. Ao contrário das filas de poltronas, separadas por imensos e apertados corredores, da frente aos fundos, que se encontram normalmente nos aviões comerciais daquele tipo, o que vimos nos assustou. O Boeing tinha configuração interna diferente, a começar pelas cores da decoração, que variavam conforme o ambiente, passando de um cor de rosa para um azul suave, depois um verde-pastel. As paredes continham quadros e outras peças de decoração, desenhos surrealistas.

Por causa da divisão de ambientes, a idéia inicial era que se estava entrando em um escritório. Pequenas salas, com poltronas e mesa de centro, como em qualquer sala de espera em escritório, ou sala de visita nas residências convencionais, eram intercaladas com outras salas com mesa tipo comum usado para reuniões. E assim por diante.

Na realidade, era um avião de fretamento, usado habitualmente para viagens de executivos, podendo ser adaptado para viagens longas de famílias ricas. Podia, quase que em jogo de mágica, transformar algumas das saletas em quartos de dormir, fazendo das poltronas e sofás confortáveis camas.

Passado o primeiro impacto do inusitado que era o avião, devidamente acomodados, veio a imensa sensação de alívio, de tranqüilidade. Era o mesmo como acordar em meio a um pesadelo, em um caminho de fuga e esconderijo, e de um momento para o outro sentir -se em segurança, em um lugar tranqüilo.

– 302 –

Jacarta, Indonésia

Sentar, relaxar, esticar as pernas, espreguiçar mesmo, foi como que jogar para fora um peso imenso. A sensação era de que tinha retirado das costas um saco muito pesado e arrancado do fundo da alma um fardo de medo, de angústias, de ansiedades.

E, apesar de tudo, tais sentimentos, de um momento para outro, eram substituídos pela sensação de tristeza, por deixar os amigos queridos, de saudade de nossa casa, dos lugares bonitos da Indonésia. Era como o romper de alguns laços, que não se sabia se algum dia poderiam ser recuperados.

Na realidade, o importante era sentir o gosto da paz. Era sentir-se como que envolto em uma camada de proteção, depois de tudo a que tínhamos assistido nos últimos dias.

Além de tudo o mais que havia ocorrido naqueles dias, sempre havia uma preocupação adicional: o meu estado de saúde. Tendo sofrido um infarto havia alguns anos, uma trombose recente e sendo hipertenso, a tensão, a preocupação e tudo o mais de anormal poderiam ser um fator determinante de novos problemas. Felizmente, Deus fez mais do que mereço e nada de anormal ocorreu-me naqueles dias.

A viagem foi curta. Saímos da Indonésia por volta de quatro horas da tarde e, logo depois das seis, pisamos em território da Malásia.

O Sol já desaparecia no horizonte quando deixamos o avião e entramos no prédio da estação de passageiros. Era um edifício feio, todo em concreto aparente, que transmitia a sensação de frio, embora a temperatura no exterior estivesse em torno de 40 graus Celsius. A sensação de imensidão deveria ser conseqüência de termos entrado em um grande salão, quase totalmente vazio, com pé direito muito alto. Quase não se via gente. Ao que soubemos depois, o aeroporto é de pouco movimento de passageiros, basicamente comercial de carga, e estávamos em um fim de tarde de um domingo, quando quase todas as atividades já estavam paralisadas.

Demoramos pouco mais de meia hora para cumprir os trâmites burocráticos, como alfândega e serviço de imigração. Depois de um pequeno intervalo, apenas o tempo necessário para que todos tomassem os seus lugares e a bagagem fosse acomodada, iniciamos a nossa viagem terrestre. Estávamos em um ônibus do tipo que se encontra em todos os lugares do mundo, adaptados para turistas.

Tudo transcorreu normal e tranqüilamente, nas quatro infindáveis horas que foi a demora da viagem até Kuala Lumpur, com apenas uma parada de aproximadamente quinze minutos. No meio tempo, usando telefone celular, tentei contatos com familiares e amigos no Brasil. Apenas consegui encontrar o sócio e amigo de todas as horas, Paulo Campos, que, apreensivo, vinha acompanhando a nossa aventura desde o início. Procurei tranqüilizar a todos, pedindo-lhe para fazer contato com nossos familiares no Brasil, principalmente com as minhas filhas Giovanna e Silvanna, que se encontravam em São Paulo.

Deu tempo até para um cochilo, ainda um tanto sobressaltado. Finalmente, entramos em Kuala Lumpur e não muito tempo demorou até chegarmos ao nosso destino, o hotel, coincidentemente, um Hilton, como o nosso luxuoso "claustro" de Jacarta. E, para surpresa geral e muito agradável, o que se ouve é alguém cantando em inglês:

> *Olha que coisa mais linda,*
> *mais cheia de graça,*
> *é ela menina que vem e que passa,*
> *num doce balanço,*
> *caminho do mar...*

Em um instante, após um rápido fechar e abrir os olhos, passou pela cabeça a idéia agradável, mas um tanto estranha, que estávamos chegando ao Brasil.

Jacarta, Indonésia

Deu até para, em um rápido instante, imaginar que se estava em um bar, próximo à praia, em Ipanema, ouvindo ao fundo Tom Jobim ao piano e, bem suave, a voz de Vinicius, cantando *Garota de Ipanema*. Muito rapidamente, todavia, voltou a realidade, que era bem outra: estávamos ingressando no saguão do Hilton Hotel, em Kuala Lumpur, capital da Malásia, e, como soubemos depois, o que estávamos escutando era uma banda filipina. De real, apenas, o piano, tocado por um jovem filipino e a bela voz da cantora.

No íntimo, no entanto, a sensação era de que estávamos em segurança, havíamos encontrado finalmente a paz. Era quase como se estivéssemos no Brasil.

AS MARCAS NO CORPO
E NA ALMA

A sensação de alívio que senti ao chegar ao nosso destino em Kuala Lumpur, aquela impressão de que estava finalmente em ambiente de paz, não durou muito, no entanto.

Depois da recepção dos amigos, do jantar tranqüilo, a minha noite não foi calma. Acordado em alguns momentos, ou em sonhos muito rápidos e agitados, a sensação de insegurança persistia e atormentava.

A tensão, o medo, o excesso de autocontrole a que me havia submetido naqueles últimos dias, desde que a revolta popular nos obrigou a sair de casa, ainda estavam presentes. Principalmente o autocontrole que vinha mantendo em todos aqueles dias de permanência no hotel, em Jacarta, durante o resgate, a espera do avião e a viagem para o desconhecido ainda me tolhiam os movimentos e até os pensamentos. Permaneciam aquela sensação de controle e aquela bitola mental de procedimentos que, no subconsciente, havia mantido naqueles dias, sempre atento, alerta a tudo, medindo gestos e atitudes, avaliando riscos e sempre imaginando a proteção e a segurança pessoal e da família.

Em dimensões menores e com aspectos diferentes, aqueles sentimentos tinham estado presentes nos dias agitados que antecederam a nossa mudança para a Indonésia e na minha primeira manhã em Jacarta, após a mudança, quando fui assaltado por uma sensação de medo, de pânico mesmo, quanto ao futuro que nos aguardava em um mundo novo, tendo que recomeçar tudo o que havíamos levado anos para construir. Tudo vem à tona quando o sangue esfria, passados os momentos de agitação.

Naqueles momentos, quando iniciávamos a vida em Kuala Lumpur, ainda sem uma certeza quanto ao futuro, simultaneamente, à medida que aos poucos via-me livre de todos aqueles sentimentos que havia acumulado nos momentos de tensão, na fuga de casa, na permanência no hotel, no resgate e na viagem para a Malásia, o que me acalmou e fez-me voltar ao normal foi fazer de memória um retrospecto de nossa vida na Indonésia.

Como se estivesse assistindo a um filme mudo em preto-e-branco, tudo me veio à mente e pude relembrar os principais acontecimentos e os fatos que marcaram a nossa vida naquele primeiro período de residência no exterior.

Terminado o filme, como numa espécie de exame de consciência, fiz um balanço do que fora positivo, do que fora negativo, dos efeitos para o futuro e, no final, cheguei a uma conclusão: valeu a pena.

A experiência foi positiva e até o sufoco que foram aqueles dias agitados da rebelião popular teve o seu lado válido, produziu efeitos bons. Aquele período de vivência longe da família e dos amigos mais chegados que ficaram no Brasil, conhecendo pessoas novas de uma nação estranha e fazendo novas amizades com brasileiros que lá conhecemos e, no final, enfrentando riscos e confusões, tudo contribuiu para deixar a família mais unida, conhecendo-se melhor e, principalmente – o que aliás sempre destaco – produziu um amadurecimento precoce nas nossas filhas que conosco estavam. Cristina,

Jacarta, Indonésia

que chegou à Indonésia com pouco menos de dezesseis anos, e Mariana, com pouco mais de doze, quando voltaram da Ásia, quase três anos depois, haviam alcançado um estágio de maturidade que só é, normalmente, atingido na idade adulta. Não apenas adquiriram conhecimentos e cultura, mas aprenderam a enfrentar desafios, tomar decisões, a ter uma vida independente, superar situações adversas, o que bem demonstraram em várias oportunidades, nos anos seguintes. Aprenderam a viver sem ter medo do mundo, sem temer o desconhecido. Toda aquela vivência lhes deu a auto-confiança invejável que sempre observo e que, para mim, nesta reta final de vida, é uma tranqüilidade.

Iraci, que saiu do Brasil profissionalmente vitoriosa, no entanto, com experiência um tanto restrita, na Ásia teve condições e, principalmente, necessidade de demonstrar toda a sua capacidade, ante todos os problemas que precisou enfrentar e resolver na companhia. E não foram poucos! Ao lado de tudo isso, precisou ainda se desdobrar para me dar assistência permanente diante dos problemas de saúde que enfrentei e que também foram muitos. Todavia, demonstrou sobretudo bom senso, calma e controle total sobre situações absolutamente adversas, nos episódios que nos obrigaram a sair de casa, viver refugiados em um hotel, tomando todas as providências para o nosso resgate, até a nossa chegada à Malásia.

Comigo, a experiência também deixou resultados positivos. Acostumado desde cedo a enfrentar desafios, posso considerar que, mais uma vez, tive êxito. A vivência na Ásia deixou-me marcas no corpo e na alma. No corpo, voltei com problemas de saúde agravados, com uma pequena deficiência física, o que certamente poderia ter ocorrido em qualquer lugar em que estivesse. Afinal, nenhum dos problemas de saúde que tive foi decorrência do fato de estar morando na Ásia. Na alma, a marca das incertezas que, em alguns momentos, atormentaram-me, o que se agrava muito com a minha ansiedade

– 309 –

quase incontrolável. Ficou também a descoberta de que sempre encontro mais um pouco de coragem, que penso não possuir. Mais, ainda, quando é necessário correr riscos, assumir maiores responsabilidades, enfrentar o desconhecido.

Tudo, no entanto, não matou a minha vontade de renovar a vida e conhecer mais gente, mais culturas, enfim, de viajar e a cada dia descobrir coisas novas no mundo.

Tanto assim que, pouco depois de tudo que aqui foi relatado, fui morar com a família nos Estados Unidos, onde continuo.

Aqui, aliás, descobri muita coisa que me impressionou, como as manias dos americanos, as regras e bitolas a que se submetem, o profundo respeito pelas pessoas, e algumas outras coisas muito diferentes da visão que, no Brasil, a maioria tem a respeito dos Estados Unidos.

Isso, no entanto, é uma outra história, a respeito da relação de amor e ódio que os brasileiros sempre tiveram com os americanos e que, quem sabe, um dia ainda terei coragem para contar.

Agradecimentos

Quero registrar os meus agradecimento às várias pessoas que me ajudaram na elaboração deste livro. Sem o apoio delas, o plano do livro não teria sequer existido.

À minha mulher Iraci e minha filha Cristina, que tiveram a paciência de ler, reler, corrigir, sugerir alterações em todo o texto. Cabe-lhes, principalmente, o mérito de haver conseguido transformar um estilo arcáico, misturado com o "juridicês", em algo, pelo menos, legível por todos.

A Roberto Cosso, que, de tanto insistir, conseguiu convencer-me a transformar anotações esparsas de casos e histórias de minha vida em uma narrativa, acreditando e fazendo-me acreditar que a edição do livro era viável.

Às minhas filhas Giovanna, Silvanna, Karla e Mariana, que sempre me incentivaram a escrever o livro.

A Eugênia Esmeraldo, Flávia Franchi, Jorge Carvalheira, Rosangela Mattozo, Salete Ramazotti e Wanderley Fernandes, que tiveram a paciência de ler o texto e fazer sugestões de correções e alterações diversas.

A Haroldo Ceravolo Sereza, pelo diagnóstico preciso e pelas sugestões técnicas, e a Guto Esmeraldo, pela diagramação inicial e sugestões sobre a formatação.

A Adélia Rocha, que me sugeriu a escritura deste livro.

ESTE LIVRO FOI IMPRESSO EM SÃO PAULO PELA GRÁFICA VIDA & CONSCIÊNCIA
NO OUTONO DE 2005 . NO TEXTO DA OBRA FOI UTILIZADA A FONTE
AGARAMOND EM CORPO 11, COM ENTRELINHA DE 15 PONTOS.